KB140948

리더는 매일 평균대에 선다

숫자와 사람, 모두를 끌어당기는 리더의 비밀

리더는 매일 평균대에 선다

앤서니 찬 지음 | **강동혁** 옮김

흐름출판

우리는 누군가의 '갓GOD'은 될 수 없지만 '굿GOOD'은 될 수 있다

1953년, 산업 화학자인 노먼 라센과 신생 기업 로켓 케미컬 컴퍼니의 두 직원은 한 가지 프로젝트에 착수한다. 대기 밖으로 발사될 미사일을 수분으로부터 보호하기 위한 새로운 코팅법을 만드는 일이었다. 이 제조법을 완성하기까지는 상당한 시행착오가 필요해 보였지만 그들은 50번째 시도만에 성공을 거둔다. 그렇게 해서 오늘날 WD-40으로 알려진 제품이 탄생한다.

윤활방청제 WD-40은 역사적으로나 문화적으로나 독특한 위치를 차지하고 있다. 이 제품은 원래 미국의 '아틀라스 우주 로켓'에 사용됐는데, 뛰어난 성능이 알려지면서 곧 일반 고객들의 폭발적인 사랑을 받게 된다. 영업사원들은 이젠 하나의 상징이 된, 파란

색과 노란색으로 구성된 캔을 문자 그대로 자동차 트렁크에 가득 싣고 다니며 팔았다. 오늘날, WD-40은 음료계의 코카콜라가 그러하듯 방청제의 대명사가 됐으며, 지금도 단일 제품으로 연간 3500만 달러가 넘는 매출을 올리고 있다. WD-40을 생산하는 (로켓 케미컬 컴퍼니에서 사명이 바뀐) WD-40 컴퍼니(이하 WD-40)의 기업 가치는 현재 30억 달러를 상회한다. 그러나 WD-40의 눈부신 성공 이면에는 눈여겨봐야 할 또 다른 이야기가 있다. WD-40이 반세기가 넘도록 사랑받는 브랜드가 될 수 있었던 비결은 무엇일까? 해답은 그곳에서 일하는 사람들의 독특함에 있다.

WD-40은 미국 평균치의 세 배에 달하는 직원을 고용하고 있다. 조사에 따르면 직원의 97퍼센트는 WD-40에서 일하는 게 좋다고 말했다. 아니 정확히 표현하자면 "좋다는 말만으로는 부족하다"고 말했다. 이 회사에서 30년간 근무하고 그중 20년은 CEO로 지낸 개리 리지는 오랜 세월 WD-40이 성공을 거둔 비결을 이렇게 설명했다. "중요한 건 사람과 학습, 우리의 문화와 우리 '부족'에 대한 충성심입니다." 그의 증언처럼 WD-40이 반세기 넘도록 시장 선도 기업 자리를 유지하고 있는 비결은 제품의 경쟁력만으로는 설명할 수 없다. 이 기업의 오랜 성공의 비결은 WD-40 사람들이 갖고 있는 보다 근본적이고 의미 있는 무언가에서 찾아야 한다.

리지는 WD-40의 가장 귀중한 자산은 '사람'이라고 말했다. 'WD-40 부족'은 리지와 경영계의 권위자 켄 블랜차드가 《리더의 조건》에서 함께 주창한 '사람 우선 철학'을 신봉하며, 그에 따라 운영된다. 그 철학은 간단하다. "채점하려 들지 마라. 다만 A를 받을 수 있도록 도와줘라."

WD-40에서 멘토링은 강제 사항이다. 리지는 이렇게 말했다. "우리 회사에서 관리직급에 해당하는 '부족장'의 가장 중요한 임무는 부족 구성원들을 성공으로 이끄는 것입니다. 사실 그게 전부이지요." 얼핏 별것 아닌 것처럼 보이지만, 온전히 헌신한다는 것은 결코 쉽지 않은 일이다. 그러나 WD-40을 '좋은 회사Good Company'의 전범으로, WD-40 직원들을 '좋은 사람들Good People'의 모범으로 만든 것은 바로 이 한마디가 전부다.

"상대에게, 그리고 조직에 좋은 사람이 되어라."

여행가방 단어

'좋은 사람.' 우리는 이 말을 일상적으로 사용한다. 그러나 이 말을 쓸 때, 정말로 뜻하는 바는 무엇일까? 직장에서 좋은 사람이란 어떤 의미일까? 우리는 좋은 리더 또는 좋은 동료가 곁에 있으면 금세 알아보고, 그와 함께하고 싶어 한다. 그러나 '좋음Good'을 구체적이고 온전하게, 실질적으로 설명하기란 생각보다 어렵다.

'좋다Good' 혹은 '선량하다Goodness'는 일상적 대화에서 지나치게 추상적으로 사용되어 거의 의미를 잃어버린 단어다. 몇 해 전 작고한 내 이웃이자 걸출한 지성인인 마빈 민스키 MIT 교수는 이런 단어를 '여행가방 단어suitcase words'라고 불렀다. 너무 자주 사용되고 지나치게 확장되어 실제적 의미가 거의 없어진 구문이나 표현이라는 뜻이다.

예컨대 〈메리엄-웹스터 온라인 사전〉은 '좋음'을 '도덕적이고 올바르며 칭찬할 만하다'라고 정의한다. 틀린 말은 아니지만, 현실에서 실천하기 위해서는 이를 매일매일 연습할 수 있는, 보다 구체적이고 이해하기 쉬운 개념으로 재정의할 필요가 있다.

'좋음'은 위대한 철학자들과 심리학자들, 영적 지도자들의 핵심 메시지가 담긴 단어다. 인간과 사회를 더 잘 이해하려는 아리스토텔레스의 가차 없는 탐구에서도, 에이브러햄 매슬로나 에릭 에릭슨 같은 21세기 학자들이 사회심리학적으로 연구한 욕망과 발전의 다양한 단계에서도, 수많은 종교의 신앙 고백에서도 '인간이라면 좋은 사람이 되려고 애써야 한다'는 것은 단순하며 명백한 명제였다. 그런데 '좋음'과 '좋은 사람'을 기업과 조직의 성공과 연결시키는 실제적 개념으로 만들 수 있을까? 이 질문은 내가 이 책을 쓰게 된 출발점이기도 하다. 이 질문에 답하기 위해서는 한 가지 전제 조건이 필요하다.

우리는 기업들이 '좋다'는 용어를 모호하게 사용하는 방식에서 벗어나야 한다. '좋다'는 말에는 두 가지 측면이 있다. 직원을 고용하거나 팀을 관리할 때 우리는 '좋다'는 말을 '유능하다'는 말과 같은 의미로 쓴다. 하지만 '좋음'은 유능함 이상의 가치를 지닌다. '좋음'은 사람들의 인간성과 가치, 성품에 내재된 자질, 그 외의 만질 수 없는 특질을 포함한다. 그러므로 우리는 '유능함으로서의 좋음'과 '가치로서의 좋음'을 구분해야 하며, 후자가 더 포괄적인 개념임을 이해해야 한다.

WD-40이 오랜 세월 동안 직원들이 계속 다니고 싶으면서도 높은 성과를 내는 기업이 된 데는 조직원들의 유능함을 뛰어넘는 무언가가 있었다. 물론 유능함은 중요하다. 그러나 WD-40 직원들의 유능함이 경쟁사 직원들보다 훨씬 우월하지는 않았을 것이다(그것도 반세기 내내 말이다). 리지가 말한 것처럼 WD-40의 가장 큰 경쟁력은 '좋은 사람들의 문화'다. WD-40의 리더십은 직원들이 진심으로 서로 신뢰하는 문화를 만들어냈다. 리지는 이것이 WD-40이 해를 거듭해 믿을 수 없는 성과를 내는 진정한 이유라고 말했다.

그러나 WD-40 같은 회사의 성공을 목도하고도 많은 사람들이 여전히 기업 세계에 좋다, 좋음, 좋은 사람 같은 '말랑한' 개념들이 설 자리는 없다고 말한다. 이들의 주장은 한마디로 이렇다. "어쨌든 사업은 사업이니까요!" 이들에게 좋은 기업을 운영한다는 것은 곧 숫자에 전적으로 집중한다는 뜻이다.

하지만 경쟁이 장기화되고 정보 접근성이 커지면서 평평한 운동장이 만들어진 지금, 그 무엇보다 중요한 경쟁력은 사람이다. 사람은 조직의 모든 순간에 가치를 더한다. 기업은 이윤을 극대화하는 기계가 아니다. 기업은 직원과 공동체, 소속 업계에 광범위하게 영향을 미치는 긍정적 변화를 만들어낼 수 있다. 좋은 사람들이 좋은 가치와 자질을 만들어내고, 그 유산이 다음 세대에게 넘겨지고,

그들이 이어서 같은 일을 한다면, 기업은 지속가능한 성장을 할 수 있다. 물론 좋은 사람들과 그들이 만드는 문화는 기업의 이윤과 수익에도 도움이 된다.

이 책은 말랑말랑한 문제의 단단한 진실을 탐구하려는 시도다. '좋은 사람', '좋은 리더'라는 여행가방 안에 명확한 의미와 구체적인 방법을 집어넣음으로써 자신과 주변 사람들을 고양시킬 방법을 소개할 것이다. 나아가 조직의 문화를 바꾸고 지속가능한 성장을 이룰 방법을 모색할 것이다.

나는 지금까지 좋은 조직과 그리 좋지 않은 조직 모두에서 일해봤으며, 양쪽 모두에 자문을 제공해왔다. 몇 개의 기업을 직접 세웠고, 지금도 50여 곳의 기업에 투자하고 있다. 그 과정에서 나는 좋은 사람들을 주위에 두는 동시에 내면의 '좋음'을 추구하는 것이 리더에게 진정으로 중요한 단 한 가지 결단이라고 믿게 되었다. 좋은 리더는 사람을 우선시하며 '좋음'을 뒷받침하는 여러 가치를 이해하고 실천한다. 이들은 스스로를 개선하는 데 전념하며 주변의 모든 사람들을 변화시키는 데도 그만큼 헌신한다. 이들은 다른 사람들이 가장 완벽한 모습으로 거듭나도록 영감을 불어넣고, 그들만의 틀을 만들게 도와주어야 한다는 의무를 흔쾌히 짊어진다. 이런 리더는 경영의 권위자인 톰 피터스가 말하듯 "추종자들을 만들어내지 않는다." 대신 "더 많은 리더를 길러낸다." 나는 리더가 가져야 하는 가장 큰 경쟁력이 바로 이것이라 믿는다.

슈퍼 영웅보다는 좋은 멘토가 필요하다

그러나 좋은 리더의 조건을 구체적으로 정의하기란 말처럼 쉽지 않다. 나도 마찬가지였다. 다만 어떤 사람들 곁에 가면 기운이 고양되는 동시에 안정감과 자신감이 생기는 것을 느낄 수 있었다. 나는 이런 경험을 할 때마다 그 느낌을 어딘가에 담아두려 했다. 기록을 남길수록 이런 느낌이, 나 자신이 좀 더 완전한 내 모습이 되도록 도움과 지도를 받을 때 받는 느낌과 비슷하다는 것을 깨닫게 됐다. 어떻게 해야 다른 이들도 그런 느낌을 받도록 도와줄 수 있는지, 또 그 느낌을 삶과 일의 일부분으로 만들 실용적인 방법은 무엇인지 알고 싶었다.

그래서 리더십, 철학, 신학, 역사, 문학에서 말하는 좋은 사람의 의미를 연구하고 좋은 리더의 전범이 될 만한 사람들을 100여 명 정도 인터뷰했다. 경제적으로는 전혀 좋을 게 없는 일이었지만 꽤 즐거운 배움의 시간이었다. 오랜 연구와 다양한 만남 끝에 좋은 리더를 만드는 다양한 요소는 중에서, 핵심을 뽑아 구체적인 체계로 만들 수 있었다. 그렇게 탄생한 것이 이 책이다. 우선 1부에서는 좋은 리더들의 특징과 그들의 다섯 가지 주문을 알아보고, 리더십 계발에 도움을 줄 '리더십 피라미드'를 소개한다. 자신의 리더십을 점검하고 발전시키고 싶은 이들에게 구체적인 가이드가 되어 줄 것이다. 2부에서는 리더가 일상에서 매일 부딪치게 되는 다섯 가지 긴장을 다룬다. 현실과 이상, 단기주의와 장기주의, 불안과 신념,

개성과 연결성, 투지와 수용이라는 긴장 속에서 균형을 잡아야 하는 것이 리더의 숙명이다. 이 숙명을 현명하게 이겨낼 방법을 모색해 보았다. 마지막 3부에서는 멘토와 멘티가 함께 성장하는 멘토링 방법을 살펴본다.

한 사람이 지금의 모습이 되기까지 영향을 준 모든 사람들을 열거하는 것은 불가능한 일이다. 하지만 이 책에서 언급한 멘토들은 내게 긍정적인 영향을 줌으로써 내가 결과적으로 다른 누군가의 멘토가 되도록 이끌어준 연쇄적 고리 일부를 대표한다.

여기에는 작고한 광고계의 창의적 아이콘 제이 치아트, 하버드 경영대학원의 니틴 노히라, 전설적 벤처 자본가이자 그레이록의 명예 회장 헨리 맥캔스, 내가 처음으로 세운 기업에 투자한 버논 로보과 컨데나스트의 전 부회장 캐시 비스카디 존슨, 내 평생의 멘토 쑨얀 셰이, 현재는 톰슨 로이터로 알려진 톰슨에서 CEO로 11년간 재직한 나의 동료 딕 해링튼, 치폴레와 레드박스의 공동 경영자이자 경영에는 목표 의식이 필요하다는 철학을 내게 처음으로 가르쳐준 매츠 레더하우젠, 투자의 현인 찰리 멍거가 포함된다.

리더십은 경영에만 한정되지 않는다. 나는 가능한 한 다양한 사람들과 이야기하려고 노력했다. 이 중에는 재즈 아티스트 허비 핸콕, 건축가 모셰 사프디, MIT 미디어랩의 학제간 연구자 겸 교수인 네리 옥스먼, 터프츠 의료센터의 종양학자 잭 어번, 퇴역 장군 스탠리 맥크리스털 등이 있다. 명사가 아니더라도 '리더십'에 관한 핵심적인 통찰력을 갖춘 사람은 많다. 이 책에는 나와 직접 교류하면서 영감을 준 평범한 사람들의 이야기도 녹아 있다. 이런 사람들에는 나의 부모님을 포함한 가족들, 내 아내가 제2순회재판소에 재직하던 시절 상사였던 연방대법원 대법관 소니아 소토마요르 등이 있다. 이들은 모두 좋은 멘토가 되기 위해 노력해왔다는 공통점이 있다. 나는 이 책의 개념을 잡을 때 이들에게 이루 말할 수 없이 많은 도움을 받았다.

이제 영화에 등장하는 슈퍼 영웅들도 모든 일을 혼자 해결할 수 없는 세상이 됐다. 각자의 재능과 장점을 살리고, 협력하며 조화를 이루어 악당을 물리친다. 하물며 슈퍼 영웅들도 그러한데 리더가 신God인 것처럼 이끌려고만 한다면 어떻게 될까?

당장 성과를 낼 수 있을지는 몰라도 장기적으로는 사람과 일 모두를 잃을 가능성이 높다. 우리 모두는 신이 될 수는 없지만 좋은 사람이 될 수는 있다. 물에 물 탄 듯 술에 술 탄 듯 좋은 게 좋은 사람이 되자는 뜻이 아니다. 좋은 사람Good People, 좋은 리더Good Leader는 어떤 순간에도 솔직하게 말하고, 진실하게 공감하며, 끝까지 포기하지 않는 사람이다. 이상을 꿈꾸면서도 현실을 직시하는 균형자다. 이제부터 여기에 대한 이야기를 해보려고 한다.

— 앤서니 찬

차례

1부

당신은
어떤 리더인가

INTRODUCING GOODNES
AND GOOD PEOPLE

1장

숫자와 사람 모두를 얻는
리더의 비밀

7월 중에도 엄청나게 더웠던 어느 오후였다. 나는 토론토 교외에서 땀을 뻘뻘 흘리며 한 블록의 마지막 집 현관 계단을 오르고 있었다. 내 몸집만큼 커다란 배낭이 어깨에 묵직하게 파고들었다. 당시 열다섯 살이던 나는 여름방학 동안 가욋돈을 벌어보겠다고 집집마다 돌아다니며 사진 액자를 팔고 있었다. 겨우 십대인 주제에 거물 사업가가 된 느낌을 받고 싶었다.

하지만 바람과 달리 하루 종일 사람들은 내 면전에서 문을 쾅 닫았다. 무더운 여름 열기 속에서 여덟 시간을 내리 보내고 나자 땀에 절어 완전히 지치고 우울해졌다. 액자는 하나도 팔지 못했다. 포기하기 일보직전이었지만 한 번만 더 시도해보기로 했다. 충동적으로 초인종을 눌렀다.

부드럽게 발 끄는 소리가 나더니 "누구세요?"라는 여성의 목소리가 들렸다. 문이 열리고 나서 나는 놀란 표정을 감추려 애썼다. 집주인은 목소리에 비해 나이가 많고 체구가 아주 작았다. 온화한 인상에 하얗게 세어가는 머리카락은 단정치 못했다. 2분 후, 나는 그녀의 작고 낡아빠진 거실에 앉아 있었다. 용기를 내 연습해온 판촉 문구를 읊으려는 순간, 그녀는 내 말을 끊더니 액자에서 '내'게로 관심을 돌렸다. 그녀는 엄청나게 많은 질문을 쏟아놓았다. "넌 누구니?" "어디서 왔니?" "뉴펀들랜드라고? 그럼 토론토랑은 아주 먼데, 여기까지 와서 뭘 하는 거야? 부모님은 어디 계시고?" 여기에 더해 그녀는 한 가지 질문을 반복적으로 던졌다. "넌 정말 좋아서 이 일을 하는 거니?"

한 시간 후, 두 번째 아이스티 잔을 쥔 채 나는 거의 꼼짝도 하지 않았다. 우리 둘은 대화에 흠뻑 빠져 있었다. 그때쯤 나는 그녀가 남편을 여읜 82세의 은퇴한 사회복지사이자 우아한, 심지어 매혹적인 이야기꾼이라는 사실을 알게 됐다. 그녀는 이야기를 이어가면서도 계속해서 한 가지 문제로 돌아왔다. 그녀는 내가 정말로 하고 싶은 일이 무엇인지, 그 일을 같이하고 싶은 사람이 누구인지 알아내려고 했다.

그녀가 불쑥 말했다. "잘 듣거라." 그녀는 약간 걸걸한 목소리로 강조했다. "넌 네가 하는 일을 사랑해야 돼. 그 일을 함께하는 사람들은 더 사랑해야 하고." 그런 다음 그녀는 잠시 뜸을 들였다가 활짝, 안도감을 주는 미소를 지으며 내가 인생에서 멋지게 성공하리라 확신한다고 덧붙였다. 그 순간, 어째서인지 나는 그녀의 말을 믿었다. 그녀가 액자를 사지 않았는데도 말이다.

이끌지 않는다. 함께 성장한다

지난 20년간 여러 가지 일을 하면서도 토론토에서 만난 은퇴한 할머니가 남긴 교훈을 잊지 않으려고 노력했다. 내가 하는 일도 사랑하지만 그 일을 함께하는 사람들을 더 사랑하라는 교훈 말이다. 내가 처음으로 정규직으로 채용된 직장에 들어간 것도 면접관들에게 좋은 느낌을 받았기 때문이었다. 당시에는 그 면접관 중 몇 명이 내 평생의 멘토가 되어 내가 창업한 첫 번째 벤처 기업과 그 이후의 기업들에 투자하거나 내가 경력을 쌓는 내내 동료이자 동업자들이 되리라는 걸 전혀 몰랐지만 말이다.

그 오랜 멘토 중 한 명이 쑨얀 셰이다. 나는 젊은 시절 맥킨지의 공동 경영자로서 쑨얀을 처음으로 만났다. 그는 당시 맥킨지 캐나다의 사장이자 전 세계 맥킨지 전문개발위원회 회장이었다. 나는 이 책을 쓰기 위해 맥킨지 상무이사인 도미닉 바튼과 이야기를 나누었는데, 그 역시 쑨얀이 가진 멘토로서의 능력과 습득력, 경영 철학에 찬사를 보냈다.

1990년대 초반에 도미닉과 나는 토론토의 같은 맥킨지 사무실에서 함께 근무했는데, 쑨얀은 이미 도미닉의 멘토였다. 도미닉이 회사의 리더십과 인재 개발에 가장 중요한 영향을 미친 몇 안 되는 사람 중 한 명으로 쑨얀을 꼽으며 그에게 경의를 표한 것도 그때의 경험 때문이다.

내가 맥킨지를 떠난 건 20년도 더 전의 일이지만, 쑨얀의 영향을 인정하는 도미닉의 이야기를 듣자 한 가지가 궁금해졌다. 나는 몇 달 후 쑨얀을 만났을 때 이 질문을 던질 수밖에 없었다. "어째서 20년도 더 전인 그 옛날에 풋내기였던 저를 받아주셨습니까? 자문하는 사람이 아주 많았는데 왜 하필 저를 선택하셨습니까?" 쑨얀은 잠시 말을 멈추었다가 자기가 나를 선택한 것인지 내가 그를 선택한 것인지 잘 모르겠다고 말했다. 그의 목소리나 태도에는 오만함이 전혀 없었다.

그는 이렇게 결론 내렸다. **"멘토링은 상호 영향을 주고받는 과정이네.** 멘토는 누군가를 발전시킴으로써 자기도 깊이 만족스러운 인간적 경험을 하게 될 거라는 느낌을 받을 수 있어야 해. 멘티도 마찬가지지. 자신의 멘토가 지식과 기술은 물론 인생에 관한 철학과 전문적 지혜를 전해주었으면 좋겠다는 기대를 의식적으로 품고 있어야 한다네. 어떻게 보면 내가 자네를 선택한 게 아니라 자네가 나를 찾아온 거지."

매 순간을 잠재적 학습 기회로 삼을 것. 함께하고 싶은 사람이 있다면 그들에게 헌신할 것. 일하고 싶은 사람과 함께 일할 것. 쑨얀다운 말이다. 예전부터 쑨얀은 사람을 우선시하며 다음 세대의 경영자를 육성하는 것을 중요한 임무로 여겼다. 하지만 그가 이 미션을 수행하기 위해 수십 년간 일기를 써왔다는 사실은 최근에야 알게 됐다. 쑨얀은 한때 멘토링했던 전직 맥킨지 임원과의 우연한 만남이 일기를 써야겠다는 생각에 불을 댕겼다고 했다.

그 전직 임원은 옛 멘토와의 우연한 재회가 반가워서 그를 자신의 집으로 초대했다. 저녁을 먹으며 그는 쑨얀에게 맥킨지에서 나온 이후의 성공적 이력과 음악 업계에서 일하게 되며 얻은 기쁨에 대해 이야기했다. 그는 긍정적인 직업적 변화를 경험하게 된 데는 쑨얀의 역할이 컸다며 고마워했다. 쑨얀은 좀 더 자세히 이야기해 달라고 말했다가 그의 대답에 놀라게 됐다. 그는 음악에 대한 열정을 추구할 최선의 방법을 동료들에게 물었을 때 맥킨지를 그만두고 자신의 열정을 따르라고 격려해준 사람은 쑨얀뿐이었다고 말했다.

쑨얀은 그 조언을 했던 순간을 어렴풋하게 떠올렸다. 그러나 정작 그 말을 했을 때는 자기 조언의 중요성을 깨닫지 못했다. "훌륭한 경영자를 잃을 수도 있다는 불편함을 무릅쓰고" 좋은 방향을 제시했다는 것을 알게 되자 쑨얀은 그 깨달음을 잊을 수 없었다. 다음번 공항에 체류하게 되었을 때 그는 문구점에 들어가 눈에 띄는 것 중 가장 크고 두꺼운 일기장을 샀다. 거의 300쪽이나 되는 분량이었다. 비행기에 오르자마자 쑨얀은 그날의 만남을 일기에 묘사했다. 전직 맥킨지 공동 경영자가 그에게 감사한 이유와 그 대화로 자기 기분이 어떻게 변했는지를 말이다. 쑨얀은 감동을 받았다. 다른 사람의 인생 항로에 진짜 차이라 할 만한 무언가를 만들어낸 계기가 되었다니 고마운 마음이 들었다.

그 일을 계기로 쑨얀은 누군가가 그의 멘토링에 감사를 표할 때마다 일기를 쓰겠다고 결심했다. 이는 훈장 수집 따위와는 거리가 멀었다. 그는 이 일로 가능한 한 많은 사람들에게 멘토가 되어주겠다는 사명감을 갖게 됐고, 일기를 쓰면 그렇게 할 용기가 생길 것만 같았다. 쑨얀은 (맥킨지 사장으로 재임했던 시절을 포함한) 자기 이력의 핵심에 광범위한 멘토링 노력이 포함돼 있다고 생각했다. 그에게는 사람을 앞세우는 것이 개인적 사명이자 평생 동안의 수련이었다.

역설적인 일이지만, 맥킨지 시절 쑨얀의 동료들은 그를 앞서가는 생각을 하는 전략가로 보았을 뿐, 리더로 여긴 경우는 거의 없었다. 쑨얀이 내성적이라는 이유에서였다. 쑨얀이 멘토링 임무를 "직업적 계획"이자 "개인적 사업 계획"으로 삼겠다고 하자 사람들은 "그건 부록에 넣고" 고객 유치와 회사의 지식 개발 같은 쑨얀 특유의 강점에 더 집중하라고 말했다. 그러나 쑨얀은 굴하지 않았다.

그는 일기를 쓰는 것과 관련, 몇 가지 규칙을 세웠다. 첫째, 일부러 나서서 일기 쓸 거리를 구걸하지 않는다. 둘째, 일기는 구체적이어야 한다. 정확히 무슨 일을 해서 다른 사람의 삶에 크든 작든 변화를 만들어냈는가, 피드백을 받았을 때는 어떤 기분이 들었는가 설명할 수 있어야 한다. 그는 일기장 속표지에 이렇게 적었다. "일기를 쓰는 이유는 더 많은 좋은 일을 더 잘 해낼 동기를 얻기 위해서다.” 쑨얀은 좋은 특성은 만들어질 수 있으며, 육성될 수 있다고 믿었다. 그는 또한 그 자신의 좋은 특성도 멘토링 관계와 경험 덕분에 더욱 풍요로워질 거라고 확신했다.

일기는 선순환을 만들어냈다. 그는 다른 사람들을 돕고, 다른 사람들은 그가 더 나은 멘토가 되는 방법을 배우도록 도왔다. 일기는 좋은 리더십을 추구하는 쑨얀 평생의 과업을 이뤄내는 중요한 도구가 됐다. 여기서 과업이란, 온전함을 이루겠다는 목표 의식을 가지고 살아가며 그런 리더가 되도록 다른 사람들에게 자문하는 것을 말한다. 그는 사람들이 보다 광범위하고 총체적으로 정의된 성공을 추구하도록 장려했다. 이런 정의에 따르면, 성공은 부분적으로 다른 사람들이 더 큰 성공을 거두고 세상을 좋은 곳으로 만드는 것을 의미한다.

쑨얀은 언젠가 이렇게 말한 적이 있다. “회사 중역들은 대부분 경주에서 이기는 것만이 존재의 목적인 경주마 같다. 가능한 대안은 직장을 포함한 여러 영역에서 자아의 완전한 발현을 가능하게 하는 활동을 중심으로 삼고 삶을 주도적으로 만들어 나가는 것이다.” 보다 좋은 사람들을 만들어내는 등의 말랑한 성과와 단단한 성과는 상호 배타적이지 않다. 둘은 상보적이다.

쑨얀은 마지막으로 일기장의 300페이지를 모두 채우는 날 맥킨지에서 은퇴하겠다고 맹세했다. 25년이 훌쩍 지나서야 그는 마지막 일기를 완성했고, 스스로에게 했던 약속에 따라 “그가 원하는 방식대로" 맥킨지를 떠났다. 이후 그는 자신의 회사를 세워 리더들의 자문이자 조언자, 멘토로서 전문적 노력을 기울여왔다. 쑨얀 덕분에 300명이 넘는 사람들이 더 강한 목표 의식을 가지고 열정적으로 자신의 업무를 수행하고, 의미 있는 기업을 창업했으며, 그들 자신의 멘티들에게 도움을 주고 있다. 토론토의 할머니처럼 쑨얀도 내게 실제로 변화를 시작하는 방법을 보여주었다. 변화는 다른 사람들을 돕겠다는 결심에서 시작된다.

몇 년 전, 나는 쑨얀의 60번째 생일을 축하하는 자리에 참석했다. 다양한 세대를 아우르는 쑨얀의 멘티들은 듣기 좋은 농담을 주고받았는데, 그 농담에는 눈에 띌 만큼 공통적으로 나타나는 주제가 있었다. 멘티들은 하나같이 쑨얀이 그들 자신도 보지 못한 자신들의 잠재력을 보았다고 말했다. 멘티들이 쑨얀이 보았던 자신의 잠재력을 깨달은 건 시간이 한참 흐른 뒤였다.

추종자보다는 협력자를 만든다

기업 세계에서 '성공'은 전통적으로 이윤 극대화를 의미한다. 그러나 이런 시각은 개리 리지, 쑨얀 셰이 같은 '좋은 리더Good Leader'들이 만들어낸 광범위하고 장기적인 가치를 담지 못한다. 리지와 쑨얀은 오랫동안 동료들에게 헌신하며 소속 조직의 모든 측면을 개선하기 위해 애써왔다. 이들이 남긴 업적은 그들이 조직을 떠나서도 강력한 가치관과 사라지지 않는 문화로 남아 영향을 미쳤다.

좋은 리더는 보다 새롭고 넓은 의미에서 성공의 개념을 재정의한다. 이윤이나 주주 수익에 근거를 둔 성공뿐만 아니라 목표 의식이 강하고, 의도적이며 근본적인 성공을 추구한다. 이윤, 주주 수익을 추구하는 것이 잘못됐다는 뜻은 결코 아니다. 기업에서 이익은 당연히 중요한 목표다. 그러나 좋은 리더는 그 이상을 해낼 수 있다.

성과와 수익은 일련의 원칙과 실천, 사람들이 모여 만들어내는 부산물이다. 경제적 성과의 지속가능성은 그 무엇보다 사람과 가치, 문화에 절대적으로 의존한다.

좋은 소식이 있다. '좋음'을 추구하는 대가로 다른 무언가를 포기할 필요는 없다. 전설적인 투자자 벤저민 그레이엄이 말했듯 좋음을 추구하면 전통적인 관점에서의 기업 가치도 결국 따라오게 마련이다. 시장은 단기적으로 보면 '투표하는 기계'이지만 장기적으로 보면 '무게를 재는 장치'다. 단기적으로는 인기 투표에 따라 주식 가치가 흘러가는 듯하지만 장기적으로는 한 기업의 가치에 그 기업의 진짜 자질과 성과가 반영된다는 얘기다. 오랜 기간 지속적으로 성장세를 보인 WD-40 같은 기업들이 시장에서도 그에 걸맞은 보상을 받는 건 결코 우연이 아니다.

수익은 장기적 성공으로의 길을 안내하는 충분한 목표가 될 수 없다. 반면 '좋음'을 추구하면 우리는 더 깊이 더 멀리 나아갈 수 있다. 내가 하는 일의 목표는 무엇인가? 이 일은 보다 넓은 의미에서 조직에 도움이 되는가? 나는 나 자신의 가치관을 함양하며 공감, 멘토십 같은 지속적 문화를 만들어내는 중요한 인간관계에 긍정적 영향을 미치고 있는가? 성공이 인기투표에서의 승리 이상이라는 건 분명하다. 따라서 우리는 '좋음'을 포함하도록 성공의 의미를 확장해야 한다.

기업은 수익을 장기화, 최대화하는 목표만 달성할 게 아니라 그 성공을 이루어내는 방법, 성공의 지속가능성, 기업과 마주치는 모든 사람들에게 미치는 영향 등을 따져야 한다. 이렇게 하면 기업은 어마어마한 긍정적 변화의 도구이자 매개물이 될 수 있다. 냉소주의와 불신을 넘어서려면 좋은 리더의 힘이 필요하다. 홀푸드마켓의 공동 창업자 존 맥키는《돈, 착하게 벌 수는 없는가?》에서 이 원칙을 다음과 같이 소개했다.

기업의 목표가 이윤 극대화뿐이라는 신화는 자본주의의 평판에도, 기업의 사회적 정당성에도 엄청난 악영향을 미쳤다. 우리는 서사를 다시 장악하고 그 진정한 본질을 회복해야 한다. 기업의 목표는 우리 삶을 향상시키고 이해관계자들에게 가치를 창출해주는 것이라고 말이다.

좋은 리더를 설명하는 데 도움이 되는 존 맥키의 이 글을 나는 아주 좋아한다. 이 글은 성공을 보는 관점을 확장시킨다. 이 같은 시각에 따르면 기업은 주주는 물론 이해관계자들에게도 근원적 변화를 일으킬 수 있다. 주주들에게 성공은 돈을 벌고 잃는 것으로 설명되는 문제일지 모른다. 그러나 기업은 자신과 관계를 맺는 보다 광범위한 사람들에게 긍정적 영향을 미칠 수 있어야 한다. 예컨대 홀푸드마켓에는 농부나 어부 등의 생산자, 음식을 마련해 포장하고 가게로 수송하는 노동자들, 매장 홍보 직원과 고객들에 이르기까지 다양한 이해관계자들이 모여 형성된 거대한 생태계가 존재한다. 이에 비하면 주주는 그 수가 상대적으로 적다. 기업은 다양한 이해관계자들을 소중히 여기고 그들의 성공을 지원하며 좋은 영향력을 영속화하는 데 도움을 주어야 한다. 맥키와 홀푸드마켓은 그런 좋은 영향력을 기업의 비전으로 내세웠고 이는 홀푸드마켓만의 독특한 경쟁력이 되어 궁극적으로 성공을 이루는 기초가 됐다.

좋은 리더는 기업뿐만 아니라 개인에게도 지속가능한 행복과 의미를 만들어낸다. 돈이나 명성보다는 관계에 투자하는 게 건강하며 성공적인 삶을 사는 데 큰 영향을 미친다는 과학적 증거는 이미 차고 넘친다. 2015년, 하버드대학교 성인발달연구소 총책임자 로버트 월딩어 박사는 테드TED 강연에서 75년간 남성 724명의 삶을 추적한 광범위한 연구 결과를 공개했다. 이 기간 동안 연구팀은 참여자들을 체계적으로 관찰하고 의학적으로 검진했다. 그리고 마침내 지속가능한 행복을 좌우하는 핵심 요소를 단 하나만 꼽는다면 바로 "인간관계의 깊이와 질"이라고 결론지었다.

월딩어 박사는 또한 지금까지의 연구에서 발견된 가장 놀라운 사실은 인간관계에의 투자와 실질적인 신체 건강 사이의 직접적 상관관계라고 강조했다. 그는 만성 염증 발생과 스트레스 호르몬 분비, 주어진 환경에서 특정 유전자의 활성화 혹은 비활성화 수치를 제시하며 "놀라운 점 중 하나는 인간관계와 신체 건강의 강력한 상관관계다. 우리의 감정적 삶과 신체 사이에는 정말로 강력한 연관성이 있다"라고 말했다. 이처럼 타인에게 투자하는 시간과 노력은 "건강한 삶"을 만드는 데 있어 필수 요소다. 인생과 사업도 마찬가지다. 우리 자신을 위해서라도 사람을 우선시하고 인간관계에 투자해야 한다.

이는 내 삶에 적용해도 맞는 말이다. 내가 경력을 쌓으면서 느낀 행복과 성공은 주변의 좋은 사람들 덕분이었다. 이를 깨달은 후 나는 아이디어, 제품보다 사람을 우선하려고 노력했다. 어떤 결정을 평가할 때는 조직 내 모든 사람에게 최선의 이익이 무엇인지 따지고, 그를 실현하고자 모든 노력을 쏟았다. 사업 제안이 오든 잠재적인 아이디어가 떠오르든 행동하기에 앞서 언제나 '누구와 함께 일하게 되는가? 이 결정은 누구에게 영향을 미치는가? 이 일은 내 개인적 가치관이나 내가 소속된 조직 구성원들의 가치관에 합치하는가? 이 결정은 진실, 공감, 총체성을 추구하는 우리의 집합적 탐색에 어떤 의미를 갖는가?' 같은 질문을 던졌다.

맥킨지를 떠나 짧게나마 실리콘밸리의 황금시대를 함께했던 나는(여기에 대해서는 뒤에 소개하겠다) 대학 시절 룸메이트와 함께 보스턴에 근거지를 둔 투자 전문 회사 큐볼을 창립했다. 큐볼은 사람을 우선시하는 철학과 인간 자본을 중심에 두는 태도에 근거를 둔 새로운 형태의 벤처 자본에 주목했다. 이 밖에도 대규모 전략 자문 회사 두 곳을 창립할 때 참여했는데, 결과적으로 그 회사들은 사람을 중심에 둔 기업이 됐다.

일은 한 인간이 성숙하는 데 있어 가장 강력한 영향을 미치는 요소 중 하나다. 그러므로 기업 리더들에게는 좋은 영향력을 나눌 어마어마한 기회가 존재한다. 나는 동료들이나 이해관계자들을 만날 때마다 이 점을 잊지 않으려고 노력한다. 나의 멘토링에 힘입어 동료들이 목표를 이루는 것보다 즐거운 경험은 없다.

내가 이런 특별한 경험을 할 수 있도록 해준 첫 번째 사람은 바로 스테프 제이다. 그녀는 내가 20대 시절에 경영했던 디지털·인터넷 전략 회사에 인턴으로 들어왔다. 그때 나는 처음으로 CEO 역할을 맡았던 터라 아직 리더십의 요령을 배우는 중이었다. 당연히 올바른 결정보다 잘못된 결정을 더 많이 했다. 스테프는 내가 뭘 묻거나 요청할 때 언제든 긍정적 에너지와 낙관주의를 보여줬다. 동료들에게 진솔한 관심을 쏟은 것은 물론이다.

나는 지금도 스테프와 자주 연락하며 가깝게 지낸다. 그녀는 때때로 내게 전화를 걸어 조언을 구하는데, 그때마다 그녀에게 가장 이익이 될 수 있는 방향을 제시하는 건 나의 기쁨이다. 내 조언에는 언제나 분명한 원칙이 있다. 주변에 어떤 사람을 두느냐 하는 문제는 그 무엇과도 비길 수 없을 만큼 중요하니 결정을 내릴 때는 그 사람의 경쟁력이나 이전에 근무했던 회사의 이름보다는 자신이 몸담고 있는 조직의 문화에 어울리는가를 우선해야 한다는 점이다.

스테프는 골드만삭스에서 14년간 성공적인 경력을 이어 나가다가 월마트 전자상거래부서의 총책임자가 됐다. 현재 우리의 관계는 멘토와 멘티를 넘어섰다. 지금은 내가 그녀에게 전화를 걸어 전자상거래의 흐름에 대해 조언을 구하고 있다. 나는 이런 관계가 자랑스러울 뿐 아니라 그녀를 비롯한 멘티들이 자기 영역을 잘 헤쳐 나가며 행복해하는 모습을 보는 게 정말로 좋다. 이것이야말로 리더가 누릴 수 있는 보상이자 가장 큰 성공이다.

좋은 리더의 5가지 주문

평가하고 규정하기보다는 함께 성장하는 것. 이것이 좋은 리더가 되는 첫 출발점이다. 내가 만난 100여 명의 리더들도 약간의 차이는 있을지라도 이 점에서 대동소이했다. 이들에게서 나는 사람 중심의 리더십을 목격했다. 이를 다섯 가지 주문으로 정리하면 다음과 같다.

1. **결정을 내려야 하는 순간, 의식적으로 사람을 우선시한다.** 이건 선택 사항이 아니다. 좋은 리더가 되고 싶다면 엄청난 노력을 들여 계속해서 이 자세를 견지해야 한다.
2. **다른 사람들이 본연의 총체성을 이루도록 도우며 함께 성장한**

다. 좋은 리더는 자신의 발전만 추구하지 않고 다른 사람들도 자기만의 가장 완전한 모습을 느끼고 실현하도록 도와주어야 할 책임을 인정한다.

3. **경쟁력의 필요성과 중요성을 인정하더라도 인간 중심의 가치에 더 가중치를 둔다.**

4. **'그러나' 이상적 현실주의자가 되어야 한다.** 선善에는 노력뿐만 아니라 열망과 현실적 삶 사이의 지속적 균형이 필요하다는 점을 이해한다는 뜻이다.

5. **'선한Good' 영향력을 시험을 받을 때만이 아니라 기회가 있을 때마다 실천한다.** 해야만 할 때가 아니라 할 수 있을 때마다 좋은 영향력을 끼치려고 나선다. 좋은 리더에게 이것은 습관이다.

좋은 리더의 주문

1. 사람을 우선시할 것
2. 다른 사람들이 본연의 총체성을 이루도록 도울 것
3. 경쟁력보다 가치에 헌신할 것
4. 현실과 이상 사이에서 균형을 잡을 것
5. 시험 받을 때만이 아니라 가능할 때면 언제나 선을 실천할 것

좋은 리더의 다섯 가지 주문을 지속적으로 함양하고, 소중히 여기는 사람들에게도 이 주문을 장려하길 권한다. 분명 놀라운 변화를 경험할 것이다. 2장부터는 위의 다섯 가지 주문을 여러 각도에서 자세히 다룰 것이다. 일단 여기에서는 주요 내용을 간단히 살펴보자.

좋은 리더의 제1주문: 사람을 우선시할 것

사람을 우선시해야 한다는 전제에는 논란의 여지가 없다. 그러나 "사람이 먼저다!"라고 선언한다고 되는 일은 없다. 사람을 우선순위의 핵심에 두는 건 좋은 리더가 장기적으로 유지해 나가야 하는 능동적 결단이다. 이는 하버드 경영대학원 교수이자 벤처 자본의 아버지이며 인시아드 설립자인 조지 도리엇의 좌우명이기도 하다.

도리엇은 "B급 팀원들과 함께하는 A급 아이디어와 A급 팀원들과 함께하는 C급 아이디어 중 하나를 골라야 한다면 무엇을 선택하겠는가?"라는 사고 실험을 제시했다. 실험 결과 더 나은 아이디어를 고른 사람이 많았다. 그러나 도리엇은 언제나 A급 팀원들과 함께해야 한다고 말했다. 왜냐하면 아이디어와 산업은 사람보다 훨씬 빠르게 변화하기 때문이다. A급에 속하는 사람들은 계획을 조정하고 진화시키는 동시에 다른 팀원들에게도 같은 일을 하도록 동기를 부여한다. 또한 그들은 이런 일을 하는 내내 소속된 조직의 핵심 가치를 충실히 지킨다.

그렇다면 왜 실험 참가자 대다수는 A급 팀원들보다 아이디어를 선택하는 걸까? 사람 자체나 그들의 가치관, 성품보다는 사업 기회가 보이는 아이디어에 더 큰 흥미를 느끼기 때문이다. 아이디어와 사랑에 빠진 나머지 인사人事에서 타협하게 되면 아이디어를 실행하다가 난관에 봉착하기 쉽다. A급 인재들은 다른 A급 인재를 끌어들인다. 반면 B급 인재들은 C급, D급 인재를 끌어들인다. 도리엇의 주장은 의심할 나위 없이 옳다. 딱 맞는 사람을 찾아야 한다. 강인하고 가치를 중시하는 성품을 가진, 그러면서도 자기 분야에서 뛰어난 평가를 받는 A등급 사람들 말이다.

사람이 위대한 아이디어를 만들고 실행한다. 그 역은 성립하지 않는다. 더 중요한 건 오직 좋은 사람들만이 다른 사람에게 좋은 흔적을 남길 수 있다는 사실이다. 결국 좋은 사람들만이 좋은 일이 일어나도록 만든다. 사람을 우선시하는 건 오랜 시간을 필요로 하는 목표다. 단거리 경주보다는 장기간의 여행이며, 평생 동안 이어지는 과제다.

좋은 리더의 제2주문:

다른 사람들이 본연의 총체성을 이루도록 도울 것

쑨야은 오랜 세월 동안 다른 사람들의 가능성을 고무하면서 그들이 자신만의 완전한 잠재성을 향해, 자기 정체성의 핵심으로 더 가까이 갈 수 있도록 도왔다. 당신 주변에 다른 사람이 더 좋은 사람이 되도록 돕기 위해 헌신하는 사람들이 있는지 둘러보라. 그들은 진실 중에서도 가장 근원적인 진실, 즉 우리가 모두 인간임을 알고 있다. 우리 모두가 공유하는 인간성을 깨달았기에 좋은 사람들은 이력서나 직책, 전문적 직위 너머를 보며 타인과 진정성 있는 관계를 맺는다. 아울러 그들이 더 나은, 더 완전한 고유의 모습을 이루도록 돕는다.

좋은 리더에게는 지금으로부터 거의 30년 전 어느 더운 여름날 오후 토론토에서 액자를 팔던 조숙한 십대 소년을 자기 집 거실로 초대한 그 여인의 인내심과 품위, 자신감, 너그러움이 있다. 타인과 깊이 공감하거나 가장 인간적인 모습을 보이는 순간들은 사람들이 자신의 평소 성격을 억누르고 서로의 차이보다는 공통점에 집중할 때 발생한다. 누군가 따뜻하게 포옹을 해주거나 가만히 손을 내밀 때, 낯선 이와의 순간적 연결을 경험할 때, 또는 대통령이 허리를 굽혀 백악관을 방문한 아이의 눈을 깊이 들여다볼 때처럼 말이다.

직책 너머를 보고 위계를 잠시 미뤄둠으로써 조직 전체의 잠재력을 끌어낼 수 있다. 내가 여태 받은 도움 중에 기억에 남는 몇 가지 조언은 내 팀원이나 후배들이 제공한 것이었다. 이들이 준 도움은 단순히 업무를 분담하는 것 이상이었다. 이들의 정직함과 새로운 시각 덕분에 나는 더 나은 영감을 얻었다.

얼마 전 한 젊은 동료가 퇴근 시간 무렵 사무실에 들어오더니 잠깐 시간이 있느냐고 물었다. 그녀는 잠시 망설이는 듯하더니 그 주 초반에 내가 마감 시간이 닥쳤다고 스트레스를 표출한 방식이 비생산적이었다고 조심스레 이야기했다. "사장님이 스트레스를 받으

시면 저희가 사장님을 실망시킨 것 같다는 기분이 들어요. 그게 사장님의 진심이 아니라는 것도, 사장님이 그런 분이 아니라는 것도 아니까 마음이 더 불편해요." 나중에 나는 그녀에게 기꺼이 어려운 이야기를 꺼내준 솔직함과 용기에 감사하는 이메일을 보냈다. 멘토링은 절대 하향식으로, 일방적으로 진행하면 안 된다. 우리가 주변 사람들에게 해주듯 주변 사람들도 내 멘토가 되어 나를 가르쳐주고 서로가 더 나은 고유의 모습을 갖추도록 도와줄 수 있어야 한다.

누구나 꿈을 꾸고 사랑을 한다. 다들 타인에게 받아들여지기를 바란다. 세상에 차이를 만들어내고 싶어 한다. 안정을 바란다. 다른 사람들의 눈에 띄고 싶어 하고, 자신의 목소리가 들리기를 원한다. 우리는 모두 약점이 있지만 그만큼 강하기도 하다.

그러나 우리 중 다수는 직장에만 가면 이런 대단히 인간적인 특징들을 감추어버린다. 어쩐 일인지 우리는 인간적인 사람이 된다는 건 곧 비전문가가 된다는 뜻이라고 생각한다. 하지만 절대 그렇지 않다. 직책을 한쪽으로 밀어놓고 방어적인 자세를 풀고 인간적인 사람이 된다는 것은 그저 우리 모두가 근원적인 무언가를 공유한다는 뜻일 뿐이다.

직장에서의 공감 능력이 조금 더 허용되고 리더십을 발휘할 때도 인간성을 반영한다면, 전반적 경영 목표를 하나도 양보하지 않으면서도 더 많은 영향력을 만들어낼 수 있다.

좋은 리더의 제3주문: 경쟁력보다는 가치에 헌신할 것

걸프전의 영웅 노먼 슈워츠코프 장군은 "리더십이란 전략과 성품의 강력한 조합이다. 하지만 둘 중 하나를 빼야 한다면 전략을 빼라"라고 말했다. 하버드 경영대학원에 재학했을 때 대다수 동기들과 나는 학교에서 가르치는 가장 중요한 과정은 재무, 기술, 운영관리 등 소위 '단단한 기술'이라고 생각했다. 그러나 선배나 교수들은 우리에게 리더십 같은 '말랑말랑한 기술'에 치중하는 수업들이 더 기억에 남을 거라고 했다. 그 말이 맞았다. 나를 비롯해 대부분의 동기들은 딱딱한 기술을 가르치는 수업에서 배운 현금 할인법 모형은 금세 잊어먹었지만 지금까지도 말랑말랑한 문제들이 직장과 삶에서 상상 이상으로 중요하다는 건 인정한다.

여러 해 동안 나는 사람들이 누군가를 평가할 때 출신 학교와 학위, 해당 전문 분야에서의 경력, 이전 직장에서의 실적 등을 암묵적 기준으로 사용하는 걸 보았다. 그러나 이는 생동하는 문화를 발전시키기에 적절한 방법이 아니다. 만일 모든 대학교가 지원자의 점수만을 근거로 신입생을 선발했다면 그 신입생들이 현재의 학생들이 갖춘 풍부함과 다양성과 특질, 다른 말로 하면 가능성 자체를 발휘할 수 있었을까? 이력서와 관습적인 면접으로는 보다 미묘하고 포착하기 어려운 자질을 알아낼 수 없다. 물론 학점과 점수, 직위는 의미 있고 유용한 지표다. 그러나 이런 것만 측정해서는 한 사람이 가진 잠재력이나 성품을 제대로 알 수 없다.

기업 세계에서는 이런 동역학이 늘 보인다. 오늘날 최고의 리더들은 단지 똑똑하고 영민하며 전략적이기만 한 사람들이 아니다. 그들은 기술을 통해서든, 타고난 능력을 통해서든 정의하기 까다로운 어떤 자질을 가지고 있다. 다트머스대학 터크경영대학원 교수 시드니 핀켈스타인은 저서 《슈퍼보스》에서 존경받는 몇몇 리더들이 주어진 책무를 넘어 본보기를 보임으로써 다른 사람들을 이끌고 자신의 가치관과 문화를 충실히 지키는 한편, 실무에 직접 참여하면서도 유연하고 창의적인 태도를 취해 목표를 이루는 방법을 자세히 묘사했다.

슈퍼보스들은 특정한 인물이 소속 조직의 가치관과 문화에 어울릴 수 있을지 시험하고자 비관습적인 고용 방법을 개발했다. 광고계의 전설 제이 치아트는 면접 때 기이한 질문을 던지거나 충격적인 행동을 함으로써 입사 지원자들이 예기치 못한 상황에서 어떻게 반응하는지 살폈다. 세계적으로 유명한 셰프 앨리스 워터스는 면접할 때 입사 지원자들과 요리 외의 주제를 다룬 책에 관해 이야기함으로써 그들의 비판적 사고력을 평가하는 방법을 즐겨 사용했다.

좋은 리더들은 관행에서 벗어나 선량한 성품과 여기에 수반되는 인간 중심적 가치관에 가중치를 둔다. 그러나 우리는 미묘하고 복합적이며 비선형적인 자질과 가치를 직관적으로 인식하고 인정하면서도 정작 평가를 내릴 때는 경쟁력을 우선시하는 경우가 많다. 이는 상당 부분 이런 자질을 평가하기가 어렵기 때문인데, 이는 우리가 좋은 사람들을 제대로 알아볼 수 있는 다양한 방식을 생각해내야 하는 이유이기도 하다(치아트와 워터스는 그런 방법을 고안해낸 좋은 사례다. 이 책에서도 그러한 평가 방법들을 보다 깊이 논의할 것이다).

좋은 리더의 제4주문: 현실과 이상 사이에서 균형을 잡을 것

좋은 사람이 되고자 하는 마음은 인간의 본성이다. 그러나 '좋음'을 실천하는 것은 현실에서 부딪치는 다양한 어려움 때문에 생각보다 쉽지 않다. 좋은 리더는 현실과 좋음 사이에서 균형을 잡는 법을 익혀야 한다. 예컨대 나는 낙관주의와 긍정적 에너지를 갖춘 이상주의자들을 진심으로 아끼는 한편 구체적 아이디어를 개발하고 실행할 수 있는 현실주의자들의 중요성도 인정한다. 이상주의와 현실주의가 부딪치는 상황은 그리 어렵지 않게 떠올릴 수 있다. 특히 기업들은 비전과 실행 사이의 시공간을 항해해가는 만큼 매일 이런 충돌을 겪는다. 좋은 리더들은 경쟁 관계에 놓인 중요한 문제들과 긴장 사이에서 균형을 잡아야 한다는 점을 알고 있다. 동양에서는 이를 중용中庸이라 부른다.

이 책의 2부에서는 좋음을 실천할 때 겪게 되는 긴장 관계를 탐구한다. 핵심은 어떤 긴장 관계에서든 균형을 찾는 방법을 이해하는 것이다. 보통 균형은 시간과 자문, 경험을 통해 이룰 수 있다. 여기에는 인내심과 좋은 사람들, 지혜가 필요하다. 다행히도 균형을 이루는 건 불가능한 목표가 아니다.

좋은 리더의 제5주문:

시험 받을 때만이 아니라 가능할 때면 언제나 선을 실천할 것

니틴 노리아 하버드대학 비즈니스 스쿨 학장이 경쟁력의 리더십과 성품의 리더십을 구분해야 한다는 말을 들려주었을 때, 나는 그가 경영계가 자주 비난받아온 지나친 탐욕에서 벗어나야 한다는 말을 하는 거라고 생각했다. 그건 그냥 "옳은 일을 하라"는 이야기를 하는 것일 뿐이지 않은가.

하긴 지난 수십 년간 경영계는 딱히 좋은 모습을 보여주지 않았다. 우리는 너무 많은 부패 스캔들과 사건을 듣고 읽었다. 대중은 제도 전반에 대한 신뢰를 잃었다. 이에 더해 커져가는 소득 불평등과 국내 정치의 불안정은 전 세계적인 항의와 시위를 촉발했다. 그래서 처음에 나는 그가 조직의 품위와 자질을 개선할 방법만 찾아내면 대부분의 사람들이 세상의 '악'으로 보는 것들의 전반적 대차대조표를 개선할 수 있다는 얘기를 하려는 것인 줄 알았다.

그런데 그가 하려는 이야기의 핵심 요지는 그 이상이었다. 좋은 리더는 악을 줄이는 것에서 멈추지 않는다. 위기의 순간에만 선량해지는 것으로는 충분하지 않다. 우리는 가능할 때면 언제나 좋은 사람이 되기로 선택해야 한다. 특히 높건 낮건 내 영향력으로 긍정적 변화를 이끌어낼 수 있는 위치에 있다면 말이다. "가능할 때마다 좋은 일을 하라." 그럼으로써 우리는 정말로 혁신적인 변화를 만들어낼 수 있다. 모든 변화는 타인을 변화시키려는 의지를 가진 단 한 사람에게서 시작된다.

운 좋게도 내게 멘토링해준 사람 중에는 전설적인 벤처캐피털 회사인 그레이락의 명예회장 헨리 맥캔스가 있다. 그는 킨티넨털 케이블에서 링크드인, 워크데이, 페이스북에 이르는 다양한 기업에 자금을 지원한 회사를 45년간 이끌었다. 그는 사람들이 나름의 비전을 실현하도록 돕는 걸 자신의 사명으로 여겼다. 그는 이렇게 말했다. "우리가 살면서 평생 열 명의 인생을 바꾸는 데 도움을 줄 수 있고, 이어서 그 사람들도 열 사람의 인생을 바꿀 수 있으며, 그 사람들이 또 이어서 같은 일을 할 수 있다고 상상해보게나."

우리 모두에게는 각자의 길을 갈 때 도움을 준 사람들로 이루어진 작은 세계가 있다. 당신은 누군가의 작은 세계에 들어가 더 나은 무언가를 창조하는 데 도움을 줄 수 있는가?

좋은 일을 하겠다는 선택에는 전 세계 여러 산업 분야에서 긍정적 변화에 시동을 걸 수 있는 잠재력이 포함돼 있다. 내가 이 책을 쓰는 동기도 바로 그런 잠재력, 즉 내가 당신에게 영감을 불어넣을 수 있다는 희망 때문이다. 나는 당신이 이 책을 읽어 나가며 스스로 다음과 같은 질문들을 던져보기 바란다. 당신에게는 좋은 관계를 기꺼이 함께 시작할 사람 열 명이 있는가? 당신의 뜻을 지지해줄 사람과 위기가 닥쳤을 때 기댈 정신적 지주, 딜레마가 생겼을 때 찾아갈 조언자나 멘토, 성공의 순간을 함께할 치어리더들이 있는가? 이 사람들 곁에서 좋은 일을 할 수 있는 상황이 되면 당신은 실제로 나서서 그 일을 할 것인가? 당신은 이 열 사람에게 저마다 다른 열 사람을 찾으라고 격려해줄 수 있는가?

핵심 요약

- **모든 일은 사람으로 시작해 사람으로 끝난다.** 결정을 내릴 때 사람을 우선시하는 태도를 가져야 하며, 그 결정 또한 인간 중심적 가치에 토대를 두어야 한다.

- **인간은 모두 연결되어 있으므로 다른 사람들이 보다 온전한 고유의 모습을 이루도록 도와야 한다.** 진정한 리더십은 직책과 위계를 제쳐놓고 진정으로 다른 사람에게 최선의 이익을 주려고 노력할 때 드러난다.

- **경쟁력도 중요하지만 성품과 가치관이 더 중요하다.** 좋은 리더십을 갖췄다는 말의 진짜 의미는 일이나 업무에 필요한 기술을 갖췄다는 뜻만이 아니다. 경쟁력을 앞세운 리더는 비교적 많지만 좋은 성품과 선량함을 갖춘 리더들은 훨씬 드물며, 그래서 더욱 소중하다.

- **중용이 필요하다.** 좋은 리더는 현실과 이상 사이에서 적당한 균형점을 찾는다.

2장

리더십 피라미드

우리는 좋은 사람들을 묘사할 때 구체적 원칙보다 사례로 표현하는 법을 먼저 배웠다. "저 사람은 아티쿠스 핀치(소설《앵무새 죽이기》에서 누명을 쓴 흑인 톰 로빈슨을 변호하는 백인 변호사 – 편집자 주) 같아"라거나 "저 사람을 보니 스크루지가 떠올라" 하는 식으로 말이다. 요즘 세대는 슈퍼맨이나 스파이더맨 같은 슈퍼 영웅에게 매혹돼 이들에게 거칠게나마 선과 악, 옳고 그름을 배우며 자란다. 그리고 이런 개념은 시간이 지나면서 실생활에서의 경험과 소통, 본보기들과 결합한다.

내게 그런 슈퍼 영웅은 토론토의 은퇴한 사회복지사였다. 그녀는 자기도 모르는 사이에 좋은 사람에 대한 평생의 집착으로 이어질 씨앗을 내 머릿속에 심어놓았다. 모든 사람이 그렇다는 것은 아니다. "무엇이든 남에게 대접받고자 하는 대로 너희도 남을 대접하라"는 신앙의 황금률에서 도덕적 원칙을 끌어오는 사람들도 있다. 어떤 경우든 일반적으로 30~40대가 되면 우리는 대부분 선을 체현한다는 말의 직관적 의미를 공유하게 된다.

'좋음'은 인간으로 대접받는 느낌, 시야가 넓어지는 느낌 등을 고취하는 경우가 아주 많다. 이런 느낌들은 보통 부모님, 선생님, 신앙 등을 통해 암묵적으로나 명시적으로 학습한 일련의 자질과 특징, 가치관에서 유래한다. 그러나 이런 개념들이 기업 환경에서 논의되거나 보급되는 경우는 드물다.

경영에서 '좋다'는 말은 주로 경쟁력을 의미해왔다. '어떤 엔지니어가 가장 고용하기 좋은가?' '누가 가장 좋은 학교에서 가장 좋은 성적을 받았는가?' '누구의 판매 실적이 가장 좋은가?' 하는 식으로 말이다. 물론 누구나 뛰어난 경쟁력을 갖춘 사람을 주변에 두고 싶어 한다. 그러나 더 높은 수준의 리더십과 실적을 이루고 싶다면, 경쟁력 때문에 사람들이 무슨 일을 하는지, 그 일을 어떻게 왜 하는지 무시해서는 안 된다. '좋음'을 보다 전인적인 개념으로 만들고 여기에 성품과 가치관을 통합시킬 필요가 있다.

전인적 '좋음'은 경쟁력만 있는 기업, 리더와 탁월한 기업, 리더를 구분하는 기준이다. 나는 좋음과 좋은 사람들이 개인적, 사업적, 사회적 성공을 이루기 위해서든 우리가 원하는 미래를 만들기 위해서든 반드시 필요한 조건이라고 생각한다.

좋은 리더를 규정할 공통의 어휘를 선정하는 데 있어서는 다양한 의견이 존재한다. 기업 세계에서 수집하기 쉬운 지표들은 오직 실적만을 반영한다. 이런 지표는 측정하는 게 비교적 쉽다. 성품의 밑바탕에 깔려 있는 무형의 자질이나 사람들의 행위와 행동에 동기를 부여하는 원칙에도 똑같은 관심을 기울일 수 있는 방법은 없을까?

일단은 철학, 심리학, 종교의 가르침과는 별개로 일상적 실천에서 '좋음'이 정말로 무엇을 의미하는지 이해해야 한다. 이를 조직에 적용하기 위해서는 말랑말랑한 개념을 더욱 구체적으로 만들어야 한다. 이를 통해 막연하게 알고는 있으나 정의하기가 매우 까다로운 '좋음'을 평가하고 측정할 뿐 아니라 실천할 수 있어야 한다.

한 가지 비유를 들어보겠다. 와인에 관한 어휘는 오랜 세월에 걸쳐 진화하면서 현대의 와인 산업을 만들어냈다. 와인에 대한 언어가 없었다면 소믈리에도 존재하지 않았을 것이다. 와인에는 시詩, 매력, 우아함이 깃들어 있다. 전문가들이 딱 맞는 단어와 비유, 은유를 통해 와인 맛과 특성의 정수를 기초적인 내용물로 정제해낼 수 있는 경우에는 특히 그렇다.

그러나 역사를 돌이켜보면 수백 년 동안 와인은 알코올을 첨가한 음료에 불과했다. 오랜 기간 유럽에서는 비위생적인 식수의 대용품일 뿐이었다. 〈뉴욕 타임스〉의 기사, '와인 마시기: 잡일에서 선택으로'는 와인 시장의 규모가 커지고 진화하면서 이에 따라 와인의 특성을 보다 정확한 어휘로 묘사할 필요성이 제기됐다고 지적한다. 이제는 특정한 과일을 통해 와인의 성질을 분석하고, 와인

통을 만든 나무의 특성은 물론 침전물인 '찌꺼기'의 금속성 미네랄을 철저히 분석하는 것은 물론 토양의 품질까지 가려낸다.

와인에 관련된 복잡한 용어들은 비교적 최근에 만들어졌다. 적어도 미국에서는 그렇다. 미국에 첫 소믈리에가 출현한 건 1930년대의 일이다. 이들은 색깔과 냄새, 원산지 같은 범주를 활용해 와인의 특징을 분석하는 새로운 틀을 만들어냈다. 소믈리에들은 이 범주 안에서 색깔을 묘사할 때는 '밝은색'·'벽돌색'·'루비색'·'잉크빛' 같은 추가적 서술어들을, 향기를 표현하기 위해서는 '짙은 블랙베리 향'·'이끼 향'·'숲 향' 같은 지표들을, 질감에 있어서는 '강한'·'무거운'·'가벼운' 등의 분류를, 맛에 있어서는 '떫은' 같은 범주나 와인의 역사적·지리학적 특징을 나타내는 '테루아' 등의 용어를 사용함으로써 어휘를 더욱 세련되게 다듬었다.

좋은 리더를 정의하고 생각하는 방법도 같은 방식으로 개선할 수 있다. 와인을 감별하는 것처럼 누구나 '선량함'이나 '좋은 사람'을 직감적으로 분별하는 능력을 갖고 태어난다. 그러나 이 주제를 보다 깊이 탐구하려는 노력에 단단한 근거를 제공하려면 먼저 몇 가지 날카로운 질문을 던져야 한다. 이를테면 이런 질문들이다.

괜찮은 리더와 위대한 리더는 무엇이 다른가?

나쁘지 않은 지인과 진정한 친구 겸 정신적 지주의 차이는?

거리감이 드는 컨설턴트와 신뢰할 수 있는 조언자의 차이는 무엇인가?

특정 인물의 경쟁력보다 행동의 동기를 살피다 보면 저절로 명백한 지표로는 보이지 않는 형언하기 어려운 자질과 가치관을 찾게 되며, 이런 자질과 가치관을 지칭할 어휘를 탐색하게 된다. 나는 좋음을 구성하는 일련의 가치를 구체적으로 범주화하고 규정함으로써 '좋은 리더' '좋음'에 관한 예비적 이해를 틀과 어휘로 확장했고 (이를 피라미드 형태로 구조화했다) 이를 통해 이 논의가 추상적인 차원에서 구체적인 차원으로 나아가도록 노력했다. 이 틀과 어휘를 잘 활용하면 좋은 리더의 진짜 의미를 이해하는 데 도움이 될 것이다.

한 가지 분명한 점은 공통의 정의와 언어가 없으면 어떤 것도 실현될 수 없다는 사실이다. 좋은 리더를 묘사할 다른 틀이 이미 존재한다는 것도 안다. 그러나 나는 내가 제시하는 틀이 이 주제에 관한 아이디어와 논의를 촉발하기를 바란다.

새로운 틀과 언어가 필요하다

이 책에서는 **'좋은 리더'**를 일반적으로 **'자신과 다른 사람들이 가능한 한 가장 완전한 고유의 모습을 찾는 데 도움이 되는 가치를 지속적으로 함양하려고 애쓰는 사람'**이라고 정의한다. 이 같은 정의는 나침반 역할을 한다. 그러나 이것만으로는 충분치 않다. 목적지까지 가는 길을 보여줄 세부적인 지도가 필요하다. 바로 이 지점에서 틀과 언어가 어우러져 정의定意 이면의 존재를 구체적으로 이해하게 해준다.

우리는 미묘한 의미 차이를 고려하지 않고 정의, 틀, 언어 등의 용어를 바꿔가며 사용하곤 한다. 그러나 '정의'는 의미의 고차원적 선언인 반면 '틀'은 그 정의를 보다 잘 이해하는 데 도움이 되는 구조다. 이해를 맥락화할 때 필요한 고정점을 제공하는 정신적 모형, 건물로 치면 주춧돌이 바로 틀이라고 생각하면 된다. 한편 '언어'는 이런 고정점 사이의 공간을 채우면서 차원과 색조, 층위를 더함으로써 전반적 개념을 더 심층적으로 탐구하게 해주는 존재다. 이런 분류 체계를 염두에 두고 좋은 리더의 뜻을 정리해 보자.

'좋은 리더'의 일반적 정의: 자신과 다른 사람들이 가능한 한 가장 완전한 고유의 모습을 찾는 데 도움이 되는 가치를 지속적으로 함양하려고 애쓰는 사람.

틀: 리더십 피라미드. 틀은 일종의 건축물(구조)이다. 좋은 사람을 이루는 주요한 주춧돌에는 진정성, 공감, 총체성 세 가지가 있다. 주춧돌이 되는 이 세 가지 자질은 좋은 리더의 닻이 된다.

나는 리더십 피라미드를 계발할 때 욕구 단계 이론으로 유명한 심리학자 에이브러햄 매슬로에게서 영감을 받았다. 매슬로 피라미드의 맨 아래에는 가장 기본적인 생리학적 욕구와 안전 욕구가 존재한다. 이어 소속감과 인정 욕구를 만족시키는 방향으로 나아간다. 자아실현으로의 진화는 그 이후에야 비로소 가능하다. 리더십 피라미드도 비슷한 구조를 갖추고 있다. 피라미드 하단에는 **진정성**이라는 뿌리가 되는 가치가 놓인다. 진정성은 쉽게 말해 생각과 행위에서의 정직함과 일관성을 뜻한다. 피라미드의 다음 층은 **공감**으로, 타인의 경험을 이해함으로써 가능해지는 이타심을 일컫는다. 피라미드의 맨 위에는 **총체성**이 자리하는데, 이는 주위 사람들이나 우리가 처한 삶의 상황들에 대한 충족감과 감사를 뜻한다.

틀이 있으면 어려운 개념도 쉽게 분석할 수 있다. 틀은 다양한 분야에 중요한 통찰력을 제공해왔다. 예컨대 매슬로의 욕구 단계 이론은 심리 발달 분야에 큰 영향을 미쳤다. 웹 개발의 세계에서는 부트스트랩, 파운데이션, 시만텍이 유저 인터페이스 디자인의 틀을 제공했다. 경영 분야의 틀로는 보스턴컨설팅그룹의 유명한 BCG 성장-분배 매트릭스와 마이클 포터가 주창한 경쟁 전략의 다섯 가지 힘 등을 꼽을 수 있다. 이런 틀은 모두 사람들이 생각을 발전시켜 실행하는 데 도움을 준다.

언어란 좋은 리더의 틀을 탐구하고 정의할 때 세부사항과 뉘앙스를 부여해준다. 리더십 피라미드라는 건축물(틀)이 체계화에 쓰이는 구조의 역할을 한다면, 그 이면의 언어는 그 공간에 개성과 장식, 색조를 채워 넣음으로써 표현과 어조, 생생함을 더해준다.

언어는 생각보다 훨씬 중요하다. 적절하게 사용된 딱 맞는 언어가 있으면 어떤 주제에 관해서도 통찰력을 얻을 수 있다. 여러 연구에 따르면 특정 주제에 대해 말하고 이야기하는 방식은 우리의 세계관을 바꿔놓는다. 예컨대 1920~1930년대에 이뤄진 언어학자 에드워드 사피어나 벤저민 워프의 연구는 언어와 인지가 밀접하게 연관되어 있다는 가설을 발전시켰다.

현대의 여러 언어학자, 심리학자, 인류학자들은 언어가 우리 생각과 인지 과정 전체를 결정한다고까지 말하지는 않으나, 언어가 세상을 인지하는 방식에 깊이 연관되어 있다는 점에는 논란의 여지가 없어 보인다. 핵심은 모든 개념에 대한 집합적 이해가 공통의 언어에 따라 조직되고 형성된다는 것이다. 마빈 민스키 MIT 교수의 말을 빌리자면, '좋음'을 실천할 구체적 토대를 세우기 전에 우선 좋음의 '여행가방'을 풀어야 한다.

리더십 피라미드 3단계

좋은 리더를 묘사할 때 쓸 만한 표현은 아주 많다. 나는 이 중에서 가장 적절한 주춧돌이 '진정성', '공감', '총체성'이라고 생각한다. 이런 결론을 내리는 데 있어서 중요하게 여긴 점은 다음과 같다. 첫째, 좋은 리더의 범주 및 차원에 대해 전반적인 최종 상태를 가장 잘 포착한 단어는 무엇인가? 둘째, 이 단어들은 직관적으로 사람들과 공명하는가? 셋째, 이러한 분류는 시간에 따라 이루어지는 진보의 경로를 반영하는가?

리더십 피라미드

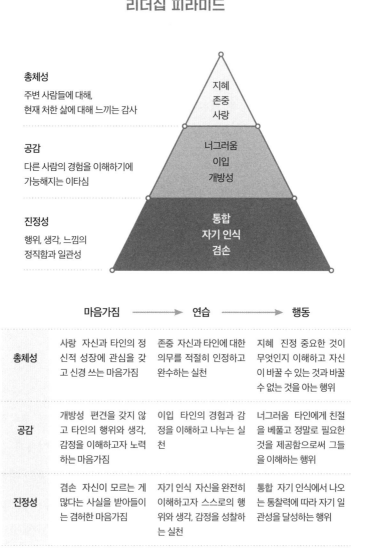

총체성
주변 사람들에 대해,
현재 처한 삶에 대해 느끼는 감사

공감
다른 사람의 경험을 이해하기에
가능해지는 이타심

진정성
행위, 생각, 느낌의
정직함과 일관성

지혜
존중
사랑

너그러움
이입
개방성

통합
자기 인식
겸손

	마음가짐 →	연습 →	행동
총체성	사랑 자신과 타인의 정신적 성장에 관심을 갖고 신경 쓰는 마음가짐	존중 자신과 타인에 대한 의무를 적절히 인정하고 완수하는 실천	지혜 진정 중요한 것이 무엇인지 이해하고 자신이 바꿀 수 있는 것과 바꿀 수 없는 것을 아는 행위
공감	개방성 편견을 갖지 않고 타인의 행위와 생각, 감정을 이해하고자 노력하는 마음가짐	이입 타인의 경험과 감정을 이해하고 나누는 실천	너그러움 타인에게 친절을 베풀고 정말로 필요한 것을 제공함으로써 그들을 이해하는 행위
진정성	겸손 자신이 모르는 게 많다는 사실을 받아들이는 겸허한 마음가짐	자기 인식 자신을 완전히 이해하고자 스스로의 행위와 생각, 감정을 성찰하는 실천	통합 자기 인식에서 나오는 통찰력에 따라 자기 일관성을 달성하는 행위

나는 직업상 수십 명의 뛰어난 리더들과 교류해왔으며, 이 책을 쓰고자 거의 100명을 인터뷰했다. 존경과 감탄의 대상이 되는 리더들은 공통적으로 이 세 가지 자질을 발전시키려고 평생 노력했다. 진정성, 공감, 총체성은 함께 연주하면 좋은 리더에게서 발견되는 것과 유사한 화음이 난다.

진정성, 공감, 총체성은 얼핏 생각하면 너무 거창한 개념 같지만, 각각을 마음가짐, 실천, 행위의 조합으로 개념화하면 이해하기 쉽다. 예컨대 진정성에 부합하는 **마음가짐**은 무엇일까? 어떤 마음가짐이 진정성을 매일 더 잘 **실천**하도록 도와주는가? 궁극적으로, 진정성은 어떤 **행위**에서 저절로 드러나는가? 이어지는 3~5장에서는 리더십 피라미드를 이룬 세 가지 주요한 층, 즉 진정성, 공감, 총체성에 각기 한 장을 할애하며, 그 장들에서 각각의 층에 속하는 여러 사례를 공유할 것이다. 여기서는 일단 각각을 빠르게 훑어보자.

진정성: 있는 그대로 말하라

겸손, 자기 인식, 통합성은 각기 진정성의 마음가짐, 실천, 행위라고 할 수 있다. 이를 고려하면 정직성이라는 비슷한 개념보다 훨씬 다층적이고 미묘한 특성이 드러난다. 우리 자신이나 타인에게 진실하지 않다면 우리는 근원적으로 공허한 셈이다. 진정성이란 모든 생각과 행위에 걸쳐 나타나는 정직함과 일관성이며, 신용이다.

특정한 브랜드나 식당의 단골이 된다고 가정해보자. 우리는 그 브랜드, 그 식당에서 다른 곳에서는 느낄 수 없는, 그곳에서만 줄 수 있는 어떤 것을 지속적으로 기대하며 단골이 되기로 결정한다. 누군가를 존경할 때도 마찬가지다. 많은 기업이 직원의 참여도를 높일 최선의 방법을 찾기 위해 고심하고 있다. 그러나 진정성이 위에서부터 아래로 흘러 내려온다는 사실에는 변함이 없다. 사람들은 자신에게든 타인에게든 진실한 리더를 신뢰한다. 진실해지려면 말, 행위, 가치관에 일관성이 있어야 한다.

리더십 피라미드를 이루는 모든 층위가 그렇듯 진정성도 적절한 마음가짐에서 시작된다. 마음가짐이야말로 진정성의 표현을 가능하게 해주는 요인이다. 진정성을 뒷받침하는 마음가짐은 겸손이다. 겸손은 우리 자신이 완벽함과는 거리가 멀다는 사실과 가장 좋은 사람도 때때로 길을 벗어날 수 있다는 사실을 인정하는 자세다.

겸손의 모범이라 할 만한 사람 중에 홈디포의 CEO 프랭크 블레이크가 있다. 그는 이사회에서 CEO 자리를 제안했을 때 자신은 소매업 분야에서 쌓은 경력이 일천하다며, 제안을 거절했다. 블레이크가 처음 8년의 재직 기간이 보장된 CEO가 됐을 때는 다른 사람들보다 경쟁력이 떨어졌을지도 모른다. 그러나 그의 이런 겸손함은 이후 회사를 성공으로 이끄는 밑거름이 됐다.

진정성의 실천에 해당하는 **자기 인식**은 자신의 강점과 약점, 그리고 판단에 영향을 끼치는 편향을 이해하려는 지적 정직함을 뜻한다. 누구나 천성적으로 대단히 좋아하거나 잘하는 분야가 있다. 물론 그렇지 않은 분야도 있다. 따라서 내가 어떤 것을 잘하고 좋아하는지 객관적으로 평가할 수 있어야 한다.

마음가짐에 있어서 겸손을, 실천에 있어서 자기 인식을 따르면 **통합(성)**을 갖추고 행위할 기회가 생긴다. 통합성은 궁극적으로 행위되고 표현되는 성품을 말한다.

공감: 열린 마음으로 대하라

공감은 다른 사람들을 이해함으로써 갖게 되는 이타심으로 개방성, 이입, 너그러움이라는 마음가짐, 실천, 행위로 구성된다.

개방성은 편견을 줄이고 시야를 넓히는 마음가짐을 일컫는다. 실천에 해당하는 **이입**은 다른 사람의 입장이 되어보고 공감하는 능력을 말한다. **너그러움**은 공감의 행위로, 이입한 감정에 따라 행동하려는 의지를 표현한다. 너그러움은 누군가를 안아주거나 동료를 변호할 때, 올바르다고 믿는 일을 위해 기꺼이 나설 때 같은 일상의 행위로 드러난다. 어떤 경우든 너그러움은 공감의 가치를 형태가 갖추어진 행위로 바꾸어낸다.

공감은 우리를 사람답게 만든다. 이는 이타심에서 비롯되며, 그 이타심은 타인의 경험에 대한 깊은 이해에서 나온다. 누구도 혼자서 좋은 사람이 될 수는 없다. 높은 충성도와 참여도를 끌어내는 리더는 (직원 개개인의 독특한 기여를 인정해주는 방법으로든, 시간을 들여 그들의 진짜 모습을 알아주는 방법으로든) 직원들에게 진정한 배려와 관심을 보여주는 사람이다.

공감은 상대방에게 있는 그대로 전달되는 특징이 있다. 공감을 통해 우리는 좋은 사람들, 올바른 사람들 곁에서 보다 완전한 우리 자신의 모습을 찾은 듯한 느낌을 받는다. 이 느낌을 기억해두었다가 좋은 사람을 판별하는 리트머스 시험지로도 쓸 수 있다.

총체성: 좋은 사람이 되겠다고 결심하라

사랑, 존중, 지혜는 총체성의 마음가짐, 실천, 행위다. 공감이 배려를 낳는다면, 총체성은 주변 사람들과 환경에 만족과 감사를 느끼게 한다. 디팩 초프라는 내게 이런 감사를 "존재하고, 그 존재에 만족하는" 감사라고 설명한 적이 있다. UCLA 농구팀 코치이자 리더십의 화신으로 불리는 존 우든은 "성공이란 마음의 평화이며, 마음의 평화는 가능한 한 최선의 모습이 되고자 노력했다는 사실을 스스로 아는 데서 오는 자기만족감의 직접적 결과"라고 말했다.

총체성의 마음가짐인 **사랑**은 공감에서 유래하는 조건적 배려를 무조건적인 차원으로 끌어올린다. 사랑은 특정한 상황에서 타인에게 베푸는 아량 이상을 의미한다. 꼭 필요할 때나 시험 당할 때만 아니라 기회가 있을 때마다 선을 행하는 건 리더의 책무다. 총체성은 인류의 상호 연관성과 관련 있으며, 타인을 우리 자신과 똑같이 **존중**하도록 요구한다. 존중은 복종이나 굴종이 아니라, 자신의 사명을 이행하며 서로에 대한 책임과 의무를 이해하는 것이다.

행위에 해당하는 **지혜**는 관계된 모든 사람들과 우리가 내려야 할 균형 잡힌 결정을 고려해 좋은 판단을 내린다는 뜻이다. 그러기 위해 우리는 통제할 수 있는 일과 통제할 수 없는 일을 구분하고 받아들여야 한다. 이런 의미에서 총체성을 완전히 달성하는 것은 불가능한 일인지도 모른다. 그럼에도 불구하고 우리는 우리 자신과 타인의 완전한 잠재력을 실현하기 위해 힘차게, 지속적으로 선을 추구하는 노력을 기울여야 한다.

상대방을 이해하고 싶다거나 특정 상황을 개선할 방법을 찾고 싶다면 당면한 문제를 평가하고 이해하는 시작점으로 진정성과 공감, 총체성에 주목하라.

모든 인간은 이 세 가지 층위에서 보다 나은 존재가 되고 더 많은 일을 할 수 있는 능력을 갖고 태어났다. 그렇다고 이 기준이 절대적인 것은 아니다. 리더는 좋은 사람이 되려는 욕구를 실현하기 위해 불가피한 긴장과 도전 과제를 겸손하게 인정하면서도 그것들을 뛰어넘고자 하는 또렷한 시야를 가져야 한다. 좋음이란 속성 자체가 유동적이고 유기적이어서 미리 만들어둔 체크 리스트로 확인할 수 없다. 중요한 건 의지와 실천이다. 좋은 리더가 되겠다는 목표 의식을 지속적으로 추구하는 것이 중요하다.

좋은 리더의 가장 근본적인 요소를 알아보았으니 각각의 층위를 보다 깊게 파고 들어가보자.

핵심 요약

- **좋은 리더는 진정성, 공감, 총체성을 갖추고 있다.** 좋은 리더를 정의하는 가장 좋은 방법은 안내자가 될 구조적, 일관적, 공통적 구조물과 어휘를 만들어내는 것이다. 리더십 피라미드에는 세 가지 층위가 있다. 그 기초는 진정성이고, 중심은 공감이며, 우리가 최종적으로 이루려는 목표인 총체성은 그 정상이다.

3장

나는 내가 진실한 사람인줄 알았다: 진정성

답은 자기 존재의 핵심에 있다.
사람은 누구나 자기가 누구인지, 무엇을 원하는지 알고 있다.

— 노자

'좋은 리더'의 첫 번째 조건은 진정성이다. 진정성을 가지려면 먼저 자기 인식을 통한 겸손함을 갖춰야 한다. 아무리 오만한 사람이라도 형편없이 높거나 엉뚱한 기대에 모든 것을 걸었다가 나락에 떨어지면 겸손해지게 마련이다. 나 역시 마찬가지였다. 내가 가장 겸손해진 순간은 닷컴 붐이라는 광풍이 몰아쳤을 때였다.

나는 운 좋게도 인터넷이 상용화되리라는 것을 일찍 눈치챈 몇 사람 중 한 명이었다. 1994년, 맥킨지의 경영 분석가였던 나는 전혀 예기치 못한 상황에서 생애 최초의 사업 파트너를 만났다. 그와 나는 같은 회사에서 일하면서도 전혀 다른 역할을 수행하고 있었다. 그 시절에는 프레젠테이션을 직접 만들지 않고, 분석가들이 손

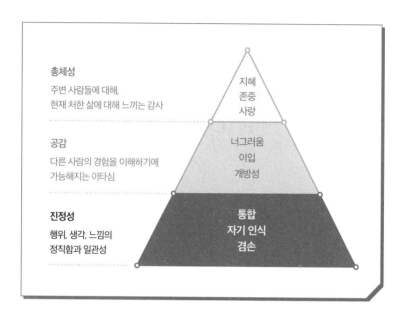

으로 그린 슬라이드를 그래픽 제작 부서로 가지고 가면 그곳의 전문가들이 자료를 만들어주었다. 내가 정보 구조화에 특출한 재능이 있던 창의적 그래픽 전문가 카밍 잉을 처음 만난 곳은 맥킨지의 그래픽 제작 부서였다.

나는 가능하면 카밍에게 내 슬라이드를 맡기고 싶었다. 그는 손이 빠르고 영리했으며, 혼란스럽게만 보이는 자료의 도표들을 시각적으로 표현하는 데 놀라운 솜씨를 발휘했다. 우리는 정보 디자인에 관해 대화하는 것을 무척 즐겼다. 몇 차례 밤늦게까지 이야기를 나누면서 우리는 서로를 보완해주는 관계를 넘어 서로 힘을 합치면 정말로 특별한 기업을 만들 수 있을 것이라는 결론에 도달했다.

몇 달 후, 카밍과 나는 제퍼Zephyr(이후에는 ZEFER로 바꾸었다)라는 사내 벤처를 설립해 멀티미디어 프레젠테이션 자료를 만드는 일을 시작했다. 맥킨지의 임원 몇 사람이 우리의 성과에 관심을 보였고, 머지않아 우리에게는 엄청나게 많은 일거리가 쏟아졌다. 1996년, 하버드 경영대학원에 입학하려던 당시 나는 카밍과 함께 제퍼의 인터넷 전략과 위상을 강화하기 위해 새로운 팀원들을 영입했다. 요즘에야 전 세계적으로 10억 개를 웃도는 상업용 사이트가 존재하지만 당시만 해도 인터넷은 유아기에 머물고 있었다. 내가 카밍을 처음 만난 1994년에는 전 세계 웹사이트의 수가 대략 2700개에 불과했다.

그러나 다음 해에는 그 수가 대략 2만 개로 급증했다. 인터넷 상용화와 더불어 뭔가 큰일이 벌어지고 있는 게 분명했다. 그 시절 카밍과 나는 창의적이고 기술적으로 전문화된 원스톱 형태의 대규모 웹 프로그램 쇼핑몰을 만들어 '인터넷계의 맥킨지'가 되겠다는 포부를 품고 있었다. 우리 둘을 포함한 대부분의 사람이 그 진정한 의미를 알기 전의 일이다.

그렇게 무지한 상태에서 우리는 용감하게도 우리가 모든 계산을 이미 끝냈다고 생각했다! 그리고 마침내 1996년, 우리는 미국 최초의 인터넷 자문 프로그램 개발 회사 중 하나인 제퍼를 공식 창업했다. 이후에 일어난 일은 믿기 어려울 정도다.

눈 깜짝할 사이에 우리에게는 100여 명의 직원이 생겼다. 1999

년 후반에는 직원 수 1000명에 연수익 1억 달러에 육박할 정도가 됐다. 'Zephyr'를 소리나는 대로 적은 'ZEFER'는 서쪽에서 불어오는 온화한 산들바람을 의미했다. 로고는 뒤집어진 'E'에 착안한 것으로, 좌뇌적·우뇌적 사고 사이에서 교량 역할을 담당한다는 의미를 가지고 있었다. 이것이 카밍과 내가 공유한 철학이자 파트너십의 핵심이었다. 시기도 좋았다. 인터넷이라는 신매체의 수요는 끝이 없을 것 같았다. 제퍼의 현기증 나는 상승 곡선은 실리콘밸리의 스타트업 중에서도 군계일학이었다. 마침 우리와 비슷한 성과를 내던 인터넷 스타트업 몇 군데가 엔젤 투자를 받기 시작했다. '너무 쉽잖아!'라고 생각했던 기억이 난다.

'난 달라'라는 착각

미치도록 신나는 시절이었다. 이렇다 할 수익도, 합리적 사업 모델도 없는 스타트업들이 과장된 평가를 받았다. 공포와 탐욕이 횡행했다. 세계적으로 명성 높은 수많은 기업들은 '닷컴 사냥감'이 될지 몰라 두려워했다. 현대의 헨리 포드적 순간이었다. "마차여, 안녕. 이제는 자동차들의 시대다." 오늘날 우버나 리프트 서비스에 대해 택시 업계가 느끼는 감정이나 전통적 호텔 숙박업체들이 에어비앤비에 느끼는 감정과 비슷하지 않은가? 제퍼는 이 파도를 타고 높이 떠올라 금을 캐러 가는 사람들에게 곡괭이, 저울, 삽을 팔았다. 우리는 고객들이 그 정체를 파악하기 전부터 대규모 인터넷 사이트와 어플리케이션을 만들었다.

그러나 그 순간, 나는 나 자신에 대한 감각을 잃기 시작했다. 제퍼가 거둔 외형상의 성공이 내 안의 자기 인식을 마비시키고 겸손함을 잃게 했다. 제퍼는 업계의 총아였고, 나는 인터넷 신경증을 나타내는 포스터에 그려진 녀석들 중 한 명이 되었다. 나는 하버드 경영대학원을 갓 졸업한 곧 억만장자가 될 벤처 사업가로 알려졌다. 첨단기술을 소개하는 당시 최고의 잡지 〈레드 헤링〉과 〈인더스트리 스탠더드〉는 우리 이야기를 정기적으로 실었으며, 그중 한 곳은 내게 정기 기고를 부탁하기도 했다. 제퍼는 내가 경영대학원을 마칠 즈음 120만 달러, 졸업한 이후 1억 달러라는 기록적인 액수의 투자 모금에 성공했다. 새로운 고객들이 계속 줄을 섰다. 우리는 우리가 내건 광고를 '믿기' 시작했다. 이는 어떤 상황에서나 위험할 수밖에 없는 일이다.

그런데도 우리는 계속 사업을 밀어붙여 2000년에는 제퍼를 주식시장에 상장시킬 계획을 세웠다. 나와 카밍은 금융계에서 기업공개 신청서라 부르는 서류를 완성하느라 여러 날을 정신없이 보냈다. 기업공개 신청서란, 요컨대 주식시장에 상장하길 원하는 모든 기업이 잠재적 투자자들에게 청혼하기 위해 증권거래위원회에 제출해야 하는, 기업 경영 내용 공시와 사업 정보가 들어 있는 계획서다. 말하자면 월스트리트 증권거래소에 회사 로고가 적힌 현수막이 걸리는 꿈의 신규 상장을 앞두고 기업가들이 끼는 약혼반

지라 할 수 있다.

모든 지표가 올바른 방향을 가리키고 있었다. 그러니 앞으로 일어날 일을 어떻게 예상할 수 있겠는가? 우리는 모두 비밀리에, 아니, 가끔은 그리 비밀스럽지도 않게 신규 상장했을 때 발생할 수익이 얼마나 클지 헤아리며 내심 기대에 부풀었다. 하루는 뉴욕 사무실에 들렀다가 내 몫을 계산하던 중 문자 그대로 나 자신을 꼬집어보기도 했다. 최악의 경우라도 내가 거둬들일 전리품은 최소 수십억 달러였다(적어도 나는 그렇게 생각했다). 그러나 시장이 처음으로 동요하는 징조를 보인 2000년 3월, 우리의 꿈은 벽에 부딪쳤다. 점점 하락하던 나스닥은 결국 가치가 3분의 1로 떨어졌다. 잠시 열렸던 기회의 창은 닫혀버렸다. 닷컴 붐의 중심에 있던 우리는 한순간에 닷컴 파산의 중심에 서게 됐다. 상상할 수 있는 가장 초현실적인 경험이었다.

우리는 이튿날 나스닥에 기업을 상장할 예정이었다. 상장 회사들만의 전용 클럽에 가입하는 의식의 일환으로 종을 울리려 했다. 하지만 우리는 마지막 순간에 상장을 철회할 수밖에 없었다. 억만장자의 꿈은 아주 빠르게 민망하기 짝이 없는 공개적 망신으로 변했다. 신규 상장을 향해 가던 수주일 동안 우리를 찬양하던 언론들은 이제 시퍼렇게 얻어터진 붕괴의 상징이라며 우리를 비아냥거렸다. 제퍼를 상장하기로 했던 날은 그때까지의 역사상 나스닥이 최고로 폭락한 날이자 이후 몇 개월 동안 반전 없이 계속된 내리막의 출발점이었다.

우리는 크게 실망했다. 신규 상장에 실패했기 때문이기도 하지만, 보다 근본적으로는 우리의 전망에 오류가 있었음을 깨달았기 때문이었다.

우리는 유의미한 역할과 혁신을 이루어내고 그렇게 함으로써 세상에 긍정적인 영향을 끼치는 것보다는 주식 상장이 우리에게 가져다줄 것으로 기대되는 것들을 근거로 성공을 정의했다. 우리가 무엇을 키우고 있는지보다는 성장 자체에 초점을 맞췄다.

그뿐만이 아니었다. 우리는 우리 자신의 진정한 정체성에 어울리는 것보다는 시장이 원한다고 생각하는 방향으로 제퍼를 이끌었다. 그렇게 우리는 진정성 있는 목표에서 점점 멀어졌다. 우리는 상장사가 되는 방법만 고심한 나머지 자신의 미래를 스스로 결정할 수 있는 회사를 (상장사든 아니든 간에) 주저앉혀버렸다. 그다음에 이어진 실망스러운 일들은 충분히 예상할 수 있을 것이다. 우리는 구조조정을 했고, 법정관리를 신청했으며, 사업이 안정되기까지 세 차례나 정리해고를 해야 했다. 모두 우리가 꿈꾸던 미래와는 너무나 거리가 먼 일들이었다.

상장 실패를 경험하면서 나는 겸손해졌다. 솔직히 말하자면 초라해졌다. 내면의 모든 것이 발가락 있는 데까지 가라앉는 느낌이었다. 단 하나 좋았던 것은 덕분에 처음 세웠던 창업 목표로 돌아갈 수 있었다는 점이다. 사회생활을 시작하자마자, 그것도 젊은 나이에 이런 교훈을 얻을 수 있었던 건 어찌 보면 행운이었다. 제퍼는 사업에서 진정성이 얼마나 중요한지 알려준 벼락치기 과정이었다. 이 외의 방법으로는 같은 교훈을 체득하기까지 훨씬 오랜 시간이 걸렸을 것이다. 나는 사업 목표의 통합성을 확고히 유지하고, 모든 사안에서 사람 중심의 태도를 취하며, 그 어떤 재정적 결과보다 위대한 기업을 만드는 투자에 우선순위를 두고, 진정한 이해심을 가지고 의사소통을 보다 잘 해내는 방법을 배우고, 또한 **외적인 보상보다 내적인 보상에 집중하는 것이 얼마나 중요한 일인지 쫄딱 망하는 과정에서 배웠다.** 이 중에서도 마지막 교훈이 가장 중요했다. 흔들리지 않는 관점을 유지하고, 주위에 두어야 할 사람이 누구인지 명확히 가려내야 했으니 말이다.

바로 이 마지막 교훈 덕분에 나는 무너지지 않을 수 있었다. 정말로 중요한 순간, 곁에 있어줄 사람과 떠나갈 사람은 누구인가? 창업 초기에 사랑과 신뢰로 가득했다고 믿은 관계 중 일부가 결국 거래 관계에 불과했음이 밝혀졌을 때는 정말 가슴 아팠다. 그런 순간에는 나 자신에 대해서도, 진실과 우정, 선량함, 기대에 대해서도 많은 걸 배우게 된다.

기업공개 신청서를 제출할 때면 주요 관계자들이 회사 이야기를 하지 못하는, 의무적인 침묵 기간이 설정된다. 회사 관계자들은 이 기간 동안 친구나 가족들에게 주식을 분배해서 상장가에 구매하도록 할 수 있다. 얻을 게 있다는 생각이 들면 엄청나게 많은 친구와 가족들이 몰려와 문전성시를 이루었다. 어떤 사람들은 내게 충분한 주식을 나눠주지 못했다는 죄책감을 들게 만들려고 무슨 짓이든 했다. 그중 몇몇은 나를 비난하기까지 했다. 기념할 만한 내 삶의 한 시기 동안 나는 늘 불안하고 혼란스럽고 좌절감이 들고 불행했다.

경험은 일단 시험부터 치르게 한 다음 가르침을 주는 잔인한 교사다. 시장의 붕괴는 제퍼의 미래에 치명적인 타격을 입혔다. 그러나 그 과정에서 나는 많은 사람들이 배우지 못하고, 배우더라도 수십 년이 걸리는 교훈들을 습득할 수 있었다. 리더는 목표 의식의 진정성도, 리더십에서의 겸손이나 자기 인식도, 가치관의 통합성도 절대 양보해서는 안 된다는 사실을 배우게 된 것이다.

겸손의 승리

어니스트 헤밍웨이는 이렇게 말했다. "동료들보다 우월해진다는 건 전혀 고귀한 일이 아니다. 진정으로 고귀한 일은 과거의 자신보다 우월해지는 것이다." 이 말은 진정성이 내면에서, 자아의 목표 의식 안에서 시작된다는 사실을 알려준다. 내가 제퍼에서의 경험을 통해 알게 되었듯, 겸손해지지 않고 진정성을 갖춘다는 건 불가능한 일이다. 신기하게도, 낮아지는 경험은 무슨 일을 하든 밑바탕에 깔려 있는 핵심적 목표 의식을 떠올리게 한다. 사이먼 사이넥은 《나는 왜 이 일을 하는가?》에서 기업에 중요한 것은 '무엇을' '어떻게'가 아니라 '왜'라고 강조했다. 다른 데 정신이 팔려 '왜?', 즉 목표 의식이 흐려지게 방치해서는 안 된다.

2001년 《좋은 기업을 넘어 위대한 기업으로》의 저자 짐 콜린스는 자신이 '겸손의 승리'라 이름 붙인 덕목이야말로 실적이 가장 뛰어난 조직을 만들고 이끌어가는 사람들의 핵심적이고 중요한 특징이라고 강조했다. 〈하버드 비즈니스 리뷰〉에 실린 콜린스의 글을 읽고 많은 사람들은 그의 결론이 아리송하고 직관에 어긋난다고 지적했다. 여러 해가 지난 지금까지도 나는 경영계에서 콜린스의 권고가 얼마나 실천되었는지 잘 모르겠다. 왜일까? 그 까닭은 겸손이 ('좋은 리더'의 주요 요소이긴 하지만) 일반적인 리더십의 핵심으로 분류되는 특징들 중 첫 손가락에 꼽히는 경우는 거의 없기 때문이다.

콜린스는 위대한 리더십을 구성하는 것은 비교적 부드러운 요소들임을 처음으로 주장한 사람들 중 한 명이다. 그는 거창한 결과를 만들어내는 건 거창한 성격을 가진 사람이 아니라 세심하고 대단히 자기성찰적인 방식으로 진정성과 겸손함을 보이는 리더들이라고 주장했다. 이상한 주장처럼 보일지도 모른다. 어쨌거나 언론은 거칠고 허세 가득한 CEO들에게 주목하지 않는가?

공기업과 민영기업을 막론하고 돈과 지위, 권력 같은 비본질적인 보상이 너무 거대해진 나머지 미국의 상당수 경영자들은 실적도, 행동도 그저 그런 수준이거나 그보다도 못하면서 자신들이 어딘가에 "다다랐다"고 믿어 의심치 않는 지경에 이르렀다. 아니 그렇게 주장해야 미디어와 대중에게 인정받는 분위기가 만연해 있다.

그러나 인간은 오직 진정한 겸손을 유지할 때에야 더욱 위대한 가능성, 창의력, 인간성에 요구되는 평생에 걸친 지적 호기심과 개방성을 함양할 수 있다. 겸손은 우리가 성공과 실패를 다시 정의하고 새로이 규정할 수 있게 해준다. 예컨대 WD-40은 잠깐의 지체를 단순한 실수가 아닌 학습의 기회로 생각했다. WD-40의 사전에는 '실수'라는 단어가 아예 없다. 근본적으로, 우리는 통제할 수 있는 요소들과 우리가 통제하거나 손쓸 수 없는 외부의 힘, 변수, 교훈을 구분할 수 있어야 비로소 겸손해질 수 있다.

상당 부분 콜린스가 기여한 덕분에, 오늘날 겸손은 예전보다는 기업가들이 지녀야 할 리더십의 필수적 가치로 받아들여지고 있다. 그러나 겸손은 종교계와 심리학계는 물론 역사 속 수많은 상징적 인물들의 오래된 핵심적 가르침이다. 벤저민 프랭클린은 자서전에서 반드시 실천해야 하는 덕목 열두 가지 중 겸손을 가장 마지막으로 꼽았다. 그는 겸손함을 "예수나 소크라테스를 모방하는 능력"이라고 설명했다. 충족시키는 게 거의 불가능한 기준이지만, 그래도 고려해볼 만한 가치가 있는 야심이다. 우리들 대부분은 겸손이라는 영역에서 이뤄내야 할 과제가 많은 게 사실이다. 하지만 빈틈을 알아보는 것만으로도 대단히 중요한 일이다. 이는 자기 인식을 연습하는 한 방법이기도 하다.

거울 앞에 서기

어떤 사람들은 겸손을 자기 비하를 일삼는 믿음이라고 하지만, 실은 전혀 그렇지 않다. 자기 능력을 바라보는 온건하고 과장 없는 관점은 낮은 자존감과 동의어가 아니다. 오히려 겸손은 자신을 못 났다고 여기기보다는 심각하지 않게 받아들이는 것이다. 당신은 자신이 중요한 인물이라고 생각하는가? 틀릴 때보다는 맞을 때가 많다고 생각하는가? 이런 질문에서 겸손은 강력한 균형추로 작용한다.

피터 게오르그스쿠의 특이한 경험담을 들어보자. 그는 제2차 세계대전이 발발하기 직전 루마니아의 부쿠레슈티에서 태어나 아홉 살 나이에 강제노동수용소에서 홀로 살아남았다. 별다른 교육도 받지 못한 그는 영어도 거의 할 줄 모르는 상태에서 미국으로 이민을 왔다. 그렇지만 게오르그스쿠는 버텨냈다. 그는 프린스턴과 스탠퍼드 두 곳에서 공부했고, 영앤루비캠이라는 광고 회사에 들어가 37년간 경력을 쌓은 끝에 회장 겸 CEO로 일했다. 게오르그스쿠는 자기가 거둔 성공은 많은 부분 자기 가치관에 부합하도록 충실하게 조직을 이끌었기 때문이라고 말했다.

그는 뭔가를 끝내 실행할 수만 있다면, 다른 중요한 기업가적 특징이나 가치관을 희생시키지 않고도 겸손을 갖출 수 있다고 주장했다. 그는 "아무런 의심도 품지 않는 리더는 광신도다. 반면 의심도 있지만 결심이 더 굳건한 리더는 겸손한 사람이다. 그는 기꺼이 배우고 경청하지만 행동 쪽으로 강하게 기울어져 있다"고 말했다.

자연스럽게 몇 가지 질문이 떠오른다. 연습을 통해 겸손을 계발할 수 있을까? 겸손을 함양해서 방해받는 일은 없을까? 겸손이 우리의 인생과 리더십에서 보다 쉽게 자연스러운 요소가 되지 못하는 이유는 무엇일까?

베일러대학교의 걸출한 윤리학 교수 로버트 로버츠는 우리 감정이 상호작용하는 방식을 명료하게 설명했다. 놀랄 일도 아니지만, 이를 위해 로버츠 교수는 벤저민 프랭클린을 인용했다. 프랭클린은 자서전에 이렇게 적었다.

현실적으로, 우리가 타고난 감정 중 자부심만큼 억누르기 어려운 존재는 없을 것이다. 최선을 다해 다른 감정으로 가장하고, 씨름하고, 두들겨 패고, 목을 조르고, 억제해도 자부심은 계속 살아서 시시때때로 고개를 내밀고 모습을 드러낸다.

로버츠는 겸손을 '자부심의 부재'라고 정의했다. 리더십에 대한 몇몇 시각과는 상당히 다른 결론이다. 그런 다음 로버츠는 자존감, 애국심 같은 자부심의 긍정적인 특질과 대비되는 시기, 오만, 독선 등 자부심의 부정적인 측면이 겸손의 진정한 적이라고 지적했다. 로버츠의 이론은 우리가 겸손해지지 못하도록 막는 존재들을 의식하게 해준다는 점에서 유용하다.

사실 겸손을 이해하고 계발하는 가장 좋은 방법은 그가 언급한 비교적 어두운 성질들을 이해하는 것일지도 모른다. 그런 어두운 특징들은 지위와 그에 따른 권위에 수반되는 유혹을 먹고 자란다. 당신이 만약 오만하고 시기심이 강하며 허세가 가득하거나 독선적이라면, 또는 그렇다는 비난을 듣는다면, 당신의 행동과 태도, 판단을 반성해봐야 한다. 혹시 당신은 지위를 이용해 부당하게 이득을 취하지 않았는가? 협상이나 토론에서 승리했다고 뻐기면서 기뻐하지는 않았나? 자신의 행동과 태도, 말을 계속해서 반성하면 자기인식은 물론 자부심과 겸손 사이에 존재하는 관계에 대한 민감성도 기를 수 있다.

"나는 누구인가"

나는 자기 인식이야말로 챔피언이 되는 가장 중요한 방법일지도 모른다고 생각한다.　　　　　　　　　　　　　　　— 빌리 진 킹

나는 내 첫 책인 《승자의 본질》에서 성공한 기업가들에서 공통적으로 보이는 핵심적 특징을 소개했다. 그 특징은 크게 가슴과 두뇌, 배짱, 행운 네 가지로 나눌 수 있다.

내가 수행한 연구에 따르면 인간은 가슴, 두뇌, 배짱, 행운 중 하나 이상의 특징에 기우는 경향이 있다. 이런 편향을 알고 나면, 팀원들과 사고 능력을 보완할 가장 좋은 방법을 더 잘 찾아낼 수 있을 뿐만 아니라 자신의 강점이 어느 측면에서 도움 혹은 방해가 되는지 보다 잘 인식할 수 있다.

사람들을 평가할 때도 우리는 비슷한 편향을 보인다. 잠시 시간을 갖고 과거의 실패한 관계와 동업, 혹은 오랜 세월에 걸쳐 저지른 고용상의 실수들을 반추해보라. 그런 결정을 내리는 데 영향을 미친 편향성은 무엇인가? 그런 결정을 내릴 때 정말로 자기 인식을 하고 있었나?

자기 인식과 공생 관계를 이루어 시너지 효과를 일으키는 기제가 하나 있다. 좋은 사람들을 알아보고 찾아내 관계를 맺는 능력이 바로 그것이다. 이 능력이 향상되면, 보다 수준 높은 자기 인식을 달성할 수 있다.

가끔은 잘못된 절차와 규정이 자기 인식을 방해하기도 한다. 절차와 정책, 규정에의 고집은 자기 인식이 추구하는 목표와는 정반대인, 생각 없는 행동을 부추기는 의도치 않은 결과를 낳을 수 있다. 엘렌 랭어는 하버드대학 심리학과 교수이자 1989년 출간된 고전《마음 챙김》의 저자다. 마음 챙김 운동의 리더로서 랭어는 자기 인식이 직장 생활과 사적인 생활 모두에 깊이와 의미를 더해준다고 오랫동안 주장해왔다. 2014년, 나는 랭어 교수와 함께 보스턴 북 페스티벌의 사회를 보면서 다시 한 번 자기 인식의 중요성을 생각하게 됐다. 랭어 교수는 즐겨 사용하는 예시를 통해 우리가 얼마나 쉽게 생각 없음으로 미끄러져 들어갈 수 있는지 보여주었다.

한번은 어느 계산원이 랭어 박사가 깜빡 잊고 새 신용카드에 서명하지 않은 걸 보고, 산 물건을 계산하기 전에 카드에 서명을 해달라고 부탁했다. 랭어 박사는 그 말에 따라 계산원의 눈앞에서 새

신용카드에 서명을 했다. 물건을 다 계산하고 나서 계산원은 카드 매출 전표를 건네주며 서명하라고 했고, 랭어 박사는 여기에도 빠르게 서명했다. 랭어 박사에게는 다소 기운 빠지는 일이었지만, 재미있는 건 지금부터다. 계산원은 가게의 표준적인 운영 지침에 따라 랭어 박사에게 다시 신용카드를 달라고 했다. 랭어 박사가 이유를 묻자 계산원은 카드의 서명과 전표의 서명이 일치하는지 확인해야 한다고 말했다. "당신 눈앞에서 두 곳에 다 서명했잖아요!" 랭어 박사는 아마 머릿속으로 그렇게 고함을 쳤을 것이다. 그렇지만 그녀는 잠자코 그 말에 따라 새 신용카드를 내밀고 얼떨떨하게 지켜보았다. 계산원은 카드를 받아 뒤집더니 신용카드와 전표를 나란히 놓고 랭어 박사가 방금 서명한 곳을 살펴 서명이 같은지 확인했다. 절차와 목적이 전도된 셈이다. 여기서 목적은 물건을 사는 사람이 신용카드의 진짜 주인인지 확인하는 것인데, 이 경우에는 두 사람이 같은 사람이라는 게 확실했으니 말이다. 이 사례에서는 어떠한 자기 인식도 드러나지 않는다.

이 일화는 사실 특별한 사례가 아니다. 우리는 주변에서 아무 생각 없이 자기 인식을 해치는 절차를 따르는 경우를 흔하게 볼 수 있다. 거의 아무런 외적 조건이 없어도 지시받은 역할에 로봇처럼 따르는 경우가 너무 많다. 훌륭한 판단력을 함양하기보다는 규칙과 절차를 따르라는 교육을 받기 때문이다.

리더는 부지불식간에 자기 인식을 저해하는 관행이나 표준적 업무 지침이 실행되고 있는 건 아닌지 관심을 기울여야 한다. 예외인

게 확실한 상황이라면 가끔 규칙에서 벗어날 필요가 있다. 리더는 팀원들이 좀 더 유연하게 생각하도록, 인간적인 모습을 갖추도록 허용해야 한다. 내가 만난 좋은 리더들은 바로 이런 방식으로 우리가 내면의 진정성과 자기 인식을 보존하고 우리의 진짜 모습을 잃지 않도록 도왔다.

물론 세상에는 좋은 리더만 있지 않다. 지위에 수반되는 권위는 설령 자신의 내적 가치와 그 기준이 반대되더라도 사람들이 그 역할에 기대할 거라 생각되는 기준에 맞춰 행동하게 하도록 강제한다. 결국 우리는 긍정적으로든 부정적으로든 지시와 평가 또는 환경에 따라 동기를 부여받는다. 이런 말을 하면 나는 의지가 약하지 않다고 할 사람이 있을 것이다. 정말 우리는 주변 사람과 환경에 쉽게 영향을 받을까? 물론이다. 누구라도 상황에 따라서 자신의 가치관에 전적으로 모순되는 행동을 할 수 있다.

1971년 스탠퍼드대학에서 실시한 유명한 죄수 실험을 생각해보라. 당시 스탠퍼드대학 심리학 교수인 필립 짐바르도는 임의로 선택한 스물네 명의 남자를 두 집단으로 나누어 심리학과 건물 지하실에서 죄수 혹은 간수 역할을 하게 했다. 짐바르도에게는 무척 놀랍게도, 간수들은 극도로 권위주의적인 태도를 보인 반면 죄수들은 평소답지 않게 굴종하는 모습을 보였다. 실험이 계속될수록 공상과 현실 사이의 경계선은 흐려졌고, 죄수들은 감정적으로 붕괴되기 시작했다. 짐바르도는 어쩔 수 없이 실험을 조기에 종료해야 했다.

짐바르도의 고전적인 실험은 40년 전에 행해졌지만, 그 교훈은 지금까지도 유효하다. 정신을 똑바로 차리고 자기 인식을 지키는 데 집중하지 않으면, 상황에 따라 우리는 매우 빠른 속도로 알아볼 수 없을 만큼 변할 수 있다.

우리는 대부분 죄수도 간수도 아니지만, 삶의 전반적인 토양은 그와 비슷하다. 과시적이거나 과장된 소셜 미디어에서의 자아상과 다단계식 사기를 치는 기만적인 사업가들을 보라. 이 모든 외형은 우리의 좋은 면에 부정적 영향을 끼친다. 성공도 명성, 권력, 돈과 함께 잠재적으로 부정적인, 의도치 않은 결과를 가져다줄 수 있다.

그렇다면 우리가 던져야 할 질문은 이것이다. 자기 인식을 함양하는 방법은 무엇인가? 아래 네 가지 기술을 소개한다.

1. **명상을 하고 마음 챙김을 실천할 것.** 명상은 순간순간을 의식할 수 있도록 내면에 공간을 마련하는 간단한 방법이다. 명상은 그리 어렵지 않다. 호흡에 집중하면서 들숨과 날숨에 주의를 기울여보자. 명상을 하는 동안 주기적으로 자신에게 '나는 무엇을 이루려고 하는가?' '내가 하는 일 중 실제로 통하는 것은 무엇인가?' '내가 하는 일 중 나를 지체시키는 것은 무엇인가?' '변화를 위해 내가 할 수 있는 일은 무엇인가?' 같은 질문들을 던져라.

명상을 거창한 의식으로 여길 필요는 없다. 개인적으로 내가 가장 좋아하는 성찰의 순간은 설거지를 하거나 정원 일을 할 때, 혹은 보스턴미술관 아메리카관에 들어가 글을 쓰면서 토요일 아침을 보낼 때처럼 삶의 일상적인 순간들이다. 적합한 환경에서 생각을 종이에 옮기는 활동 역시 대단히 명상적이다. 이처럼 고요한 순간들은 자아성찰의 창문을 열어주며, 자기 인식의 선명성을 향상시킨다.

2. **핵심적 계획과 우선순위를 적어둘 것.** 자기 인식을 향상시키는 최고의 방법 가운데 하나는 하고 싶은 일을 적어놓고 진행 상황을 확인하는 것이다. 워런 버핏은 특정한 시기에 특정한 투자를 하는 이유를 언어로 신중히 표현하는 것으로 유명하다. 그에게 일기장은 미래에 빚어진 결과가 버핏 본인의 건전한 판단과 분석에 의한 것인지, 아니면 단순한 행운에 따른 것인지 평가하게 해주는 역사적 지표이자 기억을 상기시키는 알림장이다. 성공의 의미가 무엇인지 정의할 수 없다면, 혹은 이기고 있는 게 맞는지 말해줄 득점 카드나 지표가 없다면 자기 인식을 얻기란 불가능하다.

사업의 세계에서는 특히 그렇다. 사업의 세계에서 사람들은 성공 여부를 판단할 방법도 갖추지 못한 채 목표를 세우고, 그에 따라 우선순위를 설정하는 경우가 너무 많다. 모든 사람이 볼 수 있도록 투명한 방식으로 목표를 써놓는 방법을 고려하라. 내가 대표로 있는 큐볼은 연초마다 모든 투자 회사의 CEO들에게 최우선 목표를 다섯 가지 정한 다음, 이를 종이에 적고 이사회 및 직원들과 공유하며 1년 내내 볼 수 있게 한다.

3. **신뢰할 만한 친구들과 동료들에게 물어보라.** 자신이 다른 사람에게 어떻게 보이는지 완벽하게 아는 사람은 아무도 없다. 선별된 동료와 친구, 멘토 들이 나 자신의 행위와 태도를 비추는 정직한 거울이 되어줄 수 있다.

   최근에 나는 업계 동료에게 이런 이메일을 받았다. "친구로서 말씀해주셨으면 좋겠습니다. 선생님이 보시기에 제가 올바르지 않은 일을 하고 있거나, 바람직하지 않은 행동을 초래할 신념이나 생각을 가지고 있습니까? 그냥 저 자신을 정직하게 점검해보고 싶어서 드리는 질문입니다."

   또 다른 전략은 바꾸고 싶은 행동을 할 때마다 알려달라고 친구들에게 부탁하는 것이다. 예컨대 "저기, 나도 내가 대화할 때 말을 끊고 사람들보다 꼭 한 발 앞서 나가려 든다는 걸 알고 있어. 그래서 말인데, 내가 그렇게 행동할 때마다 알려줄래? 은근슬쩍 알려주면 더 좋고. 그러지 않을 방법을 찾고 싶어"라고 말하면 된다. 이런 말을 직접적으로 해줄 수 있는 사람들을 가까이하라. 우리 모두에게는 이런 피드백이 필요하다.

4. **정기적이고 공식적인 피드백.** 친구나 가족 외에 직장의 피드백 절차를 활용하는 것도 방법이다. 그런 절차가 없다면, 동료들과 정기적으로 피드백 자리를 가져보자. 건설적이고 공식적인 피드백은 자신이 고쳐야 할 점을 깨닫게 하고 스스로 강점과 약점을 더 잘 파악하게 해준다.

큐볼은 컨설팅을 받으러 온 창업자들에게 일정 수준의 정기적 피드백을 공식화하도록 장려한다. 이를 통해 상관과 부하 직원을 포함한 직장 동료들은 가치관과 경쟁력, 업무 방식 등 다양한 분야에서 안전하고 전문적으로 피드백을 제공할 수 있다. 공식적으로 서면 혹은 설문조사 형태의 피드백을 수집하는 관행이 시대에 뒤떨어진 기업 전통처럼 느껴질지도 모르지만, 이런 피드백을 받고 싶은데 참고 있는 조직들이 얼마나 많은지 알면 놀랄 것이다.

믿는 대로 행동하라

진정성은 궁극적으로 행동으로 표출된다. 특히 통합성을 갖춘 행동에는 힘이 실린다. 통합성이란 어떤 사람의 태도와 가치관이 일관적이라는 뜻이다. 통합성은 다시 말해 완전한 자기 일관성이다. 이를 정리하면 아래와 같다.

행동은 말과 일치하고
말은 생각과 일치하며
생각은 느낌과 일치한다.
그 느낌을 이해하는 것이 바로 우리의 정체성이다.

지금의 나는 어떤 사람인지, 또 미래의 나는 어떤 사람이 되어 어디에 있고 싶은지는 통합성과 깊이 관련되어 있다. 여기에서 행위와 말, 생각, 느낌 사이의 상호연관성은 매우 중요하다. 느낌은 바로 내적 가치의 부산물이다. 우리의 생각과 말, 행위가 이런 가치관을 일관적으로 반영한다면 우리는 가장 순수한 형태의 통합성을 성취한 것이나 마찬가지다. 최고의 리더들이 신뢰를 얻는 것은 바로 이런 높은 수준의 자기 일관적 통합성을 갖췄기 때문이다. 간단히 말해, 우리는 자신이 믿는 가치관만을 표현해야 한다.

우리는 주변 사람들이 스스로의 가치관에 따라 자연스럽게 살아가고 있는지 직관적으로 감지할 수 있다. 존중받는 관리자나 리더가 되려면 일관성을 추구해야 하며, 이를 추구하는 방식 또한 진정성 있고 인간 중심적이고 투명해야 한다. 또한 조직에는 실천 가능한 원칙과 흔들리지 않는 가치관으로 뒷받침되는 선명한 목표가 반드시 있어야 한다. 이것이 바로 조직에 영혼과 의미, 목표를 부여한다.

통합성은 개인적인 리더십뿐만 아니라 회사의 목표 의식 혹은 브랜드의 영혼 차원에서 논의되어야 한다. 자신을 대표하는 가치관과 사명, 목표 의식을 문서화하는 건 대부분의 리더와 조직에게 상대적으로 쉬운 일이다. 이에 비해, 그 목표 의식과 가치로부터 멀어지고 있음을 인정하는 건 생각보다 어렵다.

더욱 어려운 건, 개인적 차원에서든 조직 차원에서든 가치관과 문화가 바로 존재 양식이 되는 상태에 이르는 것이다. 가치관을 거짓으로 꾸며내거나 문화를 강요하는 것은 불가능하다. 가치관과 문화는 매일매일 축적된 태도와 경험, 기억에서 비롯된 것이기 때문이다. 좋은 사람들을 곁에 두고 그들과 관계를 맺을 때에야 우리는 올바른 방향으로 나아갈 수 있다. 내가 창업한 미니룩스의 대표로 있는 레슬리 브루너도 나와 비슷한 생각을 하고 있다. 그녀는 다음과 같이 강조했다.

"제 생각에 핵심은 결국 몇 가지로 요약되더군요. 통합성을 가치 있게 여기고 행동 강령을 준수하는 회사가 되는 것도 물론 중요하지요. 그런데 회사들은 대부분 개인이 그 책임을 부담하는 것을 기대합니다. 전 존재의 양식이란 자기 혼자 특정한 행동을 하는 것 외에 다른 사람들을 함께 끌고 가는 일을 포함한다고 믿어요. 좋은 기업이나 기업 시민(기업의 사회적 책임과 역할을 강조한 말)이 되고 싶은 마음으로는 충분하지 않습니다. 존재의 양식이란, 다른 사람들도 가장 좋은 본연의 모습을 찾도록 해준다는 뜻입니다. 그런 책임을 자기가 진 책무의 핵심적 부분으로 생각하는 거죠."

브루너는 '다른 사람들을 끌고 가는' 데 소질이 있는 사람들을 높이 평가한다. "자신과 타인들이 가능한 한 가장 완전한 형태로 본연의 모습을 갖추도록 돕는 가치관을 지속적으로 함양하는 데 전념하는 사람들"이라는 그녀의 철학은 '좋은 사람'에 대한 이 책의 정의와 완벽하게 일치한다. 이는 개인적인 경쟁력이나 숫자만을 중심으로 평가하기보다는 가치관과 원칙, 문화를 진중하게 들여다보는 마음가짐과 태도라고 할 수 있다.

개인 차원에서든 조직 차원에서든 통합성을 강화하는 방법 중

하나는 '실패에 투명하게 대처하기'다. 의료 회사인 아테나헬스를 공동 창업한 조너선 부시는 급진적 수준의 투명성을 추구하는 리더로 유명하다. 그는 좋은 일이든 나쁜 일이든 조직 전체에 모든 것을 공개하도록 장려한다. 위험을 감수하고 배우는 문화를 장려하는 방법은 실패를 경험한 사람을 공적이고 투명하며 접근 가능한 위치에 배치하는 것이다. 이런 투명성은 가치관의 통합성을 드러낸다. 그런 조직에는 직원들 사이에 신뢰가 싹트게 마련이다.

벤저민 프랭클린의 체크 리스트

천안문 광장에서 학생 시위를 공동으로 주도했던 리 루는 오늘날 대단히 존경받는 투자자로 유명하다. 그는 내게 진정성을 추구하는 능력을 계발하는 방법을 이야기해주었는데, 벤저민 프랭클린에게서 영감을 받아 만든 것이라고 했다. 리는 내게 인생에서 가장 중요한 대차대조표는 돈과 아무 관계가 없다고 말했다. 대신 성격상의 자산과 부채라는 대차대조표를 기록하라고 했다.

프랭클린은 성격상의 순자산이 시간에 따라 어떻게 증가하는지 살펴보기 위해 평생 타인에게서 배울 만한 모든 장점을 기록하고 스스로 지각한 단점을 샅샅이 표시했다. 스무 살 무렵, 프랭클린의 개인적 사명은 덕망 높은 사람이 되는 것이었다. 그는 자서전에 이렇게 적었다.

도덕적 완성을 성취한다는 대담하고도 고된 계획을 처음 품은 게 그때쯤이었다. 나는 그 어느 때도 아무 잘못도 저지르지 않으며 살고 싶었다. 잘못을 저지르게 만드는 것은 천성이든 관습이든 친구든 모두 정복하고 말겠다고 생각했다.

이를 위해 프랭클린은 인생에서 가장 중요하다고 생각되는 열세 가지 특징적 덕목을 적어놓고 나름대로 정의했다. 앞서 내가 제시한 좋은 사람의 원칙보다도 훨씬 야심찬 목록이다. 그 열세 가지 덕목은 다음과 같다.

1. **절제:** 둔해질 때까지 먹지 않는다. 기분이 들뜨도록 마시지 않는다.
2. **침묵:** 다른 사람이나 나 자신에게 이익이 될 때를 제외하고는 말하지 않는다. 시시한 대화를 피한다.
3. **질서:** 모든 소지품에 적당한 자리를 정해준다. 모든 할 일에 적당한 시간을 정해준다.
4. **결의:** 해야 하는 일은 반드시 하겠다고 결심한다. 결심한 것은 실패하지 않고 해낸다.
5. **검약:** 다른 사람이나 나 자신에게 이익이 될 때가 아니면 지출하지 않는다. 즉, 아무것도 낭비하지 않는다.
6. **성실:** 시간을 잃어버리지 않는다. 항상 무언가 쓸모 있는 일을 한다. 불필요한 모든 행위를 끊어버린다.

7. **진정성:** 해로운 속임수는 쓰지 않는다. 결백하고 공정하게 생각
   하며, 말을 할 때는 그 생각에 맞게 말한다.

8. **정의:** 누구에게도 피해를 끼치지 않고, 마땅히 제공해야 할 혜택
   을 제공하지 않음으로써 부당한 대우를 하지 않는다.

9. **중용:** 극단을 피한다. 손해를 입어서 화가 나더라도 참을 가치가
   있다고 생각된다면 참는다.

10. **청결:** 신체, 의복, 주거에서의 불결을 용납하지 않는다.

11. **평정:** 사소한 일 혹은 피할 수 없는 일에 흔들리지 않는다.

12. **정결:** 건강이나 자손을 낳기 위한 경우가 아니면 성교를 드물
    게만 한다. 둔해지거나 약해지거나 자신 혹은 다른 사람의 평
    화, 명성에 피해를 끼치는 정도까지 성교를 해서는 안 된다.

13. **겸손:** 예수와 소크라테스를 모방한다.

프랭클린은 이 덕목들을 한 줄로 쭉 수첩에 기록해두고 하나라
도 위반한 날을 표시하고 시시때때로 기록을 돌아봤다. 그는 이 기
록을 다시 월별, 연도별로 정리했다. 프랭클린은 각각의 덕목에 대
해 대단히 명료한 정의를 내렸다. 내가 개인적으로 가장 좋아하는
건 성실에 대한 정의다. "시간을 잃어버리지 않는다. 항상 무언가
쓸모 있는 일을 한다. 불필요한 모든 행위를 끊어버린다." 이 목표
를 이루고자 프랭클린은 일정표를 체계적으로 세심하게 작성하고,
실천하려고 노력했다.

프랭클린은 삶의 통합성을 보장하는 절도 있고 질서 잡힌 과정

을 통해 자기 인식의 가치를 충분히 인정하고 이를 추구하는 비범한 능력을 가지고 있었다(열세 가지 덕목 중 세 번째가 질서라는 것은 이런 면에서 매우 의미심장하다). 프랭클린의 일기에서 알 수 있듯, 그가 적은 내용은 거의 군대식으로 보이는 구조와 매일 어떤 좋은 일을 했는지 절대 잊지 않고 자문할 수 있는 체크 박스 형태로 남아 있다.

《창조적 글쓰기》의 저자 애니 딜러드는 프랭클린과 비슷한 영혼의 소유자로 보인다. 그녀는 이렇게 적었다.

당연한 얘기지만, 하루를 보내는 방식이 바로 삶을 보내는 방식이다. 지금 이 시간 하고 있는 일, 오직 그 일만이 우리가 하는 일이다. 일정표는 혼란과 변덕으로부터 우리를 지켜준다. 일정표는 하루하루를 사로잡는 그물이다.

나는 직장에서도 이와 비슷한 질서가 힘을 발휘한다고 믿는다. 나는 매일 아침 그날 하루 동안, 혹은 그 주에 처리해야 할 중요한 일들을 챙긴다. 여기에는 그날의 회의 목표나 이전 회의의 후속 조치, 해결해야 할 문제 등이 포함된다. 과제를 완수하기까지 사용 가능한 시간을 최적화해주는 질서와 순서를 따르기 위해 나는 나만의 직장 프랭클린 일기장을 활용한다. 체크 리스트와 표를 만드는 프랭클린의 습관에 착안해 나는 순서도를 만들어 코팅해두었다. 이 순서도에는 다음의 항목들이 포함돼 있다. '앞으로 닥칠 일

프랭클린의 체크 박스

	일요일	월요일	화요일	수요일	목요일	금요일	토요일
절제							
침묵	V		V	V		V	
질서	V	V			V	V	V
결의		V				V	
검약		V				V	
성실			V				
진정성							
정의							
중용							
청결							
평정							
정결							
겸손							

중 가장 우선순위가 높은 것은 무엇인가?' '오늘 집중해야 할 일은 무엇인가?' '약속한 후속 조치는 무엇인가?' '일정이 비는 때는 언제인가?' 지나치게 연출된 것처럼 보일지 몰라도 이 체크 리스트 덕분에 그전까지 한 번도 누려본 적 없는 효험과 효과를 만끽하고 있다.

보통 R&R이라 하면 '휴식Rest'과 '긴장 완화Relaxation'를 말하지만, 프랭클린은 '정해진 일과Routine'와 '성찰Reflection'이라는 그만의 R&R을 착상하고 연마했다. 보다 정확히 말해, 그는 마음 챙김의 성찰을 정해진 일과 속 질서와 규율에 결합시켰다. 이 둘의 조합은 평생 동안 무언가를 배우려는 사람에게 꼭 필요한 방법이다.

프랭클린의 사례가 보여주듯 통합성과 자기 일관성을 추구하는 여정은 평생이 걸리는 과업이다. 도덕적 완벽성을 이루겠다는 프랭클린의 사명은 물론 충분히 고귀하지만, 더 많은 할 일이 지속적으로 생긴다는 점을 생각해보면 성취 불가능한 목표이기도 하다. 하지만 가끔은, 현재나 미래의 목표에 관련된 문제를 지속적 습관을 통해 일상에서 정기적으로 상기시킴으로써 이런 목표를 이룰 수 있다. 프랭클린이 "오늘은 어떤 좋은 일을 해야 할까?"라며 매일 아침 큰소리로 자문했던 것처럼 말이다.

진정성은 모든 사람이 성취해야 할 덕목이지만, 동시에 우리가 소비자로서 깊은 관계를 맺는 기업이나 브랜드에도 대단히 중요한 요소다. 파타고니아, 트레이더 조, 소울 사이클, 이케아, 에르메스, 샤넬 같은 회사들을 떠올려보라. 모든 회사는 사회적 의식이든, 꾀바름이든, 생활 방식이든, 초특급 호화로움이든 간에 자기 브랜드에 통합성을 부여하고 추진력을 제공하려고 한다. 처음에는 이것이 마케팅 혹은 홍보 전략일 뿐이라고 생각할지도 모른다. 어느 수준에서는 그것도 맞는 말이다. 그러나 브랜드가 강력한 이유는 근저에 순수하고 정직한 무언가가 깔려 있기 때문이다. 간단히 말해,

명시적으로 천명하든 그렇지 않든 브랜드의 가치관은 브랜드가 가진 진정성으로 표출된다.

진정성과 이에 수반되는 가치인 겸손, 자기 인식, 통합성은 회사가 소비자들과 실제로 깊게, 감정적으로 연결되도록 하는 근본적 지도 원리다. 한 기업을 다른 기업들과 구분되는 출중한 업체로 만들어주는 것 역시 진정성이다. 또한 기업을 설립하는 단계에서 진정성은 떨쳐버리거나 개선할 수 있는 것에서 핵심적이고 필수적인 것을 걸러내 해당 업체가 다음 단계로 나아갈 수 있게 한다.

중요하거나 어려운 결정을 내려야 할 때면 리더들은 조직 전체가 전념할 수 있는, 지침이 될 만한 진정성과 가치관에 주목한다. 예컨대 어떤 조직이 조직 철학의 일부로서 '사람을 우선시한다'는 원칙을 견지한다면, 리더들은 어려운 결정을 해야 하는 순간에 "이 일은 '사람을 우선시한다'는 우리의 철학에 얼마나 도움이 될까? 혹은 얼마나 피해를 줄까?"라고 물어야 한다. WD-40의 개리 리지는 조직 및 개인 차원의 철학이 일종의 제방 역할을 한다고 설명했다.

우리는 매일 직장에서 다양한 활동을 한다. 그런 활동들은 썰물이 될 수도, 밀물이 될 수도 있다. 하지만 어려운 결정을 해야 할 순간이 닥치면, 조직의 철학이라는 제방이 우리의 행위를 이끌어야 한다. 진정성(그리고 겸손, 자기 인식, 통합성)은 우리 모두에게 그런 제방이 되어준다. 우리 각자가 자신에게 진실하지 않으면, 우리가 속한 조직이 그 조직의 철학에 진실하지 않으면 무엇을 지켜야 하는지 알 수 없게 된다. 좋을 게 없는 일이다.

- **좋은 리더와 조직의 뿌리에는 진정성과 겸손, 자기 인식이 자리잡고 있다.** 진정성을 탐구하는 것은 일관성 있는 리더가 되려는 사람들에게도, 진정성 있는 연결을 만들어내려는 기업이나 브랜드에도 꼭 필요한 기본 자세다.

- **겸손은 그 반대항인 부정적 자부심을 통해 이해할 수 있다.** 자신의 태도가 부정적 자부심이라는 악덕과 겸손이라는 덕목 중 무엇을 더 드러내는지 평가함으로써 겸손을 쌓을 수 있다.

- **자기 인식이라는 거울을 들어라.** 자기 인식은 거울을 들어 자신의 강점과 약점, 편향성을 알아차리는 지적 정직함을 추구하는 것이다. 자기 인식은 명상과 글쓰기, 친구와 멘토, 공식적인 피드백을 통해서 갈고닦을 수 있다.

- **통합성은 자기 일관성의 경지에 이를 때 얻어진다.** 자기 일관성이란 말하는 대로 행동하고, 생각하는 대로 말하며, 느끼는 대로 생각하는 상태를 말한다. 통합성 있는 행위란 내면의 가치관이 겉으로 드러나는 가치관과 일치한다는 뜻이다. 개인과 조직 모두 지속적으로 내면의 가치관을 따라 '행위'하면 통합성에 이를 수 있다.

4장

나는 내가 열린 사람인 줄 알았다: 공감

공감은 이해에서 피어난 아름다운 꽃이다.

— 틱낫한

매년 미국에서만 170만 명의 사람이 암 진단을 받는다. 어림해 매일 1600명의 남녀가 암 진단을 받는 셈이다. 누구나 주변에 암의 손길이 스친 가까운 사람이 한 명쯤 있다고 말해도 무리가 아니다. 나도 마찬가지다.

내 인생의 격동기였던 2001년 여름, 나는 막 제퍼를 떠나 새로운 경력을 쌓고 있었다. 창업의 실패와 새로운 출발, 그리고 결혼 준비, 새 집으로의 이사 등등 복잡한 일들로 기진맥진한 상태였다. 그러던 어느 날 아침, 셔틀 비행기를 타고 뉴욕으로 가서 계류장을 걸어 내려오는데 전화가 왔다. 나로서는 받을 준비가 전혀 되어 있지 않은 전화였다. "나쁜 소식이다." 아버지가 전화기 너머에서 말

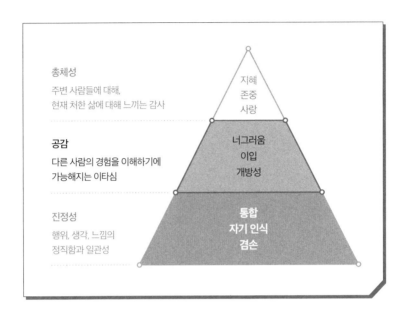

총체성
주변 사람들에 대해,
현재 처한 삶에 대해 느끼는 감사

지혜
존중
사랑

공감
다른 사람의 경험을 이해하기에
가능해지는 이타심

너그러움
이입
개방성

진정성
행위, 생각, 느낌의
정직함과 일관성

통합
자기 인식
겸손

쓸하셨다. 당시 스물두 살이던 동생 제임스가 희귀 암 진단을 받았
으며 예후가 좋지 않다고 했다. 아찔했다. 아버지의 말을 제대로 들
은 게 맞나 혼란스러웠다. 다시 말해달라고 부탁드렸지만 나는 이
미 혼돈과 현실 부정이 뒤섞인 감정에 압도당했다. 제임스는 젊고
건강했다. 이게 가능하긴 한 일인가? 제임스도 자신에게 벌어진 일
을 전혀 이해하지 못했다. 동생은 내게 완벽히 정상적인 기분이라
고 했다. 의사들이 두 폐 사이에 자리 잡은 테니스 공 크기의 비정
상피종을 발견했다는데 도저히 믿기지 않는다고 했다.

이어지는 몇 주 동안 사적, 공적 인맥을 총동원하고 며칠 내내
과학 문헌을 탐독한 끝에, 세계 최고의 암 전문의와 암 전문 병원

을 모은 짧은 목록을 뽑아냈다. 부모님과 동생은 캐나다에서 당시 내가 살고 있던 보스턴으로 날아왔고, 우리는 함께 의료 여행을 떠났다. 나는 결국 우리가 보스턴 최고의 병원 중 한 곳에 가게 될 거라고 확신했다. 그중에서도 목록 제일 위에 있는, 세계적으로 유명한 암 전문 병원일 가능성이 가장 높았다.

몇 주에 걸친 시도 끝에 드디어 제임스에게 생긴 것과 같은 형태의 종양을 전공한 최고의 암 전문의를 만날 수 있게 됐다. 병원에 도착하고 나서도 대기실에서 한 시간 이상 기다린 끝에야 레지던트가 우리에게 들어오라고 손짓했다. 마침내 만난 종양 전문의는 별다른 인사도 건네지 않았다. 그는 즉시 본론으로 들어갔다. 그는 제임스가 희귀한 암에 걸린 것은 사실이며, 자기가 이 일을 해결할 적당한 외과 의사라고 말했다. 그러더니 제임스에게 자기가 주관하는 임상 연구에 참여하는 게 좋겠다는 이야기를 성급히 쏟아놓았다. 돌이켜 생각해보면, 그는 선의를 가지고 있었던 게 분명하다. 하지만 당시에는 의사의 둔감하고 무감정한, 그에게는 매일의 일상일 게 분명한 일(환자들에게 암에 걸렸다고 말하고, 진부한 위로를 건네고, 임상 연구에 참여하고 싶은지 묻는 일)을 실행하는 모습이 역겹게 느껴지기만 했다. 그날 병원을 나서면서 우리 모두는 희망이 조금쯤 빨려 나간 것 같은 기분이 들었다.

그 의사는 타의 추종을 불허할 정도로 유능하고 인상적인 자격증을 뽐냈지만, 뭔가 결여되어 있었다. 그 주에 우리가 만난 수많은 의사들도 뭐라 설명할 수 없는 이 '무언가'가 빠져 있었다. 그들은 매일 암 환자를 치료하다 보니 사람보다는 암 자체에 더 집중하게 된 것 같았다. 마치 환자에게 내성이 생긴 듯했다. 그들은 인간적 차원에서 우리와 관계를 맺으려는 노력을 거의 하지 않았으며, 사람들이 낫도록 도와주기보다는 임상 연구에 참여할 사람들을 확보하는 데 더 큰 관심이 있는 것처럼 보였다.

결국 우리 가족은 실력만큼 인간적 관심을 쏟아줄 수 있는 의사를 찾기로 했다. 오랫동안 인내심을 발휘한 덕분에 우리는 마침내 두 가지 측면에서 모두 최고라 할 수 있는, 그러니까 대단히 뛰어난 전문가인 동시에 내가 여태 만나본 사람 중 가장 인간미가 넘치는 의사를 만났다. 바로 잭 어번 박사였다. 뉴잉글랜드 의료센터의 어번 박사는 지치고 겁에 질려 신경증에 시달리던 나와 남동생과 여동생, 부모님에게 끝내 평정심 비슷한 것을 찾아주었고 새로운 낙관주의에 불을 댕겨주었다.

어번 박사는 조용한 자신감과 개방성, 겸손, 집중력을 가지고 제임스에게 주어진 선택지들을 인내심 있게 자세히 설명해주었다. 다른 의사들은 우리에게 10~15분밖에 내주지 않았다. 이런 대화조차 일부는 대기실에서 이뤄졌다. 우리는 의사와 얘기할 때면 그가 자기 차례를 기다리고 있는 다음 환자에게 넘어가고 싶어 안달이라는 걸 알 수 있었다. 하지만 어번 박사는 부드럽고 따뜻했으며 공감 넘치고 사려 깊었다.

물론 그에게도 하루 동안 봐야 할 환자들이 많았다. 하지만 그의 시간 씀씀이는 관대함 이상이었다. 제임스에게 다양한 검사를 받게 한 다음, 그는 일과를 마무리할 때쯤 한 시간 정도 시간을 내겠다고 했다. 그때 무슨 일이 진행되고 있는지 자세히 이야기해주고 생각해봐야 할 문제들과 다양한 선택지에 대해 설명해주겠다고 했다. 우리 가족은 불안하고 겁먹고 확신도 없는 상태로 어번 박사의 진료실에 들어갔지만, 그날 저녁 병원에서 거의 두 시간을 보낸 다음에는 누군가가 우리에게 신경 쓰고 있다는 느낌을 받으면서 병원을 나설 수 있었다. 감히 말하건대, 거의 낙관적인 기분이 들었다. 어번 박사가 제임스에게 딱 맞는 의사라는 데 아무도 이의를 제기할 수 없었다.

이후에도 어번 박사는 처음의 인간미를 잃지 않았다. 우리는 제임스가 진단 받은 병에 관한 정보를 온라인에서 찾아보았으며, 어번 박사와 몇몇 부분에서 관점이 차이나는 다른 최고의 전문가들에게도 자문했다고 말했다. 그래도 그는 방어적인 태도를 취하거나 불쾌한 내색을 하지 않았다. 대신 그는 우리가 기울인 노력에 박수를 보내고, 제임스의 질환을 보다 잘 이해하고 관점을 공유하기 위해, 또 해당 분야에서 최고의 해답과 접근법을 찾아내기 위해 다른 의사들과 미팅을 가지기도 했다.

동생이 아팠던 몇 년간 어번 박사는 혈액검사, MRI 및 CT 촬영, 방사선 진단 보고서, 신체검사 내용을 하나하나 챙겼다. 대단히 공격적인 화학요법을 무수히 적용했고 세 차례의 중요한 수술을 감독했다. 그중 한 번은 외과 의사들이 화학요법 이후의 잔여 암을 모두 제거하기 위해 제임스의 흉곽을 절개하기도 했다. 이 모든 단계에서 어번 박사는 우리를 위로해주었다. 덕분에 우리는 그가 우리를 중요하게 여기는 듯한, 우리가 느끼는 것을 그도 느끼는 듯한 기분이 들었다. 나는 어번 박사의 다른 환자들 몇 명과도 이야기를 나누어보았는데, 모두가 하나같이 어번 박사의 진정성과 개방성, 이입 능력, 공감에 깊은 감사를 표했다. 어번 박사는 그런 사람이었다.

우리 가족은 어번 박사에게 제임스의 목숨을 맡겼다. 나는 그가 "좋은 사람이 된다"는 의미가 무엇인지 보여주는, 내가 살면서 만난 최고의 모범 중 한 명이라고 생각한다. 이 책을 쓰려고 어번 박사를 인터뷰했을 때 그는 다른 사람들에게 봉사하는 것을 얼마나 영광으로 느끼는지 길게 이야기했다. 그는 심지어 우리 모두에게는 "타인에게 봉사하고 그들을 보살필 의무가 있으며" 이 의무는 우리의 선물이자 특권이라고까지 말했다. 어번 박사의 이야기다. "어린 시절 우리 가족들은 모든 사람을 공평하게 대우했습니다. 그 영향인지 저는 평등이 중요하다고 생각하게 됐습니다. 의료계는 대단히 위계적인 사회입니다. 그러다 보니 평등은 매우 쉽게 희생당합니다. 하지만 저는 제가 받고 싶은 것과 동일한 수준의 보살핌과 관심을 환자들에게 주기 위해 노력합니다."

예일대학교 교수 셔윈 눌랜드는 《나는 의사다》에서 임상 경험에서의 경쟁력이나 수련 경력, 특기가 아니라 공감 능력이 진정한 재능이었던 의사들의 이야기를 스물네 편 소개했다. 눌랜드 자신도 경력의 상당 기간 동안 의사와 환자간 관계의 중요성이나 의사가 환자를 다루는 태도가 치료에 끼치는 깊은 영향을 연구했다. 그는 현대 의학이 사람보다는 효율적 치료에만 집중하면서 환자들을 치료하는 데 실패했다고 비판했다. 누군가를 평가할 때 직원으로서의 면모만 우선시하고 그의 인격 자체는 뒤로 미루는 기업에도 이와 비슷한 이야기를 할 수 있지 않을까?

눌랜드는 기술과 절차를 앞세우는 의학 교육 시스템이 치료의 감정적이고 심리적인 측면을 덤으로만 생각하게 만들었다고 주장했다. 그는 의학과 환자 치료에 대한 보다 전체론적인 관점을 지지하는데, 이 관점에 따르면 의사들은 높은 단상에서 내려와 환자들이 가장 취약한 순간에 상호존중의 태도로 그들을 대해야 한다. 이런 관점은 내가 니틴 노리아 하버드대학 비즈니스 스쿨 학장에게 배운 교훈을 상기시킨다. 개인적, 제도적 차원에서의 리더십은 경쟁력보다는 성격과 공감의 문제라는 교훈 말이다.

출발점: 예단하지 말 것

매우 성공한 어떤 사업가가 내게 세상을 더 나은 곳으로 만드는 가장 좋은 방법은 돈을 엄청나게 버는 것이라고 말한 적이 있다. 나는 공감 능력과 사업은 잘 어울리지 않는다는 암시를 풍기는 그 말이 불편했다. 사실, 공감은 평균적인 경영자 수련 과목에서 다루지 않는 요소다. 경력을 쌓는 초기부터 우리는 경영이란 냉정하고 경쟁적인 일이며 성공은 실적을 측정하는 단단한 지표를 이용해서만 계측할 수 있다고 배우거나, 그렇게 생각하도록 길들여진다.

표준적 운영 절차와 ('밑바닥은 숨아내라', '올라가거나 나가거나', '천천히 고용하고 빨리 해고하라' 같은) 일등주의 관행들은 직장에서의 공감능력을 적극적으로 저해한다. 대개 인사 정책은 소속감, 성장, 참여를 적극적으로 제고하기보다 작업 방식 준수 점검표의 체크 리스트들을 채워 나가는 데 초점을 맞춰 고안된다. 회사의 가치관은 아예 존재하지 않는 경우가 많고 존재하는 경우에도 고객만을 대상으로 한다. 외부를 내부보다 우선시하는 방식으로 뒤집혀 있는 셈이다. 다들 사업이라는 분야에서 승리하려면 다른 모든 사람들보다 똑똑하고 경쟁력이 강해야 한다고 주장한다.

전통적인 업무 프로세스와 관행, 경영 철학에도 배울 점은 분명히 있다. 업무에는 책임성과 생산성을 측정하고 위기 관리를 보장해줄 방법이 필요하다. 하지만 이런 정책들은 보통 공감 능력을 희생하는 방식으로, 그리하여 사업의 '무엇'이 '어떻게'를 압도하는 방식으로 실행된다. 다른 말로 하자면, 경영자들은 보통 잭 어번 박사를 찾기 전에 우리 가족이 만난 의사들과 비슷한 방식의 수련을 받는다. 그래프만 들여다보지 환자를 돌보는 태도는 갖추지 못한 것이다. 만일 자기 인식과 자기계발, 전반적 선량함을 보상하고 장려하는 인사 정책을 고안한다면 기업은 어떤 모습이 될까? 우리가 공유하는 목적과 사명, 가치관을 토대로 공감의 문화를 만든다면? 그렇게 한다면 우리는 우리 자신에게 새로운 질문들을 던지게 될지 모른다. 예컨대 '내 행동이 다른 사람들에게는 어떤 영향을 미칠까?' '내가 좀 더 협력적이거나 공감적인 사람이 될 수 있을까?' '이런 검토 의견이나 저런 피드백을 받는 사람이 나였다면 기분이 어땠을까?' '내가 좀 더 너그러워질 수 있을까?' 같은 질문 말이다.

리더십 피라미드 중 두 번째 층은 공감을 다룬다. 이때 공감이란, 우리가 타인의 경험을 완전히 이해할 수 있도록 해주는 공평무사함을 뜻한다. 공감을 설명하는 세 가지 요소인 개방성, 이입, 너그러움을 이런 순서로 배치한 건 의도적인 선택이다. 진정성과 총체성이 그렇듯, 공감이라는 가치관은 마음가짐에서 실천으로, 실천에서 행위로 나아간다. 먼저 공감은 개방성의 마음가짐에서 시작된다. 개방성은 현재를 있는 그대로 편견 없이, 그 무엇도 예단하지 않고 보는 능력이다. 이로부터 공감은 이입이라는 실천으로 이행하는데, 이입은 우리 자신을 다른 사람의 입장에 놓는 능력이다. 마지막으로, 가장 실감나는 방식으로 구체화된 공감을 드러내는 너그러움이라는 행위가 있다.

공감과 경쟁이 상호 배타적이지 않다는 걸 이해하는 게 중요하다. 공감은 조직 차원의 목표와 수행 능력을 고취시킬 수 있다. 동료들을 밟고 올라서는 방식으로 회사의 사다리를 빠르게 기어오르는 리더들도 있지만, 최고 중 최고가 성공하는 까닭은 바로 공감이 그들의 목표 의식에서 핵심적인 부분이기 때문이다. 이들은 다른 사람들의 복지에, 또 그들을 더욱 발전시키는 문화를 만들어내는 데 신경을 쓴다.

"다른 생각을 환영합니다"

내 사무실 벽에는 나의 멘토인 제이 샤이엇의 사진이 담긴 애플의 전면 광고가 걸려 있다. 〈뉴욕 타임스〉가 제이의 부고를 실은 다음 날 실린 이 광고에는 단 두 단어만이 담겨 있다. "다르게 생각하라Think Different." 애플에서 제이와 그의 동업자인 리 클라우는 전무후무한, 대단히 상징적이고도 파격적인 홍보 캠페인을 창조해냈다. 나는 제이에게서 많은 것을 배웠지만, 그중에서도 지난 세월 동안 가장 따르려고 노력했던 교훈은 가능성과 사랑에 빠지고 개방적인 정신을 유지하라는 가르침이었다.

제이는 늘 단점을 분석하기 전에 장점부터 찾았다. 제이의 추도식이 끝난 후, 나는 제이의 친구 한 명과 함께 고인을 떠올릴 때 가장 그리운 점이 무엇인지 이야기를 나누었다. 우리 둘은 보잘것없는 아이디어에도 완전하고 공정한 기회를 주려는 그의 개방성이 가장 그립다는 결론을 내렸다. 이 대화로 나는 24×3 규칙을 만들게 되었다. 누군가가 새로운 아이디어를 이야기하면, 뭐든 비판적인 응답을 내놓기 전에 24초를 기다린다. 그런 다음, 24분을 기다린다. 정말로 개방적인 정신을 갖고 싶다면 그 아이디어가 통하지 않을 이유를 생각해보기 전에 그 아이디어가 통할 수 있는, 생각할 수 있는 모든 이유를 찾아내며 24시간을 보낸다.

의식적, 무의식적 편향을 떨쳐버리고 개방성을 선택하면 시야가 확장되고 풍요로워지고 다양해진다. 개방성에는 질문을 허용하는 효과도 있다. 잭 어번 박사가 다른 의사들의 의견에 귀를 기울이고 그들이 내놓는 의견을 환영했다는 점을 생각해보라. 그 의견들이 어번 박사 자신의 권고와 상충될 때조차 말이다. 반면 고집스럽고 오만한 사람들은 무지와 부정적 성향이라는 고리 안에 꽁꽁 갇혀 있다. 개방성 없이는 공감도, 낙관주의도 존재할 수 없다.

개방성은 조직 차원에서 어떻게 작동할까? 자포스의 CEO 토니 셰이는 내가 경험해본 것 중 가장 개방적인 기업 문화를 창조해냈다. 자포스의 핵심 가치관은 "모험하는 사람, 창의적인 사람, 개방적인 사람이 되자"이다. 또 다른 가치관으로 "의사소통을 통해 개방적이고 정직한 관계를 쌓자"도 있다.

셰이의 언론 공개 정책은 그가 이 가치관에 얼마나 충실한지를 보여준다. 언론과 자포스의 고객들은 종류를 가리지 않고 모든 질문을 할 수 있으며, 직원들은 그 질문에 진실하고 개방적으로 대답하도록 장려 받는다. 초청 연사로 자포스의 총원 회의에 참석한 적이 있는데, 그때 누가 손을 들고 자포스의 시내 개발을 비판한 지역신문에 우려를 표하는 발언을 했다. 셰이는 침착하게 응답했다. "글쎄요, 언론이란 귀중한 피드백을 제공하고 여론을 인지하게 해주는 훌륭한 자원입니다."

놀랄지도 모르지만, 미국에서 여러 해 동안 테러와의 전쟁을 책임졌던 군의 핵심 인물도 개방적인 분산형 리더십의 강력한 지지자였다. 현재는 퇴역한 4성 장군 스탠리 맥크리스털은 2003년 합동 특수전 사령부를 지휘하면서 군의 전통적이고 위계적이며 집권적인 지휘통제 모델을 적용하면 이라크에서 알카에다를 무찌르는 데 실패할 것임을 빠르게 깨달았다. 알카에다를 이길 수 있는 유일한 방법은 중심부에서 권력을 이동시켜 현장에 있는 사람들이 자율적인 의사결정에 참여할 수 있도록 군대를 개방적이고 협동적인 네트워크로 변혁하는 것뿐이었다.

그래서 맥크리스털은 전쟁 도중에 기존 의사결정 구조를 해체하고 수평적이며 민첩한 조직 모델을 가동했다. 맥크리스털의 '팀 오브 팀스' 접근법에 따르면 각각의 개인은 잠재적인 의사결정권자가 된다. 그런 만큼 정보의 투명한 소통이 중요해졌다. 이 모델은 권한의 위임과는 다르다. 병사들이 마음을 열고 동료들을 믿도록, 또 적합한 때 적합한 결정을 하도록 요구하는, 정말로 평등하게 분산된 의사결정 체제였다.

개방적으로 생각하고 유연하게 반응하는 능력은 리더십 피라미드에서 기초가 되는, 진정성과 진정성 내의 자기 인식에 좌우된다. 이런 가치관이 어떻게 서로를 강화하는지, 다시 말해 진정성과 자기 인식의 강화가 어떻게 더 큰 개방성과 공감을 가능하게 하는지 보여주는 한 가지 사례가 있다. 계산원이 엘렌 랭어에게 자기가 보는 앞에서 신용카드와 매출전표에 모두 서명하도록 했다가 이어 서명이 같은지 확인하겠다며 카드를 다시 달라고 부탁했던 일을 기억하는가? 나 역시 관료주의적 규칙과 절차에 따라 움직이는 바람에 발생한, 아무 생각 없고 자기 인식이 결여된 태도를 목격한 적이 있다.

몇 해 전 여름, 나는 멋진 리조트의 야외 바에서 글을 쓰고 있었다. 한 여성이 친구들과 마실 음료를 주문한 참이었다. 그녀가 술값을 내려고 20달러짜리 지폐 두 장을 꺼내자 바텐더가 현금은 받지 않는다고 말했다. 여성은 자신이 결혼식 하객인데 지갑을 잃어버리는 바람에 주머니에 40달러밖에 남지 않았고, 초대해준 사람들에게 감사하는 마음에 술을 한 잔 사고 싶을 뿐이라고 말했다. 바텐더는 규칙에 따라 현금을 받는 일이 금지되어 있다고 반복해서 말했다. 결국 그 여성과 친구들은 떠나버렸다. 그때 나는 바텐더가 여성의 주문에 따라 만들었던 음료를 한 잔 한 잔 싱크대에 부어버리는 모습을 목격했다. 믿을 수 없었다. 차라리 그가 음료를 한쪽으로 치워놓았다면 이해할 수 있었을 것이다. 문제의 여성이 신용카드를 가지고 다시 돌아올 수도 있으니까 말이다. 어차피 음료를 버릴 생각이었다면 왜 그냥 그 여성에게 주어버리지 않았을까? 나는 바텐더에게 지배인과 이런 방향을 놓고 의논해보라고 말해주고 싶은 충동을 느꼈다. 이 바에서 현금을 받지 않는 것이야 그럴 수 있는 일이다. 하지만 단 한 건의 예외도 안 된단 말인가?

기업은 적재적소에 절차를 정해놓음으로써 직원들이 원치 않는 행동을 하는 것을 방지하기 위한 가드레일을 설치해야 한다. 이 바의 경우, 현금을 받지 않는 정책은 부정직한 직원들이 판매 수익을 빼돌리거나 훔치는 일을 최소화하기 위해 마련됐을 것이다. 미국 소매업계에서 이런 사례는 전체 매출액의 2퍼센트 정도를 차지하는 것으로 추산된다. 매년 약 $200,000,000,000에 해당하는 규모다. 적잖은 액수이므로 기업주들도 보호책을 강구할 수밖에 없다. 그러나 원칙과 가치보다 절차와 통제를 그렇게까지 강조하는 게 과연 옳은 일일까? 대다수의 직원이 선량하고 정직한 사람이라고 믿는다면 몇 안 되는 불량배를 통제하는 시스템을 고안해야 할까, 아니면 개방성과 너그러움, 정직성, 상식 같은 가치들을 불어넣고 함양하며 보상하는 시스템을 고안해야 할까?

내가 보기에 많은 기업들의 문제는 규제에 지나치게 얽매여 가치를 평가절하한다는 점이다. 회사는 직원들에게 규칙이라는 짐을 지운다. 그 과정에서 옳은 일을 하겠다는 그들의 열망과 능력은 평가절하 혹은 과소평가된다. 가치관에 근거한 개방적 마음가짐은 조직의 가치관만 분명히 밝히면 사람들은 올바른 결정을 내릴 것이라는 믿음에 근거한다. 절차와 규칙에 근거한 시스템은 불행한 예외만을 상대로 고안, 적용되어야 한다. 내 동료가 이에 관해 아주 적절한 말을 했다. "나쁜 사람이 한 사람 있다는 이유만으로 조직 내 모든 구성원의 처우를 악화시키는 건 부당하다." 지나치게 성가시고 딱딱한 절차와 정책, 통제는 매일 일어나는 고객과의 상호작용이나 전반적 조직 문화에 손해를 끼치는, 의도치 않은 부정적 결과를 일으키는 경우가 많다.

바텐더에게 "힘든 하루를 보내셨다니 정말 유감입니다. 빨리 지갑을 되찾으실 수 있었으면 좋겠네요. 자, 술은 저희가 사겠습니다"라고 말할 가능성이 열려 있었다면 어땠을까? 바텐더에게 그럴 만한 힘이 부여되어 있었다면? 그랬다면, 현금을 받지 않는 문제의 리조트에 대한 여성의 경험이 얼마나 달라졌을지 생각해보라. 작지만 너그러운 이 행동은 겨우 1~2달러의 비용으로 직원의 몰입과 고객의 기억이라는 측면에서 중대한 수익을 낳았을 것이다.

직원들에게 신경을 쓰고 있다는 것을 보여줄 방법은 많다. 하지만 그들의 의견에 신중히 귀를 기울이고, 그들이 새로운 아이디어를 가지고 왔을 때 낙관적인 태도를 보여주며, 그들이 의미 있다고 느끼는 영역에서 결정을 내릴 권한을 부여해주는 것부터 시작하면 어떨까? 그러려면 일단 다른 사람의 눈으로 세상을 바라볼 수 있어야 한다.

소통하고 싶다면 질문부터 바꿔라

공감의 두 번째 단계는 이입이다. 이입이란 "타인의 느낌에 대한 상상적 투사. 다른 사람의 상황이나 조건, 생각에 대한 완전한 동일시 상태. 노골적으로 표현하지는 않더라도 과거의 일이든 현재의 일이든 타인의 느낌과 생각, 경험을 이해하고 의식하면서 민감하게 반응하고, 이를 간접 경험하는 행위"로 정의된다.

20세기의 가장 영향력 있는 미국 심리학자 중 한 명인 칼 로저스는 인간관계에 대한 전인적, 인격적 이해를 강조했다. 로저스는 다른 사람이 하는 말 이면에 깔려 있는 뉘앙스와 느낌을 모두 이해해야만 '공감적 듣기empathetic listening'가 가능하다고 믿었다. 리더는 직원과 고객, 동료, 멘토 들이 표현하는 동기와 감정에 주의를 기울이는 연습을 해야 한다. 미국인력지도협회의 1974년 강연에서 로저스는 "여러 해 동안 축적된 연구 자료로 볼 때 인간관계에서 나타나는 높은 수준의 공감은 학습 능력을 변화시키는 가장 강력한 요소다. 그 중요성은 두말할 나위가 없다"고 밝혔다. 11장에서 효과적인 멘토가 되는 방법을 다루겠지만, 지금은 이입이 멘토십을 포함한 모든 유의미한 관계에서 핵심이라는 사실만 언급해두겠다.

나는 가장 좋은 리더들은 높은 수준의 천부적 이입 능력을 타고났다는 사실을 알게 됐다. 이런 이입 능력 덕분에 그들은 직장에서, 심지어 세상에서 긍정적인 변화를 만들어낼 동기를 갖게 된다. 아테나의 레슬리 브루나 WD-40의 개리 리지 같은 공감적 리더들은 직원이 받을 혜택을 자기가 받을 혜택보다 높이면서까지 사람들을 돌보고 계발시키려는 능력과 열정을 보여줬다. 이런 리더들은 고대의 전형적 리더, 즉 서번트 리더servant leader의 현대판이다. 이들은 우수한 실적과 조직원들의 몰입은 꼭대기에서 권력과 정보를 틀어쥐는 것이 아니라 그들의 성장을 장려하고 권한을 부여할 때 이루어진다고 믿는다.

현대 서번트 리더십의 아버지인 로버트 그린리프는 리더들이 조직의 중심부에서 계속 권력을 밀어냄으로써 권력을 공유하려고 노력해야 한다고 주장했다. 그는 서번트 리더들은 스스로에게 '내게 봉사를 받은 사람은 인간적으로 성장했는가?' 혹은 '내게 봉사를 받는 동안, 그들은 더욱 건강해지고 현명해지고 자유로워지고 자율적이 되었는가?'라는 질문을 계속 던진다고 했다. 바꿔 말해, 서번트 리더들은 자신의 봉사를 받은 사람도 서번트가 될 가능성이 높아졌는지 끊임없이 자문한다.

켄 블랜차드도 서번트 리더십에 관한 글을 썼다. 그는 서번트 리더들은 직원들에게 굴종하는 것도, 조직의 비전과 가치관, 목표를 이끌어 나가는 책임을 포기하는 것도 아니라고 강조한다. 분명 어떤 사안들은 조직의 꼭대기에서부터 하향식으로 결정되어야 한다. 그러나 진정한 서번트 리더들은 보다 큰 맥락에서 자신들이 회사에 지고 있는 행위책임이나 해명책임과 직원들이 의미 있고 생산적인 결정을 내리도록 권한을 부여하는 정책 사이에서 균형을 찾는다. 이들은 좋은 리더의 원칙을 실천한다. 즉 인생과 일터에서 우리의 임무는 다른 사람들이 보다 완전한 본연의 모습을 찾도록 도와주는 것임을 자각하고 있다.

가장 순수한 형태의 이입은 허영과 편향을 내려놓고 상대의 느낌을 그대로 느낄 것이다. 수년간 나는 내 의견이나 권고를 소리 내서 말하기 전에 타인의 노력을 인정하거나 칭찬함으로써 갈등과 불화를 해결하는 방법을 배워왔다. 다른 사람의 좌절감이나 분노를 인정하는 것은 부정적 관계를 해소하는 첫 번째 단계다. 그다음으로 그 사람을 화나게 한 것이 무엇인지 밝힘으로써 그의 감정을 이해하려고 노력해야 한다.

우리는 다른 사람들의 분노에 대응할 방법을 선택할 수 있다는 사실을 너무 자주 잊는다. 아무것도 모르는 체하거나 다른 사람의 분노를 비이성적인 것으로 치부해버리는 대신, 그의 좌절감을 인정하고 공감해보자. 예컨대 "저기요, 왜 그렇게 화를 내시는지 모르겠는데…"라고 말하는 대신 "네, 저도 압니다. 불쾌해하시는 것도 당연해요. 죄송합니다. 어쩌면 제가 한 어떤 일 때문에 그러시는 건지도 모르겠네요. 회의에서 당신이 주장한 내용에 제가 동의하지 않은 게 마음에 걸리는데, 혹시 다른 이유가 있다면 제가 이해할 수 있게 해주십시오. 서로 마음이 풀렸으면 좋겠습니다"처럼 말하는 건 어떨지 생각해보자.

진심으로 다른 사람이 왜 그렇게 느끼는지 이해하려는 노력을 기울여보자. 공감적 듣기를 연습하고, 상대의 말을 마음대로 걸러 듣지 말자. 우리는 다른 사람이 한 말 전체를 온전히 듣거나 이해하기보다는 자신이 믿고 싶은 대로만 듣는 경향이 있다.

공감을 끌어내는 5가지 질문

의례적 언어란, '일상적인 상호작용에서 자주 사용되어 절차 본위적 언어가 된 말'을 뜻한다. 이런 말들은 진짜로 궁금한 점을 표현하기보다는 편의나 관례에 따라 쓰이는 게 일반적이다. 예를 들어 "잘 지내세요?"는 가장 흔한 의례적 언어다. 사실 이 질문에 어떤 답변을 하는지 누구도 주의깊게 귀를 기울이지 않는다. 그저 예의를 차리는 말일 뿐이기 때문이다.

이런 의례적 질문들을 하지 않는 것도 공감하는 한 가지 방법이다. 의례적 질문 대신 단순하지만 진정성 있는 질문을 던져보자. 누군가를 좀 더 깊이 알고 싶을 때 던질 수 있는 다섯 가지 비의례적 질문을 아래 제시해놓았다. 이런 질문들을 인터뷰나 멘토링, 공식적 피드백 때 꺼낼 수도 있지만 아무 목적 없는 점심 식사 시간 같은 때 이용하면 좀 더 알고 싶은 사람과의 대화를 이어갈 수 있는 강력한 방법이 될 것이다.

1. **잘 지내세요? 정말로 궁금해요.** 진정성 있는 비의례적 질문의 핵심은 단순한 문답이라도 질문에 진심을 담고 주의를 기울여 상대방의 답변을 경청하는 데 있다. NBA의 대표 커미셔너이자 COO 마크 타툼은 브루클린 빈민가에서 어린 시절을 보냈다. 그의 어머니는 학교 청소를 하며 타툼을 키웠다. 어머니를 무시하고 투명인간 취급하던 수많은 고용주들을 기억하기에 마크는 오늘날까지도 그가 만나는 모든 사람들에 대해 가능한 한 많은 것을 알아내고자 한다. 그는 내게 여러 차례 이 점을 상기시켰다. "'잘 지내세요?'라고 말할 때, 진심으로 '잘 지내세요?'라고 물어야 합니다."

2. **제가 아직 모르고 있는 당신의 배경을 이야기해주세요.** 나는 이런 질문을 던질 때마다 투자 대상 기업의 직원들이 들려주는 이야기에 깜짝 놀란다. 그렇게 이야기를 나누면서 그들이 한 기업의 직원일 뿐 아니라 아픈 남편을 돌보는 워킹맘이거나 전직 패

스트리 셰프이거나 그 회사에 취직하고자 세 번이나 고배를 마실 정도로 회사에 큰 애정이 있다는 사실을 알게 됐다. 사람들이 어떤 배경을 가졌는지, 무엇에 흥미를 느끼는지 알아보라. 그들의 이야기를 듣고 놀라게 될 것이다. 더 중요한 건 이런 질문들이 진정한 관계를 쌓는 데 도움이 된다는 사실이다.

3. **몇 년 후 무슨 일을 하고 싶으신가요?** 조직에서 현재 맡고 있는 역할을 물은 다음, 그 일이 목표를 이루거나 잠재력을 최대한 발휘하는 데 어떤 식으로 도움이 될지 물어보라. 회사 내부이든 외부이든, 그 사람이 가려는 곳이 어디인지 아는 건 매우 중요하다.

4. **여기서 일하는 게 좋으신가요?** 앞서 소개한 레슬리 브루너는 아테나헬스의 인사 책임자로 7년간 일했다. 사람들에게 이런 질문을 던지라고 알려준 사람이 바로 레슬리다. 간단하지만 예상 밖의 답변을 끌어낼 수 있는 질문이다. 묻고 귀를 기울이고 마음에 새겨라.

5. **제가 해드릴 수 있는 일이 있을까요?** 레고의 CEO인 예르겐 비그 크누스토르프는 "비난은 실패한 사람이 아니라 다른 사람들을 돕지 않으려 들거나 도움을 요청하지 못하는 사람들의 몫이다"라고 말했다. 나는 최근 우리가 운영하는 기업 중 한 곳의 리

더십 관련 팀에 요구해 직원들에게 이 질문을 던지도록 했다. 회사에 따라 이 질문을 보다 구체적으로 맥락화할 수도 있다. 예를 들면, "어떤 사내 정책이 가장 불만족스럽습니까?" "500달러의 여윳돈이 생긴다면 무엇을 하실 겁니까?" "휴가를 받는다면 뭐든 특별히 하고 싶은 일이 있습니까?" 같은 질문을 던질 수 있다.

위의 질문들은 지극히 상식적인 것처럼 보일 수도 있다. 그러나 놀랍게도 실제로 이런 질문을 던지는 경우는 대단히 드물다. 적합한 질문을 던지더라도 상대방의 대답에 귀를 기울이거나 이해하려고 노력하는 대신 기계적으로 듣기만 하는 경우도 너무 많다.

찰리 채플린의 너그러움

이제부터 설명할 교훈은 진화를 공부하는 사람에게라면 전혀 놀랍지 않을 것이다. 찰스 다윈은 유전 가능한 변이와 자연도태에 의해 진화가 이루어진다는 이론을 세웠다. 실제로 강자만이 생존할 수 있었다면, 자원을 꽉 붙들고 공유하지 않으려 들었던 조상들이 생존하고 재생산할 가능성이 훨씬 높았을 거라는 추측이 정당할지도 모른다.

하지만 선구적 생물학자 E. O. 윌슨은 이 법칙에 예외가 하나 있다고 주장했다. 윌슨은 인간과 개미가 집단의 이익을 위해 개인적 자원을 희생하는 몇 안 되는 종 중 하나임을 증명했다. 그런데 중요한 점은, 이런 희생이 인간이나 개미가 자신의 자본에 대해 안정감을 느낄 때, 혹은 정의와 공평이라는 규범이 활발하게 작동하는 공동체에서 살고 있을 때에만 일어난다는 사실이다.

인간은 자원을 획득하고 모으고 지키도록 태어날 때부터 프로그램되어 있다. 그러나 한편으로 우리는 자신의 목숨이 경각에 달려 있지 않고 공정함과 정의를 가치 있게 여기는 문화가 존재하는 상태에서는 다른 사람들에게 나누어주고 베푸는 성향도 갖추고 있다. 경쟁과 인정의 균형을 꾀하는 해결책이 여기에 있다. 이 역학은 (계측 가능한 실적 평가 등) 우수한 평점과 다른 사람들을 계발하고 돌보는 능력 양면에서 직원들에게 보상을 제공하는 회사들이 직원 몰입도와 직장 만족도에서 높은 점수를 받는 이유를 설명해준다.

친절을 베푸는 사람도 너그러운 행위로 이득을 본다는 결론을 지지하는 연구 결과가 점점 많아지고 있다. 간단히 말해, 다른 사람을 도우면 '나'도 기분이 좋아진다. 얄궂게도 이타주의가 가끔은 자신에게도 보상을 주는 것이다. 친사회적 행동이란 자기 자신이 아닌 누군가, 혹은 무언가를 이롭게 하려는 행동이다. 그러나 사실 친사회적 행동은 동시에 그 행동을 하는 사람에게도 강력한 혜택을 가져다준다.

하버드 경영대학원 교수이자 행동적통찰연구회 회원인 마이클 노튼은 부자와 가난한 사람을 막론하고 사람들은 모두 자신보다 다른 사람에게 돈을 쓸 때 더 큰 기쁨을 느낀다고 주장했다. 나는 노튼 교수와 함께 패널 토론의 사회를 볼 기회가 있었는데, 그때 우리는 베풂이 우리 자신의 충족감과 복지를 향상시키는지 여부에 대해 토론했다. 이때 노튼은 한 실험 결과를 설명해주었다. 이 실험에서 참여자들은 5달러짜리 기프트카드를 남에게 주거나 계속 가지고 있는 두 가지 선택지 중 하나를 택해야만 했다. 노튼은 그들이 얼마나 많은 만족감과 행복을 느끼는지 측정했다. 전반적으로 기프트카드를 남에게 준 사람들이 더 높은 수준의 행복감을 보고했다.

"걸린 돈이 겨우 5달러였으니 그렇지"라고 반박할지도 모르겠다. 금액을 늘리거나, 참여자들에게 돈을 주라고 명시적으로 지시하면 어떻게 될까? 그래도 차이는 없었다. 임의로 행동하든 금액이 바뀌든 참여자들의 행복도는 똑같이 유지됐다. 사실, 노튼 연구팀이 발견한 유일하게 유의미한 매개 변수는 나누어준 돈이 결국 친사회적으로 사용되는지 여부뿐이었다. 어느 선까지 소득과 행복이 서로 연관되어 있다는 건 분명한 사실이지만, 얼마나 많은 돈을 버느냐만큼 돈을 어떻게 쓰느냐도 중요하다.

너그러운 사람들은 다른 사람들을 도와야겠다는 의무감을 느낀다. '더 기빙 플레지The Giving Pledge'는 워런 버핏과 빌 게이츠가 2010년에 시작한 캠페인으로, 세계에서 가장 부유한 사람들에게 그들의 부를 타인에게 베풀도록 장려하는 프로젝트다. 더 기빙 플레지에 참여하는 모든 사람은 직접 서약서를 작성하고 서명하는 데, 여기에는 최소한 재산의 절반을 자선재단에 기부하거나, 이 단체의 집합적 자원과 능력이 세계의 주요 문제를 해결하는 데 쓰일 방법에 관한 담론을 촉진하기 위해 쓰겠다는 맹세가 담겨 있다. 시작된 지 6년 만에 데이비드 록펠러, 엘론 머스크, 팀 쿡을 포함한 200여 명이 개인적으로 이 서약서에 서명했다. 어쩔 수 없이 호기심이 든다. 이 기부자들이 더 많은 충족감을 느낀 건 그 엄청난 부를 창출했을 때일까, 아니면 그 부를 주어버리기로 맹세했을 때일까? 나는 후자라고 생각한다.

〈뉴욕 타임스〉의 전설적인 만평가 알 허시펠드와 찰리 채플린의 일화를 생각해보자. 그들이 우연히 만났을 때, 채플린은 어떻게 하면 예술적 재능에 전념하고 미술 분야에서의 꿈을 추구하는 데 몰두할 수 있는지 허시펠드에게 물었다. 허시펠드가 어리둥절한 반응을 보이자, 채플린은 다시 질문을 던졌다. 허시펠드가 특유의 우아하고 미니멀리즘에 충실한 '선의 예술' 양식을 활용해 채플린 같은 사람의 캐릭터를 계속 그리도록 하려면 돈이 얼마나 들겠느냐는 것이었다. 허시펠드는 꽤 큰 액수를 말했다. 채플린은 군말 없이 그 자리에서 수표를 써서 건네주며, 뭐든 하고 싶은 일을 하라고 말했다. 채플린의 너그러움은 허시펠드에게 예술적 소명을 실현할 기회를 주었을 뿐 아니라, 수백만 명의 다른 사람들에게도 그의 예술을 감상할 특권과 기회를 주었다.

너그러움은 시간과 기회라는 선물을 통해서도 드러난다. 와튼 스쿨 교수이자 베스트셀러 작가인 애덤 그랜트는 "아무 보상도 기대하지 않고 베푸는" 사람들이 거의 항상 더 나은 결과를 낳는다고 말한다. 이런 사람들은 결국 두 가지 분야에서, 즉 잘하는 세계와 좋은 일을 하는 세계에서 모두 탁월한 면모를 보이기 때문이다. 그는 미국 의대에서 가장 협력적이고 베푸는 성향이 강한 학생들이 졸업 후 최고 수준의 성공을 거뒀음을 통계적으로 증명했다. 친사회적 행동에는 엄청난 이점이 있다. 직원들을 인정하고 알아보며 도와주는 방법도 금전적 보상만큼이나 효과적이다.

지속적인 선량함을 만들어내고 너그러운 본능을 함양하기 위해 채택할 수 있는 한 가지 '공감의 실천'은 매년 평가 여행을 떠나는 것이다. 우리는 모두 주기적으로 자기 인식 차원에서 현재의 위치를 살피고 인정해야 한다. 기회가 주어질 때마다 착한 사마리아인처럼 행동하는 책임을 어느 정도까지 부담했는지 검토해야 한다는 뜻이다.

연례 평가 방법이 꼭 여행일 필요는 없다. 개인이나 단체 단위로 하는 자원봉사, 1년에 반나절씩 떠나는 자아 성찰 외출, 업무에서 한 걸음 떨어져 나와 새로운 시간을 갖는 것 등은 모두 우리가 직장과 사생활 양면에서 더욱 공감적인 사람이 되도록 해준다.

기업에서 너그러움은 급료나 보너스, 승진 문제로 축소되는 경향이 있다. 물론 외적 보상도 중요하지만, 조직이 직원들에게 공감과 진정한 관심을 표현하는 방법이 단지 이것들뿐이라면 필수적인 뭔가가 빠져 있는 셈이다.

짐 굿나잇은 거의 40년간 데이터 분석 소프트웨어 업체 SAS를 이끌어왔다. 그의 재임 기간 내내 SAS는 미국에서 가장 선망 받는 직장 중 하나로 꼽혔다. 보조금이 지급되는 보육 서비스, 직장과 삶의 균형 상담 서비스, 건강 전문가 자문 시스템, 직장 내 레크리에이션 활동 센터 설치 등 다양한 혜택을 제공함으로써 SAS는 회사가 직원들의 건강과 행복에 신경을 쓴다는 신호를 보냈다. 사실, 굿나잇은 SAS가 이런 혜택을 제공하기 한참 전부터 직원들의 신뢰와 존중을 토대로 삼는 기업 문화를 만들어내는 데 집중해왔다. 수십 년간 SAS는 직원들에게 일상적 업무에서의 의미 있는 유연성과 독립성을 제공해왔다. 회사의 '너그러움'을 가장 강력하게 보여주는 사건은 2008년 세계 경제 침체 기간 동안에 일어났다. 어려운 상황이었지만 굿나잇은 단 한 명의 직원도 해고하지 않겠다고 선언했다. 그 해 SAS는 기록적인 이윤을 기록했다.

위기가 닥쳤을 때에만 너그러움을 실천할 수 있는 건 아니다. '정상'으로 올라가는 사람들 중에는 자신의 성취를 가능하게 해준 주변 사람들을 잊거나 무시하지 않고 인정하는 습관을 가진 이들이 있다. 이 습관은 간단한 감사 쪽지일 수도 있고, 고마운 사람들을 한데 모아 파티를 여는 것일 수도 있다. 너그러움을 표현하는 것은 거창할 필요는 없지만 반드시 진정성을 담아야 한다. 연방대법원 대법관 소니아 소토마요르가 보여준 겸손, 공감, 너그러움의 예를 소개한다.

내 아내는 소토마요르가 뉴욕 제2순회법원 판사일 때 그녀를 수행했다. 소토마요르는 그 시절에도 다정다감한 인물이었으며, 눈에 띌 만큼 직원 한 명 한 명에게 개인적으로 진정한 관심을 기울였다. 오늘날도 크게 다르지 않다. 예를 들어, 최근에 자녀들과 찍은 휴가 사진을 그녀에게 보내자 그녀는 아이들을 언급하며 행복을 빌어주는 짧은 편지를 보내왔다. 나는 소토마요르가 수많은 다른 가족들에게도 정기적으로 같은 일을 한다는 것을 알고 있다.

나는 매년 옛 직원과 직원 가족들이 함께하는 자리를 마련하려는 소토마요르의 노력에서 감사와 너그러움에 대한 마음가짐을 배운다. 어느 해인가 그녀가 소집한 주말 모임이 우연히 핼러윈과 겹쳤다. 그녀는 옛 직원과 직원 가족들 등 최소한 150여 명이 참여하는 대규모 일요일 브런치 행사를 열었다. 그날 소토마요르는 몇 시간이나 신경 써서 아이들 한 명 한 명과 시간을 보내고, 아침 내내 커다란 자루를 들고 다니며 그들 한 명 한 명에게 사탕을 나누어주었다. 이것 말고도 그녀의 친절함과 너그러움을 보여주는 사례는 무수히 많다. 내게 그녀는 영감을 불어넣어주는 존재다. 리더라면 당연히 성취의 정점에 도달할 때마다 소토마요르의 모범을 따르고 그녀와 거의 비슷한 방식으로 행동하도록 노력해야 한다.

어린이들은 거의 모든 순간, 우리에게 좋은 사람의 본질을 상기시켜주는 존재다. '좋음'이란 본능적이고 심지어 충동적인 경향을 보이지만, 인생을 변화시킬 어마어마한 잠재력을 가지고 있다.

우리 가족은 맏아들의 열 번째 생일을 맞아 가족 단위로 방문하기에 좋은 바베큐 식당에서 그날을 기념하기로 했다. 요리사가 식탁으로 오더니 아이들에게 선물로 줄 풍선을 몇 개 꺼냈다(그는 풍선 인형 만들기 훈련을 받은 사람이었다). 그는 아이들 한 명 한 명에게 좋아하는 색깔을 묻더니 풍선을 비틀고 꼬아 동물 모양을 만들어 주었다. 당시 다섯 살이던 우리 쌍둥이 딸들의 차례가 됐을 때쯤 문제가 벌어졌다. 첫째 딸은 부탁한 대로 주황색 풍선 동물을 받았지만, 둘째 딸은 분홍색을 달라고 했는데 남은 분홍색 풍선이 없었다. 아이는 금세 눈물이 그렁그렁해졌다. 요리사는 대신 빨간색 풍선을 받도록 설득하는 데 간신히 성공했다. 그는 "빨간색도 진한 분홍색이란다"라고 설명하며 아이를 달랬다. 그런데 머피의 법칙이 작용한 것인지, 그가 입술에 대자마자 빨간색 풍선이 터져버리고 말았다. 딸은 급기야 울음을 터뜨렸다. 그렇게 몇 분 동안 울음바다가 이어지고 난 뒤에야 나와 아내는 맞은편에 앉아 있는 소년처럼 파란색 풍선을 고르라고 아이를 설득할 수 있었다. 우리는 요리사에게 고개를 돌렸다. 그는 할 수 있는 한 조용히 말했다. "죄송합니다. 파란색 풍선도 다 떨어졌어요."

딸은 다시 한 번 울음을 터뜨렸다. 그때, 파란색 풍선을 들고 있던 소년의 표정이 눈에 띄었다. 아이는 천천히 자리에서 일어나더니 우리에게 다가왔다. 소년이 점점 가까이 다가오자 딸의 울음이 잦아들었다. 딸은 소매에 눈물을 닦았다. 소년은 잠시 동안 서 있더니 파란색 풍선 강아지를 꼭 쥐고 마침내 마지막 한 걸음을 내디뎠다. 그 아이는 쑥스러워하며 딸에게 말했다. "내 거 가질래?"

이제 스스로에게 질문을 던져보라. 다른 사람을 돕고자 당신이 기꺼이 할 수 있는 일은 무엇인가? 달라이 라마는 이렇게 말했다. "잠시 멈추어 생각해보면, 오늘날에도 우리는 생존 자체를 아주 많은 사람들의 행위와 호의에 의지하고 있음을 분명하게 알 수 있습니다." 달라이 라마의 지혜에 나는 궁금해졌다. 우리 중 '파란 풍선' 시험을 계속 통과할 수 있는 사람은 몇 명이나 될까? 우리는 얼마나 정기적으로 친절한 행위를 하는가?

공감은 인간을 다른 모든 종과 구분해주는 요소다. 우리 중에는 이 찬란한 인간적 요소를 다른 사람들보다 훨씬 풍기는 것처럼 보이는 사람이 있다. 내게는 위대한 음악가로 꼽히는 허비 행콕이 그런 사람이다. 50년 넘게 경력을 쌓는 동안 허비는 재즈 음악의 지형을 바꾸어놓았으며, 힙합에서 펑크, 클래식에 이르기까지 수많은 음악 장르에도 지울 수 없는 영향을 끼쳤다. 나는 그에게서 영감을 받아 선량함과 덕성의 인간적 기원을 달리 생각하게 되었다.

허비에게 그토록 오랫동안 음악계에 영향을 끼친 비결을 물으면 언제나 비슷한 대답을 한다. "가장 중요한 건 내가 인간이라는 사실을 기억하는 겁니다. 둘째는 내가 어쩌다 보니 음악을 연주하게 된 인간이라는 사실을 기억하는 것이지요." 허비에게 음악은 그저 타고난 인간성과 가능한 한 최고의 인간이 되겠다는 충족되지 않는 열망을 표현하기 위해 사용하는 매개물일 뿐이었다.

달리 말해, 허비는 자신만의 인간성을 타고난 재능과 기술, 충동과 결합시킴으로써 음악계에서 대단히 중요한 자리를 차지하게 되었다. 진정성 있고 몰입도가 뛰어난 리더들은 진정성과 공감이라는 토대를 갖고 있다. 또한 이런 가치관을 개방성과 이입, 관대함을 통해 지속적으로 드러낸다. 타인의 인간적 면모를 더 잘 알고자 하든지, 그들의 직업적 성공을 도우려 하든지 간에 진정으로 다른 사람들에게 신경을 쓸 때 우리는 능력과 공감을 모두 갖춘 더 좋은 의사, 기술적 능란함을 영혼이 담긴 감정과 결합시킨 음악가, 가슴과 머리를 모두 사용해 기업을 이끄는 경영자, 직원들과 관계를 쌓는 동시에 최고의 실적을 쌓으려고 노력하는 종합적 리더가 될 수 있다.

핵심 요약

- **공감은 개방성, 이입, 너그러움이라는 세 가지 요소로 구성된다.** 개방성은 편견의 제거를, 이입은 보다 상호이해의 추구를, 너그러움은 친절한 행위의 실천을 요구한다.
- **개방성은 새로운 아이디어를 보다 잘 수용하고 낙관적으로 받아들이게 한다.** 개방적인 조직은 직원들에게 유의미한 선택을 할 권한을 부여하고 그들이 올바른 일을 할 거라고 믿는다.
- **이입은 다른 사람의 상황을 진정으로 이해하려고 노력하는 것에서 시작된다.** 이입의 실천은 어렵지 않다. 누군가에게 "잘 지내세요?"라고 묻는다면, 그 답에 진심으로 신경 쓰는 것이다.

- 너그러움은 받는 사람뿐만 아니라 주는 사람에게도 이로우며, 이는 **변화를 만들어내는 강력한 원천이 된다.** 공감의 리더십은 전부 우리가 관심을 기울이고 있음을, 상대가 우리에게 중요하다는 점을 전달하는 것에 관련된 문제다.

- **공감은 궁극적으로 조직의 몰입도를 높인다.** 공감의 리더십은 우리 모두가 공유된 가치를 통해 연결된 인간이라는 점을 기억하는 데서 시작된다. 조직이 공감을 문화로 받아들이면 모든 구성원들이 서로 연결되어 있고 같은 목적을 공유한다는 느낌을 얻게 되고, 이는 몰입도를 높여준다.

5장

나는 내가 원하는 것을
안다고 생각했다: 총체성

두려움이 전혀 없다고 가장할 수는 없다. 하지만
내가 느끼는 주된 감정은 감사다. 나는 사랑받아왔으며 사랑하고 있다.
많은 것을 받았고 보답으로 뭔가를 돌려주었다. 나는 책을 읽고
여행을 했으며 생각하고 글을 썼다. 나는 세상과 교류해왔다.

— 올리버 색스

우리 집과 사무실에는 〈가장 외로운 직업〉이라는 제목의, 조지 테임스가 찍은 사진 액자가 걸려 있다. 사진에 담긴 건 대통령 집무실 남쪽 창문을 내다보는 존 F. 케네디 대통령이다. 그는 어깨를 구부정하게 구부리고 두 팔을 뻗어 양손으로 책상을 누르고 있다. 등을 돌리고 있는데도 지쳐버린, 부담감에 시달리는 사람처럼 보인다. 리더십의 엄연한 현실을 상기시키는 소중한 사진이다. 영향력과 성공에 따르는 주기적 기쁨에는 침체, 실수, 고독하고 파급이 큰 결정의 순간이 함께하기 마련이다.

1962년 10월, 쿠바 미사일 위기가 찾아왔다. 냉전이 극으로 치달아 핵전쟁 직전까지 간 역사적 순간이었다. 케네디 대통령은 일련의

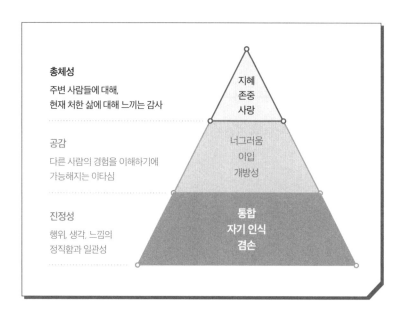

총체성
주변 사람들에 대해,
현재 처한 삶에 대해 느끼는 감사

지혜
존중
사랑

공감
다른 사람의 경험을 이해하기에
가능해지는 이타심

너그러움
이입
개방성

진정성
행위, 생각, 느낌의
정직함과 일관성

통합
자기 인식
겸손

어려운 결정을 내려야 했다. 그중에서도 가장 큰 문제는 쿠바에 배치된 러시아 미사일을 철거할 방법을 찾아내는 것이었다. 다른 리더의 손에 맡겨졌다면 이 위기는 무엇을 상상하든 그 이상의 경천동지할 파괴로 이어졌을지도 모른다. 케네디 대통령이 총체성의 감각을 터득한 비법은 무엇일까? 아니, 실제로 케네디가 그런 감각을 터득하긴 했을까?

'사랑, 존중, 지혜가 한데 모여 서로 강화하는 상태인' 총체성을 추구하는 것은 스트레스가 심한 상황에서 방향을 잡는 데 도움을 준다. 주변에 좋은 사람들이 있으면 총체성을 이뤄낼 가능성이 그만큼 높아지는데 이들이 해주는 조언과 응원이 정신적으로 큰 버팀목이 되기 때문이다. 쿠바 미사일 위기 때, 케네디 대통령의 남동생이자 가까운 조언자였던 로버트 케네디가 중요한 역할을 했다는 사실은 널리 알려져 있다. 케네디 대통령은 국가안전보장회의 집행위원회가 제안한 두 가지 선택지 중 하나를 선택해야 할 때 로버트의 조언과 판단에 크게 의존했다. 두 가지 선택지란 쿠바에 미사일이 더 이상 들어가지 못하도록 봉쇄하거나, 쿠바 공습이라는 즉각적인 군사적 조치를 취하는 것이었다. 케네디 대통령은 봉쇄를 진행하기로 결정했다. 이후 장기간 이뤄진 긴장된 협상을 거치며 케네디는 러시아를 설득해 쿠바에서 미사일을 철수시킬 수 있었다.

수백만 명의 목숨에 중요한 영향을 끼칠 결정을 내려야 했던 케네디의 속마음을 완전히 알 순 없다. 다만 쿠바 미사일 위기는 리더들이 직면할 수 있는 가장 가장 어려운 결정 중 하나로 꼽을 만하다. 위기관리 전문가이자 정치학자인 그레이엄 앨리슨은 이런 어려움을 '결정의 본질'이라고 이름 붙였다.

왕관의 무게

시험과 고난, 성공과 실패가 교차하는 건 어느 사람의 인생에서나 마찬가지다. 특히 리더들은 홀로 고민하고 불가능할 만큼 어려운 선택을 내려야 할 때마다 이런 순간들을 경험하게 된다. 그때마다 이들은 자신의 정점이 얼마나 높고 저점이 얼마나 낮은지, 회복력과 극기심은 어느 정도인지 예민하게 의식해야 한다.

리더가 된다는 건, 특히 위대한 리더가 된다는 건 외로운 일이다. 셰익스피어는 〈헨리 4세〉에서 "왕관을 쓴 머리에는 초조함이 내려앉는다"라고 적었다. 좋은 리더가 되려면 외로움과 불확실성으로부터 사람들을 지켜야 한다. 때론 희생도 필요하다. 자신의 의심을 비밀리에 관리하고, 감정적 반응을 통제하려고 노력해야 한다. 그렇다. 그래서 많은 리더들이 외로워지는 것을 선택한다.

리더가 된다는 건 외로운 일이지만, 리더들은 총체성을 추구함으로써 외로움을 치유할 수 있다. 총체성은 단번에 이룰 수 없다. 여기에는 엄청난 인내심과 용기가 필요하다. 천성이 총체성과 평화를 추구하는 사람이라도 최종 목적지에 이르기까지 고통스러운 시간을 보내야 할 수도 있다. 총체성을 탐색하는 과정은 100미터 전력질주라기보다는 느리고 더딘 구보에 가깝다. 총체성이라는 결승선에 완전히 다다르기란 불가능한 일인지도 모른다. 그러나 총체성에 가까워질수록 우리는 마음과 존재의 평안을 얻을 수 있다. 총체성은 '좋음'의 가장 고귀한 단계로 리더십 피라미드 꼭대기에 위치하며 사랑, 존중, 지혜가 모인 상태다. 사랑의 마음가짐, 존중의 실천, 지혜의 행위가 합해지면 우리는 보다 넓은 개념의 성공 단계에 오르게 된다.

총체성이란 우리 자신과 우리가 머무는 삶의 중간 지점을 규정해주는 사람과 상황에 만족감과 감사를 느끼는 상태이며, 타인들이 가장 완벽한 본연의 모습을 찾도록 최선을 다해 도와주었다는 확신이다. 당신은 직장에서든 사생활에서든 본능적으로 타인의 행복을 응원해주는 수준에 이르렀는가? 당신은 자신과 타인을 위한 존중을 실천하는가? 좋고 나쁜 판단을 구별하고 적절한 행위를 할 만큼의 지혜와 경험을 축적했는가?

케네디 대통령의 결정은 전 세계에 영향을 끼쳤는데 이런 중대한 결정을 내릴 위치에 있는 사람은 극소수 뿐이다. 그렇다고 해서 공공선에 봉사하는 우리의 능력을 평가절하할 필요는 없다. 어느 자리에 있든 한 사람의 '좋음'은 다른 사람들을 더 나아지게 만드는 데 도움이 되는 일을 했는지 여부에 따라 판단된다.

거대한 변혁은 긍정적 변화를 만들어내겠다고 결심한 몇 사람에게서 시작된다. 모든 일은 한 사람에게서, 이어 몇 사람에게서 시작된 다음에야 수많은 사람들을 감동시킨다. 기업의 리더에게 이는 회사가 단기적인 재정적 성과 이상의 성공이라는 기준을 만족시킨다는 뜻으로, 그 기준은 이해관계자 공동체 전체에 끼치는 기업의 영향과 실적의 지속가능성을 포함한다.

홀푸드에서 존 맥키가 했던 일이 바로 그것이다. 다시 말해, 총체성을 탐색하는 과정에서 우리 모두는 "대차대조표로 측정되는 재정적인 부분만이 아니라, 더 큰 수준의 번영 측면에서도 공동체 전반에 이득을 주었는가?"라는 질문을 던져보아야 한다. 좋은 리더는 우리 모두가 숫자 이상이 되어야 하며, 우리가 속한 조직이나 접촉하는 사람들의 성격과 문화에 좋은 영향을 제도적, 지속적으로 만들어내야 한다고 생각한다.

어쩌면 총체성과 선량함을 추구하는 리더십이 너무 이상주의적이라고 생각할 수도 있다. 리더라는 위치는 안 그래도 스트레스와 외로움을 만들어내고자 주문 제작한 자리 같다. 그런 상황에서 어느 누가 총체성을 이룩할 수 있겠는가? 리더가 과연 자신의 권위가 특권임을 인정하고, 다른 사람들도 가장 완전한 본연의 모습을 찾도록 돕는 일을 최고의 사명으로 받아들일 수 있을까?

주변에 좋은 사람들이 있고 꾸준한 인내를 실천한다면 리더가 직면하는 진짜 도전을 이해하고 그런 현실에 맞도록 기대치를 조정하는 것이 가능하다. 총체성을 탐색하는 데 지속적 노력이 필요하다. 이 노력이 좋은 사람들을 모아 변화의 대리인이자 변치 않는 가치관의 창조자로서 행위할 그들의 잠재력을 실현시킬 것이다. 이 모든 일은 가능하다. 그리고 그 시작은 우리가 알고 있는 가장 보편적 가치이자 강력한 감정, 즉 사랑에서 시작된다.

현실주의자의 사랑

총체성을 경험하려면 스스로 사랑해야 하며 다른 사람들에게서 더 많은 사랑을 발견할 수 있어야 한다. 다른 사람들에게 봉사하는 데 전념하는 사람들이야말로 가장 고귀한 형태의 사랑을 실천하는 사람이다. 경영이라는 맥락에서 이런 사랑을 논하는 게 이상하게 보일지도 모르지만, 존경받는 기업 리더들 중에는 목표 의식을 가지고 움직이며 끊임없이 타인에게 봉사하는 이들이 많다. 나의 파트너인 매츠 레더하우젠은 이렇게 말했다. "그게 진짜 리더십입니다. 진부하게 보일지 모르지만, 그게 사랑이죠." 그가 가장 좋아하는 사랑의 정의는 다음과 같다.

사랑이란 자신 혹은 타인의 영적 성장에 도움을 주겠다는 목적으로 자아를 확장시키는 의지다. (중략) 사랑은 사랑이 하는 행위 자체다. 사랑은 의지의 작용이다. 다시 말해, 사랑은 의도이면서 행위다. 의지는 선택을 암시하기도 한다. 우리가 사랑을 하는 건 그래야만 하기 때문이 아니라 그러기로 선택하기 때문이다. ― M. 스캇 펙

사랑하고 사랑받는다는 건 타인의 행복을 의식적으로 빌어주고 그 행복을 위해 일한다는 뜻이다. 다시 말해, 사랑은 의도적인 마음가짐이다. 사랑은 앞 장에서 다룬 공감의 그 어떤 요소와 비교해도 궁극적으로 더 깊고 감정적이며 강렬한 감정이다. 여기서 말하는 사랑은 욕망이나 로맨스와는 다르다. 여기서 말하는 사랑은 대단히 유익하며 광범위하게 실행 가능하고 봉사를 깊이 지향하는 감정이다.

왜 많은 사람들이 경영이라는 맥락에서 사랑을 이야기하는 걸 불편해할까? 내 생각에는 아마도 사랑이 너무 강렬한 감정이라서 전문가들의 세계에는 어울리지 않는 것처럼 보이기 때문일 것이

다. 사랑이라는 단어가 기업이라는 배경에서 사용하기에는 너무 거창하고 사적이라고 느껴진다면 애정 혹은 배려라는 단어로 바꿔도 좋다.

어쨌거나 기업은 고객들이 자신의 브랜드와 상품을 '사랑하도록' 만드는 데 집착하지 않는가? 나아가 직원 몰입도 역시 '사랑'의 다른 이름이지 않은가! 리더들은 직원들의 애사심을 원한다고 말하면서도 이를 실천하는 데 주저하는 모습을 보이는 경우가 있다. 거기에 역설이 있다. 직원들이 회사를 진정 사랑하게 하려면 먼저 리더들이 직원들에게 직장을 사랑하고 더 고귀한 목표를 수용하도록 암시적으로 유도해야 한다.

나는 광고 회사 사치앤사치의 전 회장 케빈 로버츠의 책《러브마크 이펙트》에서 경영의 맥락에서 쓰인 사랑을 처음 접했다. 로버츠는 브랜드와 고객 사이에서 발생하는 대화에 사랑을 끌어들이는 방법을 고심하다가 기업은 트레이드마크(상표)를 넘어 러브마크를 만들려는 노력을 기울여야 한다고 주장했다. 로버츠는 이렇게 썼다. "사랑의 이상주의는 기업의 새로운 현실주의다. 존중을 쌓고 사랑을 불어넣음으로써 기업은 세상을 움직일 수 있다."

로버츠의 책은 강렬하고 즉각적인 반응을 불러 일으켰다. 소비자 브랜드들은 세계적 브랜드가 소비자들과 구축한 건 감정적이고 진정성 있는 대화라는 로버츠의 철학을 발 빠르게 수용했다. 그는 브랜드들이 두 가지 서로 다른 축, 즉 존중과 사랑 양면에서 소비자들에게 높은 점수를 얻어야 한다고 주장했다. 물론 낮은 수준의 존중과 사랑만 갖춘 회사들도 효과적으로 상품을 판매할 수는 있다. 저명한 브랜드를 가지고 있는 회사들이 반드시 러브마크를 만들어내는 데 성공하는 것도 아니다. 브랜드에 대한 높은 존중과 신뢰는 감정적 연결이 거의 없거나 전혀 없어도 가능하다.

그러나 지금도 수많은 기업들이 트레이드마크에서 러브마크로의 이동을 과제로 삼고 있다. 에르메스나 샤넬 같은 사치품 브랜드에서 파타고니아나 트레이더 조 같은 깨어 있는 소비자들을 위한 브랜드, 또 소울사이클이나 이케아 같은 라이프스타일 브랜드에 이르기까지 다양한 회사들이 브랜드 가치를 증대시키는 지속적 실천과 행위를 통해 소비자들과 진정성 있게 연결을 맺고 있다.

어느 기업이 트레이더 조 같은 가치 브랜드인지 에르메스 같은 사치품 브랜드인지는 사실 별로 중요하지 않다. 중요한 건 그런 가치관에 따라 전적으로, 지속적으로 운영되는지 여부다. 나는 트레이더 조의 전 사장인 더그 라우와 에르메스 미국 지사장인 밥 차베스와 함께 시간을 보낼 기회가 있었다. 이 두 사람은 각자 자신의 브랜드 가치에 따라 살고 있었다.

트레이더 조의 이야기는 전부 위대한 가치를 전달하는 데 초점이 맞추어져 있었다. "가치관은 우리가 매우 중요하게 생각하는 콘셉트이며" "우리가 아끼는 모든 돈이 당신이 아끼는 돈인 만큼 우리는 비용을 낮게 유지한다"고 라우는 강조했다. 제품 지향적 회사가 된다는 말은 트레이더 조에 훌륭한 제품을 놀라운 가격에 제공한다는 뜻이다. 이 모든 생각이 트레이더 조의 문화에 속속들이 들어가 있다. 라우는 이렇게 말했다. "조직의 진짜 힘은 문화에 있습니다. 문화는 기업이 정말로 소비자에게 마법을 걸 수 있는 능력이죠. 소매업계 회사들에 이 말은 곧 소비자들을 진정성 있게 대접한다는 뜻입니다."

이제 아주 다른 회사인 에르메스를 보자. 트레이더 조와 비교하면 에르메스는 다른 행성에서 온 브랜드처럼 보인다. 하지만 각자 저마다의 가치관을 존중한다는 측면에서 보면 근본적으로 유사하다. 에르메스는 세계에서 가장 상징적이고 값비싼 제품을 판매하는 브랜드다. 에르메스의 핵심은 장인들의 솜씨라는 유서 깊은 전통을 공격적으로, 지속적으로 지켜 나가는 데 있다. 에르메스는 품질을 어떤 경우에도 양보하지 않는다. 또한 모든 형태의 대량생산을 거부하며, 수제 마구馬具를 만들던 유서 깊은 전통에 경의를 표한다. 요즘에는 소비자의 기호에 맞춰 제품 라인이 다양해졌지만 트레이더 조와 마찬가지로 에르메스는 자신들의 핵심적 가치와 정체성을 고수하고 있다.

무엇이 에르메스라는 브랜드를 180년이나 버티도록 해주었느냐는 질문에 차베스는 라우와 비슷한 답을 했다. "에르메스가 중요하게 여기는 건 지속성과 진정성을 유지하는 것입니다. 에르메스는 품질을 양보하지 않는 장인 정신이라는 문화와 이 문화에 대한 헌신이라는 토대 위에 세워졌습니다." 트레이더 조와 에르메스 두 기업은 모두 자신의 기업 철학에 충실했다. 자신의 정체성에 대해 지속적으로 진정성을 보이겠다는 두 회사의 깊은 결심을 표현한 셈이다.

2000년 이래 로버츠의 이론은 광고업계의 주요 접근법이 됐다. 이제는 소비자들과 온라인 소셜미디어 커뮤니티들도 어떤 브랜드를 진짜 러브마크라고 느끼는지 의견을 나눈다. 여기에는 기네스, 벤 앤 제리스, 구글, 와비 파커, 몰스킨 등이 포함된다. 왜 이들을 포함한 몇몇 브랜드만이 고객의 사랑을 불러일으키는 걸까? 처음에 나는 브랜드를 세우는 가장 좋은 방법은 그 브랜드와 서비스, 제품에 대한 소비자의 사랑을 고취하는 데 앞뒤 가리지 않고 집중하는 것이라고 믿었다. 그래서 나는 컨설턴트로서 마케팅 지도를 연구한 뒤 소비자들이 원하는 제품을 제공하는 데 필요한 경쟁력을 쌓았다. 이는 외부에서 시작해 안으로 들어가는 접근법이다. 나름대로 성공하기는 했지만 알고 보니 이 방법은 최종 소비자들과의 감정적 연결을 쌓는 데 실패하는 경우가 많았다.

현재 나는 방향을 반대로 틀었다. 가장 강력한 기업과 브랜드에는 안에서 시작해 밖으로 나가는 철학이 있다고 믿는다. 이들은 리더 개인적으로든 조직 차원에서든 스스로를 챙기는 문화를 확립한 다음에야 소비자들과 감정적 연결을 쌓는 데 투자한다.

사랑에 관한 당신의 경험을 떠올려보라. 총체성과 자기 자신에 대한 사랑은 타인과 사랑을 나누는 전제 조건이다. 앞서 언급한 러브마크 회사들과 당신이 개인적으로 보다 깊은 친밀감을 느끼는 다른 회사들을 비교해보라. 지속적 성장과 성공을 거두는 조직들은 깊이 자리한, 궁극적으로 고객들에게 신뢰와 감정적 연결을 고취시키는 일련의 공통 가치에 깊이 뿌리를 박고 있다.

홀스티는 브루클린에 본부를 둔 회사로 친환경 제품을 생산하고 있다. 이 회사의 공동 창업자인 파비안 포트밀러는 내가 "내부에서 시작되는" 사랑을 형성하는 데 큰 영향을 주었다. 한번은 파비안이 내게 여러 개의 동심원을 상상해보라고 했다. 그중 가장 작은 원은 자기애이고, 두 번째 원은 타인에게 우리의 사랑을 퍼뜨리며, 세 번째 원은 모든 인간의 상호연관성에 대한 사랑과 감사를 담고 있다. 밖으로 뻗어 나가는 사랑, 하나의 동심원에서 다음 동심원으로 뻗어 나가는 사랑은 심지어 다른 사람들이 우리보다 앞서 뭔가를 달성할 때도 심오한 기쁨과 진지한 열망을 경험하게 해준다. 물론 이는 개념화하기는 쉬워도 내면화시키기는 어렵다. 어쨌든 요점은, 기업에서든 인생에서든 우리 자신에 대한 배려와 사랑이라는 기준에서 출발해야 타인에 대한 배려와 사랑으로 뻗어 나갈 수 있다는 것이다.

투자할 기업을 평가할 때면 나는 문자 그대로 "사랑이 느껴지는지" 알아보려고 되도록 해당 기업을 방문한다. 최근 시간이 갈수록 재무지표와 사용자 지표가 두 배로 뛰어 오르는 기업을 알게 됐다. 지금 추세대로라면 머지않아 수천억 달러의 가치를 갖게 될 것으로 보였다. 그러나 막상 해당 기업을 방문해보니 사람들은 조용했고, 책상은 군데군데 비어 있었다. 뭔가가 빠져 있는 듯했다. 그래서 나는 투자하지 않았다. 이직률과 재직 기간, 관리자들의 검토 사항 등 수치화된 지표를 살피지 않아도 진정성의 부재는 금세 느낄 수 있다.

직원 몰입도 조사를 실시하면 어느 조직이 자기 자신을 얼마나 사랑하는지 구체적으로 측정할 수 있다. 현대 경영학에서 직장 몰입도라는 개념은 지난 10년 동안 인기를 얻어왔다. 직장 몰입도에 관한 연구들은 직원들이 자신의 일을 사랑하고 자기 역할에 충실하며 동기를 느끼게 만들려면 어떤 근무 조건이 필요한지 살폈다. 무려 98퍼센트의 직원들이 재직 사실을 다른 사람들에게 말하겠다던 WD-40의 사례를 생각해보라. 직장에서 행복감을 느끼면 사람들은 이 행복감을 고객이나 다른 이해관계자 등 외부에 확장시킨다. 회사를 사랑하는 행복한 직원들은 직장에서도, 제품과 서비스를 통해서도 이 사랑을 드러낸다. 고객들은 이를 고스란히 느낀다. 행복한 직원이 곧 행복한 고객이 된다. 핵심적 이해관계자인 직원들이 회사의 목표 의식과 브랜드에 몰입하고 열정을 느낀다면, 그들이 자기가 하는 일을 좋아한다면 기업은 자연스레 힘과 영향력을 모두 키우게 된다.

그렇다면 기업의 리더들은 직원들과의 감정적 연결, 즉 러브마크를 확립하기 위해 무슨 일을 해야 할까? 리더들은 조직의 비전과 가치관을 직원들의 역할과 연결해야 한다. 자기 업무가 큰 그림의 어느 부분에 들어가는지 알고, 이로써 기업의 비전 일부를 소유하는 데서 절로 따라오는 보상은 협상 테이블에 올라온 어떤 외재적 보상보다도 강력한 영향력을 발휘한다.

다음과 같은 질문을 던져보라. '우리는 비전과 가치관을 분명히 전달했는가?' '직원들이 진정으로 대화에 참여하고 싶어 하는지 여부를 알아낼 방법은 무엇인가?' '보다 효과적으로 타인의 성공에 우선순위를 두려면 무얼 해야 할까?' '자발적 의사결정을 하도록 현장 직원들에게 권한을 주는 방법은 무엇인가?' '현장 직원들의 목소리가 진정성 있게 전달되도록 보장할 방법이 있는가?' 이런 질문 하나하나에 대답하다 보면 사랑의 기회는 넓게 열린다.

리더십과 경영의 맥락에서 정의한 사랑의 의미

《승자의 본질》을 쓰면서 나는 성공한 사업의 70퍼센트가 주로 '가슴'의 이끌림에 따른다는 점을 발견했다. 일반적으로 열정적인 설립자를 모든 기업의 가슴과 동일시하지만, 기업과 관련된 사랑에는 사실 아주 다양한 유형이 존재한다. 고대 그리스인들은 다양한 유형의 사랑을 세련되고 미묘하게 결을 살려 정의해두었다. C. S. 루이스의 저작 《네 가지 사랑》은 이러한 고대 그리스의 정의에 토대를 둔다. 이런 사랑의 종류를 기업과 리더십의 맥락에 어떻게 적용할 수 있을까?

• **'에로스'는 성애적 열망이다.** 그리스인들은 다스리지 않는 에로스는 위험하다고 생각했다. 에로스는 기분을 들뜨게 하고 중독을 일으키며 비이성적 행동을 야기한다. 경영의 맥락에서 에로스는 가끔 창업자들이 미친 것 같지만 훌륭한 아이디어를 낼 수 있도록 영감을 불어넣는 역할을 한다. 그러나 기업은 이 열정을

적절히 다스려 생산적 방향으로 돌려놓아야만 지나치게 빨리 성
장하거나 지속가능한 사업 모델을 결여하는 일 없이 다음 단계
로 이행할 수 있다.

- **'필라'는 충성심, 우정, 전우애, 애정, 동료애다.** 직장에서 필라
  는 동료간에 구축하는 배려심 가득하고 협력적인 관계의 토대가
  된다.
- **'스토르게'는 C. S. 루이스가 '이입의 연대'라고 부른 사랑이다.**
  앞서 이야기한 공감에 관한 논의를 생각해보라. 스토르게는 자
  신을 다른 사람의 입장에 완전히 이입시킨다는 뜻으로, 타인과
  의 상호 이해를 구축하는 데 필수적인 요소다.
- **'아가페'는 무조건적이고 희생적인 사랑이다.** 자녀에 대한 어
  머니의 사랑과 비슷하다. 토머스 아퀴나스는 아가페를 "타인에
  게 좋은 일이 생기도록 빌어주는 것"이라고 설명했으며 C. S. 루
  이스는 네 가지 사랑 중 아가페가 가장 위대하고 고결하다고 믿
  었다.

나는 《승자의 본질》을 쓰면서 인생과 사업에서 사랑이 갖는 진
짜 의미를 생각해보고 싶었다. 전쟁터 같은 우리 인생과 기업에서
네 가지 유형의 사랑은 모두 고유의 역할을 한다. 그러나 사랑 중
비교의 여지없이 가장 흥미로우며 총체성에서 가장 중요한 사랑을
꼽는다면 바로 아가페다. 사실 서번트 리더십은 기본적으로 아가
페를 요구한다.

리더이든 관리인이든 생산라인의 직원이든 우리 모두는 매일 직장에서 희생을 한다. 어찌됐든 우리들 대부분은 깨어 있는 시간의 최소한 절반 정도를 일하면서 보내니 희생은 틀린 말이 아니다. 그렇게 하는 이유의 적잖은 부분은 물론 급료가 차지한다. 이와 관련, 우리는 공자의 말을 기억해야 한다. "좋아하는 일을 택하면, 평생 하루도 일할 필요가 없다." 어쨌든 우리는 회사의 비전에 기여하고 다른 사람들이 더욱 완전한 본연의 모습을 찾도록 하는 유의미한 역할을 주도함으로써 자신의 일에서 즐거움을 찾을 수 있다.

직원들의 감정적 몰입도를 높이고 싶다면 사랑할 가치가 있는 문화를 만들어야 한다. 미국 MBA협회 설립자인 케이시 제럴드는 이렇게 말했다. "나든 누구든 자신과 타인을 사랑하는 대단히 위험한 시도에 뛰어들지 않고서 총체성을 이루는 게 가능한지 모르겠다. 사랑은 감상적 넋두리도, 포옹도, 들뜬 기분도 아니다. 사랑은 대단히 진지한 사업이다."

존중의 시작은 약속 지키기부터

나는 당신이 나를 좋아하는지 싫어하는지 여부에는 관심이 없다. (중략) 내가 요구하는 건 나를 사람으로 존중해달라는 것뿐이다.

― 재키 로빈슨

총체성의 두 번째 단계는 자신을 포함한 모든 사람들을 향한 존중을 실천하는 것이다. 당신은 전혀 모르는 사람들을 어떻게 대하는가? 당신과 함께 있는 사람은 휴대품 보관소 직원이나 우버 택시 기사, 서빙 중인 웨이트리스를 어떻게 대하는가? 개방성과 존중으로 대하는가, 아니면 냉담함과 오만, 심지어 무례함으로 대하는가? 어느 직장에나 상급자에게는 상냥한 척하지만 자신보다 아래 있는 사람에게는 무례한 사람들이 최소 한 명은 있을 것이다.

아이들을 대하는 태도만 관찰해봐도 타인에 대해 많은 걸 알 수 있다. 나는 어린 조카딸들을 데리고 새해 파티에 참석한 적이 있다. 그 애들을 소개하며 파티장을 돌아다니다 보니 손님들을 두 개의 집단으로 나눌 수 있었다. 첫 번째 집단은 아이들에게 진정한 존중과 관심을 보여주었다. 두 번째 집단은 정중하게 악수했지만, 다른 손님이나 새로운 대화로 얼른 넘어가고 싶어 하는 게 눈에 보였다.

주최자는 내가 조카딸들을 데려왔다며 더없이 행복한 모습을 보여주었다. 그는 조카딸들을 따뜻하게 환영했고 그 애들에게 여러 가지 질문을 던졌다. 주최자는 아이들이 하는 일과 다니는 학교에 관심을 기울였다. 의례적인 인사만 건넨 몇몇 손님들과는 확연히 달랐다. 이런 순간에 좋은 사람들은 놀라울 정도로 인간적인 모습을 보인다. 그들은 이런 순간에 사회적 위계질서를 무너뜨리고 모든 사람들을 존중 받아 마땅한 인간으로 대한다.

존중이란, 자신의 가치관에 따라 일관적인 방식으로 지속적으로 행동하는 것이다. 진정성에 관한 장에서 다룬 것처럼 통합성과 자기 일관성을 보인다는 뜻이기도 하다. 나와 가치관이 다르더라도 자기 정체성에 진실하고 말한 그대로 행동하는 사람들은 존중해야 한다. 나는 함께 있는 사람에게 맞추려고 변덕스럽게 입장을 바꿔 대는 사람보다는 설령 나와 심각하게 다를지라도 자신만의 가치에 솔직하며 진실한 사람과 사업을 하고 싶다. 큐볼의 파트너 존 하멜은 정체성에 정직하지 못하며 가짜 페르소나 뒤에 숨어 있는 사람들을 "물살을 거슬러 계속 헤엄쳐 가서야 겨우 정체를 알아낼 수 있는 사람들"이라고 표현했다. 뭐랄까, 이런 유형의 사람들은 일반적으로 피하는 게 낫다.

존중은 공감의 사촌이다. 차이점은, 존중을 실천하는 데는 타인의 의견에 따르고 적절한 예의를 지키며 실수를 인정하고 약속을 지키는 일이 요구된다는 점이다. 이런 측면에서 약속에 늦지 않고, 회의에 성실하게 참여하며, 빠르게 사과하고, 쩨쩨하기 굴지 않는 등 간단한 습관을 통해 우리는 소소하게 존중을 실천할 수 있다. 전설적인 농구 코치 존 우든이 선수들에게 강조한 세 가지 간단한 규칙을 생각해보자. 이 규칙들은 모두 자신과 동료들에 대한 존중을 다루고 있다.

1. **절대 늦지 말 것**. 다른 사람들의 노력과 시간의 가치를 존중해야 한다. 우든은 출석과 시간 준수에 대단히 엄격한 기준을 적용했다. 늦게 와서 연습의 일부를 놓치는 선수들은 심할 경우 팀에서 쫓겨날 수도 있었다.

2. **깔끔하고 깨끗하게, 욕설은 금지.** 우든은 선수들에게 조직 문화와 전후사정에 적절한 예의를 갖추라고 요구했다. 처해 있는 상황을 존중하라는 것이다. 깔끔함과 청결함은 매번 되풀이되는 연습과 경기가 얼마나 중요한지 일깨우는 역할을 했다. 농구 스타 빌 월튼이 어느 날 턱수염을 자랑하며 농구장에 나타났을 때, 우든은 즉시 그에게 집으로 돌아가 몸을 청결히 하고 오라고 말했다. 월튼이 턱수염을 기르는 건 자신의 권리라고 강변하자 우든은 이렇게 대답했다. "좋아, 빌. 나는 강한 신념을 갖고 그 신념을 지키는 사람들을 존중한다네. 정말이야. 자네가 보고 싶을 걸세." 월튼은 즉시 집으로 가 턱수염을 깎았다.

3. **절대 동료를 비판하지 말 것.** 우든에게 성공은 승리 이상이었다. 성공이란 집합으로서의 전체가 어떻게 느끼고 행동하느냐에 달려 있는 문제다. 우든은 최고의 경기란 양팀 모두 경기장을 떠날 때 누가 이겼는지 말할 수 없는 경기라고 믿었다. 그는 팀원들에게 절대 다른 선수를 비판하지 말고 다른 사람의 도움을 인정하지 않은 채 점수를 올리지 말라고, 온전한 존중이 아닌 어떤 태도로도 다른 팀을 대하지 말라고 가르쳤다.

권력을 누리는 지위에 오른 사람들은 자기가 온전히 얻어내지도 않은 존중을 받을 자격이 있다고 믿곤 한다. 한 팀의 주장이든, 한 기업의 CEO든 상관없이 이런 경우를 종종 목격한다. 그러나 **다른 사람들을 존중하는 사람만이 진정한 존중을 받을 수 있다. 존중이**

란 쌍방향 도로다. 당신이 존경하는 사람은 실수를 하면 앞으로 나서서 공개적으로 그 실수를 인정하는가? 누구나 틀릴 수 있으며 실수는 일어나게 마련이다. 중요한 것은, 자신의 오류에 대해 투명한 태도를 유지하고 책임을 인정하는 태도다.

2007년 밸런타인데이, 노스이스트에 눈보라가 불어닥쳐 젯블루 항공사는 결항과 엄청난 연착 사태를 겪어야 했다. 고객들은 격렬하게 항의했다. 일부는 일주일 가까이 발이 묶였고, 엄청난 수의 짐이 분실되었으며, 수백 편의 항공기를 다시 예약해야 했다. 고객들뿐만 아니라 젯블루 직원들에게도 이는 엄청난 악몽이었다. 젯블루의 창업자이자 CEO인 데이비드 닐먼은 이때를 창립 7년 만에 맞은 최악의 한 주라고 이야기했다.

눈보라 사태를 맞은 직후, 닐먼은 젯블루 여행객들이 겪은 고난을 전부 자기 책임으로 돌리는 진정성 있고 인간적인 사과를 했다. 닐먼의 사과는 젯블루 홈페이지를 통해 온라인 영상으로, 또 전국 단위 신문에 전면광고로 송신됐다. "고객은 언제나 옳다"는 오랜 격언에 기초를 둔 이 사과에는 승객들에 대한 진정한 존중이 담겨 있었다.

닐먼은 결항과 연착을 날씨 탓으로 돌리지 않았다. 오히려 그는 문제를 인정하고 피해를 입은 사람들과 공감하며 무엇이 잘못됐는지 설명하고 새로운 젯블루 고객 권리장전을 발행하는 등 미래에 어떻게 달라질 것인지 열거하는 교과서적인 "내 탓" 성명서를 냈다. 아래는 닐먼이 발표한 사과문의 일부다.

승객 여러분과 여러분의 가족, 친구, 동료들이 겪은 불안과 좌절감, 불편을 저희가 얼마나 죄송하게 여기는지 이루 표현할 말이 없습니다. (중략) 젯블루는 사람들이 비행기 여행에 다시 매력을 느끼게 하고 비행 경험을 보다 행복하게 만들겠다는 약속 위에 설립되었습니다. (중략) 저희는 지난주 이 약속을 지키는 데 분명히 실패했습니다. (중략) 승객 여러분은 그보다 좋은, 훨씬 좋은 대접을 받으셔야 마땅합니다. (중략) 그런데 저희가 여러분을 실망시켜드렸습니다.

닐먼은 정상참작을 바랄 수도, 통제 불가능한 날씨를 탓할 수도 있었지만 그 대신 올바른 방향, 즉 승객들의 기분을 존중하고 사과하는 길을 택했다. 닐먼의 사과는 감정적 차원에서 승객들에게 깊은 울림을 끌어냈다. 진정성을 보임으로써 닐먼은 위기 속에서 오히려 승객들에게 더 깊은 신뢰를 얻어내는 데 성공했다.

내가 경력을 쌓으면서 목격한 리더십의 가장 강력한 순간 중 하나는 상급자가 하급자에게 사과하는 경우다. 심리학자 웨인 다이어 박사는 "옳은 일을 하는 것과 친절한 일을 하는 것 사이에서 선택해야 할 때는 친절한 일을 선택하라"고 말했다. 서로 자기 말만 맞다고 주장하는 동료들끼리의 전쟁터가 곧 직장이라면 존중을 실천하고 총체성을 추구하기 어려울 것이다. 우리는 아이들이 뭔가를 탓하고 비난을 회피할 때보다 어려운 순간을 통해 무언가 배울 때 성숙하다고 칭찬한다. 성인으로서 우리들도 이런 교훈을 기억해야 한다. 궁극적으로 중요한 건 누군가의 행동이 조직 공동의 목표와 핵심 가치에 도움이 되는지, 이로부터 벗어나는지 여부다.

트레이더 조는 그런 점에서 참고할 만한 기업이다. 트레이더 조는 고객들과의 약속을 지키는 것을 업의 본질로 삼는다. 정말로 필요한 순간에는 의무 이상을 해냄으로써 오랫동안 미국에서 가장 가장 높은 순추천고객지수NPS(회사를 다른 사람들에게 추천할 의향이 있는지에 대한 소비자들의 의향을 측정한 지수)를 받고 있다. 어떻게 이게 가능할까? 트레이더 조의 제일가는 핵심 가치는 황금률, 즉 "대접받고 싶은 대로 다른 사람을 대접하라"이다.

어느 12월 저녁 펜실베이니아에서 89세의 퇴역한 해군 장교가 혹독한 날씨 탓에 눈 속에 갇혀버렸다. 그의 딸은 한 곳이라도 아버지에게 음식을 배달해주기만을 바라며 해당 지역의 모든 식료품점에 전화를 걸었지만 소득이 없었다. 마침내 그녀는 트레이더 조에까지 손을 뻗었다. 전화를 받은 직원은 트레이더 조에서는 보통 배달 서비스를 제공하지 않지만 예외를 둘 테니 걱정하지 말라고 말했다. 30분 후, 식료품이 담긴 여러 개의 봉지들과 폭풍 속에서 생존하는 데 도움을 줄 만한 몇 가지 물건이 그 장교의 집으로 배달되었다. 정말 뜻밖이었던 건 비용이 무료였다는 사실이다. 직원은 그냥 "메리 크리스마스!"라고만 말했다.

트레이더 조는 도움이 필요한 사람을 도우면서 리더십 피라미드에 담긴 모든 진정성과 공감의 가치를 확실히 보여주었다. 제1의 가치관(대접받고 싶은 대로 다른 사람을 대접하라)을 지킴으로써 트레이더 조는 "와! 하는 순간을 만들어내라"라든가 "관료주의 척결" 등 회사의 다른 가치도 지켰다. 신용카드가 없다는 이유로 손님의 음료를 하수구에 부어버린 바텐더와는 달리, 트레이더 조의 직원은 경직된 규칙과 표준적인 운영 절차를 따르는 게 아니라 회사의 가치관에 근거해 스스로 결정을 내릴 권한이 있었다.

트레이더 조가 관료주의 척결을 내세우는 까닭은, 직원들이 올바른 일을 할 거라고 믿기 때문이다. 트레이더 조는 눈보라로 고립된 퇴역 해군 장교의 집에 식료품을 배달해주러 문자 그대로 '나타나' 그 핵심 가치를 상징적으로 실현했다.

작가이자 학자인 브레네 브라운은 "용기는 약속 장소에 나타나 다른 사람들이 우리를 볼 수 있게 하는 데서 시작된다"고 말했다. 세계에서 가장 존경받는 회사와 리더들은 지속적인 경제적 실적을 지속적인 도덕적 행위와 어우러지게 만든다. 그들은 약속한 장소에 나타나 일을 완수한다. 이는 말하긴 쉽지만 실은 전혀 그렇지 않은 일이다.

우리에게는 언제나 우선순위를 다투는 일들이 있다. 항상 뭔가가 벌어진다. 더욱이 브라운이 암시하듯, 우리는 가끔 어려운 대화를 할 준비가 되어 있지 않다거나 당황스러운 느낌을 받아 약속을 깨기도 한다. 하지만 어떤 경우이든 우리가 존중받고 싶은 만큼 다른 사람들을 존중해야 한다. 곁에 있겠다고 약속했다면 곁에 있어야 한다. 사람들은 기회가 있을 때마다 존중을 보여주고 약속 장소에 나타나며 가치관을 완수하려는 조직을 존중한다. 이것이 진정한 존중이며 리더십이다.

〈뉴욕 타임스〉의 칼럼니스트이자 베스트셀러 작가인 애덤 브라이언트는 콜럼비아대학에서 리더십 강좌를 맡아 가르치는 한편 미국 전역에서 리더십 강연을 한다. 그는 강연 중 청중에게 상관을 존중하는 사람이 몇 명이나 되는지 즐겨 묻는다. 보통 반도 안 되는 사람만이 손을 든다. 다른 조사에 따르면, 미국 직장인의 65퍼센트가 급료 인상보다는 상관의 교체를 바란다고 답했다.

이 얘기를 들었을 때 나는 한 동료가 언젠가 실리콘 밸리의 벤처 투자자에게 들었다며 전해준 말이 생각났다. 이직을 고민할 때 던져봐야 할 질문은 사실 한 줌뿐이라는 것이다. '이 사람들에게 애정이 느껴지는가?' '그 사람들에게 신경을 쓰고, 그 사람들이 나를 신경 쓰는 모습을 상상할 수 있는가?' '상관의 리더십 스타일을 존중하는가?' '상관도 나를 존중할 거라고 생각하는가?' 마지막으로, '동료와 상관, 직장에 대해 다른 사람들에게 자랑스럽게 이야기할 수 있는가?'

정말로 좋은 관리자와 리더들은 이런 질문에 대한 대답에서 비롯된 진정성과 기대를 존중한다.

할 수 있는 일과 없는 일을 구분하는 지혜

그녀는 머잖아 지혜롭고 합리적인 사람이 되기를 희망했다. 하지만 이럴 수가! 이럴 수가! 그녀는 아직 지혜로워지지 못했다고 스스로

146

에게 고백해야만 한다.   — 제인 오스틴

지혜는 중요한 것과 그렇지 않은 것, 덧없는 것과 영구적인 것, 옳은 것과 그른 것, 순진한 것과 사려 깊은 것을 구분하게 해준다. 지혜가 있으면 해결하기 어려운 문제들의 애매모호함에 갇히더라도 보다 나은 결정을 내릴 수 있다. 우리의 통제하에 있는 것과 통제 밖에 있는 것들을 구별하는 데도 도움이 된다. 지혜롭게 행동하려면 우리는 인생에서 부딪치는 문제에 완벽한 흑백의 해석이나 해결책이 있는 경우가 거의 없음을 인정해야 한다.

지혜는 기대와 균형 속에서, 진정성을 담고 시작된다

주님, 제게 바꿀 수 없는 것들을 받아들일 평정심과 바꿀 수 있는 것들을 바꿀 용기와 둘을 구분하는 지혜를 주소서. — 라인홀드 니버

일이 기대처럼 풀리지 않을 때 시도해볼 만한 유익한 방법을 소개한다. 우리 통제하에 있는 일 중 무엇이 다른 결과, 더 긍정적인 결과로 이어질 수 있었는지 아주 솔직하게 답해보는 것이다. 그렇게 함으로써 우리는 기대와 다른 결과를 낳았을지 모를 통제 불가능한 외부 요소들을 구분해낼 수 있다.

니버의 기도는 지혜라는 존재를 거의 완벽하게 정의해준다. 이 기도는 우리에게 총체성이라는 맥락에서 성공을 정의하는, 또 하나의 미묘한 층위를 제공한다. 여기서 성공이란, 우리 자신과 다른

사람들을 각자 보다 완전한 모습으로 만들고자 할 수 있는 모든 일을 다했음을 아는 데서 오는 자기 만족감을 뜻한다. 여기에서 주요한 세부 사항은 '할 수 있는 모든 일'이라는 문구다. 이 말은 우리의 통제하에 있는 모든 것을 의미한다.

우리의 통제 안팎에 있는 것이 무엇인지 알려면 진실과 기대를 구분해야 한다. 성공에 대한 감상은 우리가 자신이나 타인에게 걸었던 기대의 다른 표현이다. 잡으려고 노력해야 할 '줄'에 관해 보다 현실적인 기대를 가질 수 있다면 행복을 좀 더 잘 통제하는 것도 가능하다. 모든 일을 항상 절대적으로 잘해야 한다고 기대한다면, 다른 잣대로 쟀을 때는 정말 훌륭한 사람조차 계속해서 실망할 수밖에 없다.

금, 은, 동메달을 딴 올림픽 선수들의 상대적 행복감에 대한 유명한 연구는 이를 설명하는 데 도움이 된다. 1995년, 코넬대학 심리학자인 빅토리아 메드벡과 토머스 길로비치, 톨레도대학의 스캇 매데이는 올림픽에서 동메달을 딴 선수들이 은메달을 딴 선수들보다 행복해하는 경우가 많다는 점을 발견했다. 은메달리스트들은 금메달을 딸 수도 있었다는 생각과 금메달을 아쉽게 놓쳤다는 생각에 엄청난 실망감을 경험한다. 하지만 동메달리스트들에게 '반사실적 조건'은 아무런 메달도 따지 못하는 상황이다.

반사실적 사고는 '…하면 어떨까?' 하는 질문을 '…할 수도 있었는데'라는 시나리오로 고치는 일이다. 자아실현과 총체성의 확보는 우리가 자신에게 건 기대의 직접적 결과다. 승진이나 보너스를 예상했든, 새로운 예산을 기대했든, 사람들에게 기대를 품었든 말이다. 물론 뜻하지 않게 좋은 쪽으로 기대가 '어긋나면' 행복감이 몰려온다. 그러나 우리의 기대와 결이 다른 결과, 특히 아깝게 뭔가를 이루지 못했을 경우에는 자신감, 총체성에 깊은 상처를 남긴다.

그러므로 현실적인 기대를 파악하는 지혜를 길러야 한다. 현실적 기대는 우리가 다른 사람들에게 보다 공감적이게 되고 우리 자신은 물론 그들의 맹점에 대해서도 관대해지게 해준다. 또한 현실적 기대는 경멸감과 좌절감의 씨앗을 뿌리는 실망감을 피하도록 도와준다. 물론 현실적인 기대를 세우려면 조심스러운 균형 감각이 필요하다. 한편으로 우리는 사람들이 더욱 발전해 그들의 잠재력을 실현하도록 도와야 하고, 다른 한편으로, 우리는 높은 실적의 문턱에 닿지 못하는 이들을 응원해야 한다.

벤처 투자 업계에서 현실적 기대를 세우는 것은 목표와 예산을 계획할 때 가장 중요한 요소다. 나 같은 투자자들은 투자할 기업의 CEO들에게 나름대로 우선순위를 정하고 이사회가 성공을 계량할 수 있도록 구체적 측정치를 마련하라고 요구한다. 이때 우선적으로 보는 지표는 서면 계획안에 매년 설정되는 재정적 성과다. 나는 항상 CEO들을 목표를 달성 혹은 초과 달성하는 지점까지 밀어붙이는 것을 목표로 삼고 있다. 직접 추정해본 결과, 목표를 달성하거나 초과 달성하는 경우는 75퍼센트 정도였다. 실제 이상으로 해낼 수 있다는 믿음이 특별한 결과를 이끌어내는 추진력이 되기도 하는 만큼 이것이 꼭 나쁜 결과는 아니다. 다만 반복적으로 목표를 달성하는 데 실패하면 동기를 부여받기보다는 사기가 꺾이기 쉽다. 나는 대부분의 사람들이 나쁜 소식이나 수준 이하의 결과에 대처할 수 있는 건 일찌감치 현실적 기대를 설정하고 경로를 수정할 기회가 주어졌을 때라는 사실을 깨달았다.

우리는 매일매일 상당한 범위의 화해 불가능한 교환에 직면한다. 예를 들어보자. 실용주의와 이상주의 사이에서 최고의 균형점은 무엇인가? 단기적으로 필요한 것은 무엇이며, 보다 장기적인 노력에서 고려할 점은 무엇인가? 우리는 총체성에 도달하려고 노력할 때 감사와 평온을 느끼게 해주고 우리 자신의 결정과 성취, 전반적 목표에 만족하도록 해주는 균형점을 설정해야 한다.

균형을 추구하다 보면 흥미로운 질문이 떠오른다. 우리는 언제 야심을 따라야 하고 언제 타협해야 할까? 어쨌거나 지혜는 그런 상황에서 충분한 상황과 조금 더 밀어붙여도 좋을 상황을 구분하는 데 도움이 된다. 만족화satisficing 대 최대화maximizing라는 개념으로 노벨상을 수상한 정치학자 허버트 A. 사이먼의 연구는 바로 이 질문과 관계되어 있다. 심리학계는 사이먼의 연구 이래 행복감을 측정하는 지표로 만족화와 최대화를 사용하고 있다. 이때의 행복감을 우리 책에서 총체성이라는 말로 갈음할 수 있다.

사이먼의 개념은 상대적으로 간단하다. 그는 의사결정자의 유형은 만족화 추구자와 최대화 추구자, 단 두 종류밖에 없다고 가정한다. 이들의 차이를 보다 잘 이해하기 위해 길이가 3.55인치인 특정한 재봉틀용 바늘을 찾는 상황을 상상해보자. 불행히도 이런 치수의 바늘은 드물다. 보다 심각한 문제는, 문제의 바늘이 길이 1~5 인치짜리 바늘 수백 개가 쌓인 더미 안 어딘가에 파묻혀 있다는 사실이다. 이럴 때 만족화 추구자는 허둥지둥 바늘 더미를 파헤치다가 그럭저럭 쓸 만한 바늘(3.55인치에 가까운, 아마 3.25인치나 3.75인치쯤 되는 바늘)을 찾아낸다. 반면 최대화 추구자는 필요하다면 몇 시간 동안이라도 더미를 샅샅이 훑은 끝에 정확한 치수의 바늘을 찾아낸다.

만족화 추구자도, 최대화 추구자도 완벽한 의사결정자는 아니다. 어떤 경우에는 그럭저럭 괜찮은 해법만으로도 충분하고 어떨 때는 지독히 치밀해야 한다. 예컨대 재봉사들은 3인치 바늘로 거의 모든 의류를 수선할 수 있다는 고전적인 80/20 규칙을 따른다. 그러나 현수교를 설계할 때는 정확성과 정밀도, 최적화가 반드시 필요하다. 니버의 평온함의 기도가 일깨워주듯, 핵심은 두 상황의 차이를 아는 지혜를 갖추는 것이다. 다만 우리가 풀어야 할 문제는 대부분 현수교 형이 아니라고 할 수 있다. 가끔은 그런 방식으로 문제를 해결해야 할 것 같은 기분이 들지만, 사실 우리에게 주어진 과제는 대부분 얼추 비슷한 길이의 바늘을 사용함으로써 해결할 수 있는 80/20 문제들이다.

어려운 건 그다음이다. 예를 들어 야심찬 성격의 사람들은 모든 것의 결과를 최대화해야 한다는 압박감을 느낀다. 경험을 통해 나는 이런 압박감이 좌절감으로 끝나고 마는 경우가 많다는 것을 안다. 연구에 따르면 만족화 추구자들이 최대화 추구자들보다 행복하며, 보다 총체적인 느낌을 경험한다고 한다. 언제나 뭔가 더 해야한다는 생각에 완벽주의자들과 최대화 추구자들은 절대 만족하지 못한다. 따라서 적절한 균형감각과 판단, 별로 중요하지 않을 때는 타협책도 받아들일 줄 알지만 중요할 때는 조금 더 해낼 수 있는 방법을 찾는 편이 좋다.

만족화와 최대화를 추구해야 할 상황을 구분하는데 도움이 되는 한 가지 방법은 선택지를 줄이는 것이다. 《점심 메뉴 고르기도 어려운 사람들》의 저자 배리 슈워츠와 그의 동료 앤드루 워드는 행복 문제에 관해서는 소소익선少少益善이 진실일 수 있다고 말한다. 슈워츠와 워드가 밝혀낸 바에 따르면, 선택지가 증가할수록 행복에 이르는 관문의 수도 증가한다. 행복과 감사, 총체성을 경험하는 핵심 열쇠는 "이 정도면 됐다" 싶은 것이 정말로 충분히 좋다는 걸 깨닫는 데 있다.

새로운 노트북 컴퓨터를 사는 경우를 생각해보자. 거의 매달 속도가 빠르거나 화질이 더 선명하거나 배터리 수명이 길거나 하는 식으로 업그레이드된 모델이 나온다. 슈워츠는 모든 노트북을 하나하나 살펴보고 고민하기보다는 최대화 추구자인 친구에게 전화를 걸어 최근에 산 노트북 모델명을 물어보고 그 친구와 같은 것을 사라고 제안한다. 다른 선택지를 평가하겠다는 생각은 잊으라는 말이다. 이런 선택이 완벽한 선택일까? 아마 아닐 것이다. 그래도 그 정도면 충분할까? 물론이다.

좋은 사람이 되겠다고 결심하라

'에고-통합성'이라는 용어는 심리학자 에릭 에릭슨이 인간의 심리학적 발달 과정 중 마지막 단계를 설명하기 위해 만들어낸 말이다. 그에 따르면 우리는 삶의 후반기, 즉 65세 이후에야 삶을 완전한 형태로, 성공과 실패가 모두 담긴 있는 그대로의 모습으로 받아들이게 된다고 한다.

그런데 꼭 65세가 될 때까지 기다려야만 에고-통합성과 비슷한 상태를 달성할 수 있는 걸까? 보다 이른 시기에 이 단계에 도달할 방법은 없을까? 에고-통합성을 추동하는 가치, 즉 우리를 총체성이 있는 곳까지 밀어 올리는 데 도움이 되는 근저의 가치들을 실천할 수만 있다면 지혜를 탐색하는 속도를 올리지 못할 이유도 없지 않을까.

내게는 두 가지 인생 목표가 있다. 첫째 목표는 할 수 있는 한 빨리, 가능한 한 많이 지혜로워지는 것이다. 왜 70대, 80대, 90대가 될 때까지 지혜를 기다려야 하는가? 당신도 나처럼 생각한다면 최대한 빨리 철학과 위대한 정신적 전통을 연구하라. 보다 높은 차원의 힘을 믿지 않더라도 이런 가르침에는 배울 만한 교훈이 담겨 있다. 같은 이유로, 뭐든 배울 수 있는 것은 어디서든 언제든 배우도록 하라!

내 두 번째 인생 목표는 어린아이들에게서 공통적으로 나타나는 행복감과 경외감, 감사, 호기심을 기억하는 것이다. 이는 나이가

들면 들수록 특히 중요하다. 가만히 보면 인간은 인생의 처음과 마지막 5년 동안 모든 것을 이해하고, 그 두 기간 사이에 모든 시련을 경험하는 것 같다.

그렇지만 지금이라도 총체성을 향해 한 발 한 발 나아가는 건 가능하다. 이 책을 쓰려고 인터뷰를 하던 중, 디팩 초프라에게 가장 감사를 느끼는 일이 무엇인지 물었다. 그는 간단히 이렇게 대답했다. "존재하는 것입니다." 초프라의 또다른 말을 소개한다.

어린아이처럼 아무 이유 없이 행복해져라. 어떤 이유가 있어서 행복하다면 문제가 있는 것이다. 그 이유는 언제든 빼앗길 수 있으니 말이다.

초프라는 우리 모두가 존재, 관계, 경험, 소속감 같은 선물을 받았으며 우리는 이런 선물에 대해 적힌 순서대로 고마워해야 한다고 말한다. 그렇다면 행복감과 총체성을 달성할 실용적인 방법으로는 무엇이 있을까? 나는 바비 맥퍼린과 그의 노래 〈걱정 말아요, 행복해지세요〉에서 힌트를 얻어 이 무게감 있는 주제에 살짝 가벼움을 더했다. 아래는 우리를 총체성과 더 가깝게 해주는 일을 적은 나만의 '바비 리스트'이다.

1. **행복하고 총체적인, 좋은 사람들을 곁에 둔다.** 좋은 사람이 좋은 사람들을 만든다. 자신이 행복해야 타인도 더 행복하게, 더 만족

감을 느끼게 도와줄 수 있다. 주변에 좋은 사람들이 있으면 그들의 긍정적인 태도가 전염된다.

2. **외재적인 것보다는 내재적인 것에 집중하라.** 의미 있는 역할과 경험, 학습, 발전에 집중하라. 동년배가 다른 곳에서 벌고 있을지 모르는 돈보다 당신이 수행하는 의미 있는 역할과 당신이 배워가고 있는 것들에 집중하라. 데이비드 브룩스가《인간의 품격》에서 계속 강조한 얘기다. 이 책에서 그는 경쟁적이고 자격증 지향적인 우리 세대가 '이력서 상의 덕목'에 너무 많은 강조점을 두고, 인생이 끝날 때 기억할 만한 가치가 있는 내재적인 자질, 즉 '추도문 상의 덕목'에는 턱없이 부족한 시간만 들이고 있다고 주장했다. 맞는 말이다.

3. **가지지 못한 것에 신경쓰지 마라.** 낙관주의는 내가 아는 사람들 중 효율성이 가장 뛰어난 리더들의 공통된 특징이다. 당신은 행동하는 데 있어 에너지를 주는 사람과 빼앗는 사람 중 어느 쪽인가? 최고의 리더들은 장애물을 생각하기 전에 가능성을 열거한다.

4. **닥치는 대로, 또 의식적으로 친절하게 행동하라.** 다른 사람에게 더 많은 행복감이나 긍정적 태도를 전달할 수 있는가? 모르는 사람을 안아주거나 외로운 사람과 진짜 대화를 나누고, 도움이 필요한 게 분명한 동료를 도와줄 수 있는가? 닥치는 대로 하는 친절한 행동과 의식적인 친절한 행동에는 모두 나름의 역할이 있다. 후자를 성취하기 위해서는 우리의 도움이 필요한 사람

들에게 적절히 대응해야 한다. 언제가 됐든, 당신은 당신이 도와주면 성장할 수 있는 직장 동료의 이름을 떠올릴 수 있는가?

5. **글을 읽고 써라.** 생각을 글로 적으면 최소한 자아 성찰의 힘을 키우는 데 도움이 된다. 독서도 그렇다. 가능한 한 많은 책을 읽어라. 책 모서리를 접어놓고 메모를 휘갈겨 써라. 영감을 준 주제와 인용문을 기록해두는 일은 누구나 할 수 있다.

에이브러햄 매슬로의 욕구의 위계 이론에서 피라미드의 맨 꼭대기에는 자아실현의 욕구가 있다. 자아실현이란 사람들이 강렬하고도 초월적인 정상頂上을 경험하는 상태다. 총체성을 추구하는 사람들에게 자아실현은 궁극적 열망이며, 자신보다는 타인에게 해줄 수 있는 일과 관계되어 있다. 매슬로에 따르면 자아실현을 이룬 사람들은 주변의 현실을 받아들이고, 공동의 문제를 해결하는 데 참여하며, 타인을 도와주려는 개인적 책임감에 따라 움직인다.

총체성, 사랑, 자아실현은 경영보다는 철학이나 심리학 분야에서 보다 흔하게 발견되는 주제다. 우리는 직장에서의 일과 사적인 삶을 구분하라고 배운다. 리더십의 말랑말랑한 속성과 단단한 속성을 구분하는 것과 같은 방식이다. 하지만 이 속성들은 밀접하게 연관되어 있다. 그렇다면 기초적인 생존 및 안전 욕구에서 시작해 사랑과 존중, 자아실현이라는 인간적 욕구로 상승해가는 매슬로의 욕구 위계 이론이 경영과 리더십의 세계에만 예외일 이유는 없다.

경영의 세계에서는 사랑 같은 단어가 몰입 혹은 문화 같은 단어로 바뀌어 사용되는 경우가 많다. 자아실현은 '개인적, 전문적 발전'이라고 불린다. 하지만 이는 본질적으로 같은 의미다. 전문적 맥락에서 좀 더 수용하기 쉽도록 정치적으로 올바른 경영 용어와 완곡한 단어들을 사용해 표현하면 이 개념들의 본질은 희석되고 만다. 경영에 있어서든, 개인사의 맥락에 있어서든 공통적 욕구와 가치관은 존재한다. 조직에서도 인간적인 용어를 사용해 욕구와 가치관에 대해 이야기할 수 있다면, 우리는 위대한 변화를 일으킬 잠재력을 갖춘 더 많은 기업들을 만들어낼 수 있을 것이다.

총체성으로 가는 길은 타인은 물론 우리 자신에 대해서도 섣부른 예단을 피하고 방어적이지 않은 상태를 취하게 하는 진전이다. 이 길을 가다 보면 우리는 이미 가지고 있는 것, 이미 변화한 우리 자신의 모습에 감사하게 된다.

하지만 총체성을 향해 가는 여정이 평생 지속되는 것이라면 언제가 충분한지 어떻게 알 수 있을까? 성취에 만족감을 느낄 수는 있을까? 이 질문에 답하고자 나는 내가 가장 좋아하는 재즈 연주자 허비 행콕에게로 돌아가려 한다. 허비는 나에게 〈처녀항해〉라는 노래를 완성하고 마무리 지을 방법을 찾느라 고군분투했던 일을 설명해준 적이 있다. 이 노래는 그가 1965년 마일즈 데이비스, 론 카터, 토니 윌리엄스, 프레디 허바드, 조지 콜먼 등과 함께 녹음한 곡이다.

행콕의 말에 따르면 이 곡의 멜로디가 계속해서 시작 부분으로 돌아갔다고 한다. 그러다 어느 순간, 허비는 시작이 바로 끝임을 깨달았다. 내 생각에 총체성을 이루고 눈앞의 현실을 편안하게 느낀다는 의미를 이보다 더 잘 설명할 수 있는 방법은 없는 것 같다. 총체성은 완전한 원을 이루었다는 뜻이다. 총체성을 갖춘다는 건 진실과 공감을 가치 있게 여기고 실천한다는 뜻이다. 이것이 핵심이다. 이 때문에 우리를 한데 엮이고 연결되며, 함께 변화를 촉발할 수 있다. 총체성을 탐색하는 과정은 결코 완료할 수 없는, 끝없는 원정이지만 우리는 다른 좋은 사람들에게 영감을 불어넣어 이 여정을 물려줄 수 있다.

핵심 요약

- **리더는 타인에 대한 봉사라는 의무를 상기함으로써 총체성에 이를 수 있다.**
- **총체성의 추구는 끝나는 일이 절대 없는, 의도적이며 평생에 걸친 탐색이다.** 총체성은 리더십 피라미드에서 가장 높은 단계에 있다. 총체성을 달성하려면 사랑을 느끼고 존중을 실천하며 지혜롭게 행동해야 한다. 이 여정은 확실히 길고도 점진적일 것이다.
- **경영과 리더십이라는 맥락에서 사랑은 대체로 봉사의 문제다.** 행복한 직원이 곧 행복한 고객이다. 우리는 사랑이라는 마음가짐이 우리가 하는 일에 필수적이며, 우리와 함께 일하는 사람들은 우리가 희

생해 봉사할 가치가 있는 사람들이라고 믿어야 한다.

• 존중이란 쉽게 말해 언제나 예의범절을 지키는 것, 약속에 충실한 것이다.

• 지혜는 통제할 수 있는 것과 통제할 수 없는 것들을 구분하게 해주는 경험과 지식의 축적물이다.

2부

리더는 매일
평균대에 선다

BALANCING TENSIONS TO
ACHIEVE GOODNESS

1부에서는 좋은 리더의 조건을 논의하고 더 좋은 리더가 되기 위한 틀과 언어를 알아보았다. 이제는 앞서 소개한 내용이 현실 세계에서 어떻게 작용하는지 살펴보려고 한다. 좋은 리더가 되겠다고 마음먹고 실행에 옮기고 싶어도 삶에 내재되어 있는 어려움에 직면하면, 세상은 갑자기 훨씬 복잡한 곳이 된다.

　예컨대 사적인 목표뿐 아니라 회사와 직장 동료들의 목표 앞에서도 진실한 사람이 되고 싶다고 상상해보라. 사실상 자원은 제한되어 있고 우선순위는 서로 경쟁 관계에 있으며 시간은 한정적인데, 이들을 조화시킬 방법은 무엇일까?

　2부와 3부에서는 좋음Good과 좋은 리더Good Leader들을 실제 현실에 집어넣는다. 모든 사업 계획, 예산, 건축 청사진이 그렇듯 현실 세계는 훨씬 더 복잡하다. 모형과 스프레드시트만 가지고 기업을 관리하거나 운영할 수는 없다. **인생은 흑백으로 구분되기보다는 회색에 가까우며, 긴장과 도전으로 가득 차 있다.**

여기서 긴장이란, 추상적인 무언가를 현실로 만들려고 애쓸 때 발생하는 난관을 자신의 이상과 조화시키려고 시도할 때 직면하게 되는 대단히 일상적인 거래를 말한다. '좋음'을 현실에서 실천하는 것은 이론보다 훨씬 어렵다. 하지만 좋은 소식도 있다. 항상 우선순위에 따라 접근하고, 벤저민 프랭클린처럼 일상적인 습관과 연습의 도움을 받으면 현실과 이상 사이에서 균형점을 발견할 수 있다. 좋은 사람들의 주문과 리더십 피라미드에 새겨져 있는 가치관을 현실에서 구현할 때 벌어지는 다섯 가지 긴장은 다음과 같다.

1. **실용주의 대 이상주의.** 너무 성급하고 당치 않은, 지나치게 야심찬 꿈을 꾼다면 시간적 제약이나 자원의 부족 같은 현실에 부닥칠 가능성이 높다.

2. **단기주의 대 장기주의.** 단기적 이익과 해법, 만족과 결혼이라도 한 것 같은 오늘날의 세상에서 장기적 관점을 취하려면 인내심이 요구된다.

3. **불안 대 신념.** 노력과 자신감은 할 만한 가치가 있는 모든 일에는 어느 정도 위험이 따른다는 망설임과 균형을 맞추어야 하는 경우가 많다.

4. **개성 대 연결성.** 우리는 공통적 인간성과 우리 자신의 성격

및 행동에 깃든 독특한 특징이나 불완전함, 개성 사이에서 균형을 찾는 방법을 배워야 한다.

5. **투지 대 수용**. 나아감과 물러섬을 나누는 선은 어디일까?

리더는 매일 평균대에 선다. 실용주의와 이상주의 사이에서 갈팡질팡하고 있는가? 그렇다면 실용주의적인 이상주의자가 되려고 노력하라. 단기주의와 장기주의의 인력引力을 해소하고 조바심 날 만큼 인내심 강한, 끈기 있는 기회주의자가 되라. 불안과 신념 사이에서 갈피를 잡지 못하고 있는가? 경험은 편안한 중간 지대가 어디인지 보여줄 것이다. 또한 개성과 연결성 사이의 중간점을 찾을 필요가 있다. 그 균형점 위에 선다면 다른 사람들도 당신을 다차원적인 사색가, 혹은 계속해서 다른 사람과의 연결을 유지하려는 독특하고 아름답고 특이한 친구로 느낄 것이다. 마지막으로 투지와 수용 사이에서 벌어지는 갈등을 조정할 수 있다면 우리는 보다 지혜로우면서도 총체적인 사람으로 거듭날 수 있다.

R.I.S.E.: 균형 잡힌 의사결정을 위한 접근법

2부에서는 현실과 이상 사이의 긴장을 관리하는 실용적인 방법도 함께 살펴본다. 우리가 성취하려고 애쓰는 것은 단일

한 해답이 아니라 여러 긴장 사이의 균형점이다. 균형은 다음과 같이 정의할 수 있다.

균형.
누군가, 혹은 무언가가 안정성을 유지하게 해주는 고른 분배.
여러 요소들이 동등하거나 적절한 비율로 있는 상태.

긴장을 해결할 만능열쇠는 없지만, 이런 딜레마를 지속적으로 다룰 도구를 가지고 있으면 균형 잡힌 결정을 내릴 때 도움이 된다. 이 접근법을 나는 R.I.S.E.라고 부르는데, 이는 효과적이고 균형 잡힌 의사결정을 위한 데이터에 기반한 **인식하기**Recognizing, **내면화하기**Internalizing, **공유하기**Sharing, **실행하기**Executing를 뜻한다.

인식하기 Recognize

자신이 처한 상황을 깨닫고 있는 그대로 직시한다. 현실적 위험과 결과를 평가하고 현실적 기대를 세운다. 어려운 결정을 내릴 때는 망설여지는 게 정상임을 깨닫는다. 대체로 적절하고 균형 잡힌 해답을 찾는 데 집중한다. 존재하지 않는 완벽한 답을 찾느라 에너지를 소비하지 않는다.

내면화하기 Internalize

상황을 깨닫고 헤아려보는 일과 그 상황을 완전히 내면화하는 일은 전혀 다르다. 내면화란 정보를 손에 잡힐 듯 이해하는 직관적이고 무의식적이며 타고난 능력을 통해 그 상황을 자연스럽게 느낀다는 뜻이다. 그러려면 영화를 보듯 머릿속으로 결정의 각 단계를 끝까지 밟아보고 '만약 …한다면' 어떤 일이 있을지 잠재적 결과들을 탐구해야 한다. 그런 다음에는 영화를 앞뒤로 돌려 보며 원하는 결과로 이어질 결정 단계들을 더욱 선명히 살핀다. 그 상황을 성찰하고 내면화할 시간과 공간을 스스로에게 허락한다.

공유하기 Sharing

일단 문제와 그 문제의 맥락을 내면화했다면, 멘토와 신뢰하는 친구들, 정신적 지주 등 좋은 사람들로 이루어진 소집단에 그 상황을 공유하라. 이렇게 하면 놓쳤을지 모르는 것들을 발견하고 다른 렌즈를 통해 문제를 바라봄으로써 더 깊은 통찰력을 얻을 수 있다. 어떤 결정은 즉각적 행동을 필요로 하지만, 중요한 결정일수록 존중하고 신뢰하는 사람들의 의견과 자문을 곁들여 신중하고 조심스럽게 숙고해볼 가치가 있다.

실행하기 Execute

확신을 가지고 실행할 시간이다! 일단 결정을 내렸다면 왜 그런 결정을 내렸는지 이유를 적어놓되, 그 이유와 결정 과정 이면의 핵심적 내용들을 포함시켜라. 이는 미래에 자기 인식과 학습을 가능하게 하는 핵심적 참고서가 된다. 하겠다고 말한 것을 하되 필요하면 계획을 다시 조정하고, 그 결과가 펼쳐지면 다음번에는 무엇을 달리 할 수 있을지 살펴본다.

R.I.S.E. 접근법은 균형 잡힌 의사결정을 해야 하는 매순간 유용한 도움을 줄 것이다. 스트레스가 심한 갈등 상황에서 믿음직한 방법을 가지고 있는 것만으로도 감정적 부담을 더는 데 도움이 된다. 단, 이 의사결정 방법은 경직된 처방이 아니다. 갈등의 균형점을 찾는 데 도움이 되도록 논리적 방식으로 나열한 일련의 과정이라는 점을 명심하라.

6장

실용주의 대 이상주의

행위가 빠진 이상주의는 그저 꿈일 뿐이다.
하지만 실용주의와 동맹을 맺은 이상주의, 소매를 걷어붙이고
세상이 약간이나마 허리를 숙이게 만드는 이상주의는 대단히 흥미진진하다.
그런 이상주의는 매우 현실적이다. 아주 강하다.

— 보노

스물네 살 때 나는 3년째 스위스 다보스에서 열리는 세계경제포럼 WEF의 일원으로 참여하고 있었다. 매년 수많은 고위 인사들이 몰려들기에 WEF에서는 연례 회담 때 VIP 참석자들에게 지원들을 붙여준다.

싱가포르 총리 리콴유의 수행원 겸 WEF 측 대리인 업무를 배정받았을 때 나는 평생 최대의 임무를 맡은 것이라 생각했다. 이 기회가 유독 흥미진진하게 느껴진 이유는 내가 하버드대학에서 싱가포르의 성공을 깊이 연구했으며, 나의 멘토 쑨얏도 싱가포르 출신이었기 때문이다. 나는 리콴유 총리를 이전부터 존경해왔다. 물론 다소 논란의 여지가 있는 정책을 펼치긴 했지만, 리콴유는 싱가포

르를 아시아의 경제 발전소로 끌어올렸다. 나는 리콴유를 직접 만나기 전까지는 그가 실용주의와 이상주의 간의 긴장을 대단히 효과적으로 조율할 줄 아는 사람이라는 사실을 알지 못했다.

많은 사람들은 리콴유를 현대 정치사에서 가장 훌륭한 관료라고 평가한다. 그는 싱가포르라는 초소형 도시국가를 세계의 주요 선적항이자 아시아의 호랑이 중 하나로 변모시킨 인물이다. 나는 임무를 배정받은 지 얼마 안 되어 그의 비서에게 특이한 요청을 받고 세부 사항에 대한 총리의 치밀함을 알게 됐다. 예를 들어, 그는 보안전화를 두 대 주문했는데, 그중 한 대에는 전화가 오면 깜빡이는 기능이 있어야 했고 두 전화는 서로 떨어진 호텔 방에서 정확히 같은 시간에 울려야 했다.

직전의 두 해 여름을 WEF에서 일했으므로 자세한 의전용 바인더나 여행 일정표가 낯설지는 않았다. 그러나 세부 사항에 대한 총리의 관심은 어안이 벙벙할 지경이었다. 그의 자료에는 자동차에서 호텔 문까지 가는 걸음 수, 선호하는 실내 온도, 보안 절차, 세밀한 비상 대책에 관한 정보가 포함되어 있었다. 이 짧은 여행 중 몇 차례 총리 옆자리에 동승할 기회가 있었는데, 그때 그의 끝없는 호기심에 놀랐다. 그는 이렇게 말하곤 했다. "토니, 산꼭대기에 있는 저 막대들이 무슨 용도인지 아나? 눈사태와 관계된 걸까?" "이번 세계경제포럼 회의에서 관리하는 자동차는 몇 대고, 하루에 파견되는 건 그중 몇 대인가?" "여기 다보스에서 일하는 직원은 몇 명인가?" 그는 수많은 질문을 던졌다. 그중에는 내가 답을 모르는 질문도 아주 많았다. 똑똑하고 아는 게 많은 것처럼 보이고 싶은 마음은 굴뚝같았지만 나는 그에게 잘못된 답을 들려주는 것이 끔찍한 실수가 되리라는 확신이 들었다.

이제 고인이 된 총리는 내가 여태 만나본 그 누구보다도 실용주의와 이상주의 사이에서 균형을 잘 잡았다. 2015년 그가 사망했을 때, 수많은 부고와 헌사는 리콴유를 상냥한 독재자로, 혹은 〈가디언〉지의 표현을 빌리자면 '권위주의적 실용주의자'로 묘사했다. 권위주의는 싱가포르를 능력주의, 다문화주의, 다인종주의, 만인을 위한 경제적 독립성 등을 갖춘 세계적 도시국가로 변화시키겠다는 리콴유의 꿈에서 비롯된 결과물이었다. 이런 이상을 성취하고자 리콴유는 엄청난 권력과 통제력, 영향력을 휘둘렀다. 그는 날카로운 비판의 잣대를 가지고 있었으며, 자신의 지도 원칙을 따르지 못하거나 싱가포르 법을 어긴 사람들을 절대 용서하지 않았다. "우리 서구인들은 싱가포르가 번영을 달성한 방법에 불만을 품을 수 있다. 하지만 싱가포르의 성취는 비판의 목소리를 자아지게 만든다." 미국인 저널리스트 톰 플레이트의 글이다.

리콴유의 성취는 부정할 수 없다. 그는 사실상 무범죄, 실업률 0퍼센트, 세계에서 가장 높은 저축률을 갖춘 도시를 만들어냈다. 리콴유는 사회를 사람들에게 적응시키는 게 아니라 사람들을 사회에 적응시키는 것이 자신의 책무라고 믿었다. 그는 쓰레기 투기나 성매매를 체벌로 다스리고 불법 약물 소지에 사형을 선고해서 가혹한 비판에 직면했다. 하지만 이런 정책의 중심에는 일련의 유교적 가치관과 이상을 따르는, 대단히 자신감 있고 자기 인식이 강한 리더십이 있었다. 리콴유는 사회가 개인의 권리를 존중하고 기려야 한다고 생각했지만, 그러느라 사회 자체를 희생시켜서는 안 된다고 믿었다. "국가가 당신에게 무엇을 해줄 수 있는지 묻지 말고, 당신이 국가에 무엇을 해줄 수 있는지 물어라"라는 케네디의 격언을 리콴유 식대로 풀이한 셈이다.

꿈이 이끌도록 해야 한다

좋은 리더가 현실에서 부딪치는 다섯 가지 긴장 중 첫 번째는 '실용주의 대 이상주의의 긴장'이다. 이상주의자는 섣부르고 지나치게 야심찬 꿈들을 자신의 인간관계나 조직에 심고 싶어 한다. 반면 실용주의자는 이상주의자들의 꿈을 현실이라는 잣대를 끊임없이 땅으로 끌어내린다. 필연적으로 둘은 긴장을 형성할 수밖에 없다.

이 긴장은 리더십 피라미드를 구성하는 기초적 가치관들을 뒤흔든다. 우리는 진정성과 공감을 실행하고 총체성을 얻고 싶어 하지만, 현실 곳곳에는 장애물과 과속 방지턱이 산재해 있다. 이상주의와 실용주의는 서로 관심을 받고 지배력을 얻고자 싸움을 벌이는 부부와 닮았다. 둘 다 상대에게 내줄 것은 별로 없다.

이런 긴장이 가장 흔하게 등장하는 곳은 어디일까? 기업에서는 한 회사의 비전을 평가할 때나 중요한 채용을 할 때, 이직을 고민할 때, 혹은 우리가 이상에 안주하는 것일지 모른다는 공포를 느낄 때 이런 긴장을 느낀다. 이상주의와 실용주의의 싸움은 특히 시간 제약이 있는 일을 처리할 때 쉽게 벌어진다. "우리는 이상적인 팀장의 프로필이 어때야 하는지 알고 있으며, 이 프로필을 만족시키는 사람이 저 바깥 어딘가에 있다는 것도 압니다. 그냥 딱 맞는 후보자를 찾을 때까지 기다릴 시간이 없을 뿐입니다" 하는 식이다. 이런 긴장은 비인사적 결정을 내릴 때도 나타난다. 예컨대 제품을 개발할 때, 이상적인 디자인이나 사용자 경험이 준비되어 있는데 시간이나 예산상의 제약 때문에 어쩔 수 없이 이상에 못 미치는 판단을 내려야 할 때가 있다. 그럴 때마다 이런 질문을 던지는 게 중요하다. "우리는 어느 지점에서 타협해야 할까?"

하지만 리콴유가 보여주듯, 실용주의와 이상주의는 사실 생산적 긴장 속에서 서로를 보완한다. 이상주의와 실용주의를 기운 빠지게 하는 긴장 관계로 보지 말자. 오히려 건강한 대립은 궁극적으로 균형과 긍정적 협력, 공존으로 이어질 수 있다. 평형과 균형을 추구하는 것은 타협과 굴복과 다르다. 타협은 고통스러운 교환과 양보를 암시하지만, 균형은 생산적 평형에 도달할 수 있는 능력을 시사한다.

실용주의적 이상주의자는 비전과 실행 사이의 얽히고설킨 긴장과 균형을 중시하며 이상과 현실의 대립이 잘못된 이분법이라고 생각한다. 사실 이 둘의 긴장은 생산적 긴장이다. 이상주의와 실용주의는 링에 올라 서로 다투는 적이 아니라 협력자다. 여기 오래된 농담이 있다.

철학의 제1원칙: 모든 철학자에게는 반드시 정반대 입장을 취하는 동급의 철학자가 있다.
철학의 제2원칙: 그들은 둘 다 틀렸다.

비전과 현실은 동전의 양면이다. 가치를 만들어내려면 균형을 잡아 동전을 세워두어야 한다. 모든 동기는 꿈이나 비전에서 시작되며, 파격적인 아이디어는 계속해서 모든 회사의 최우선 목표이다. 하지만 이미 자리 잡힌 일들을 관리하고 실행하는 동시에 비전을 실행하고 지속적으로 혁신하며 완전히 새로운 아이디어들을 밀어붙이는 게 가능할까? 이 경우, 비전은 이상주의를 대표하고 현실은 실용주의를 대변한다. 이는 기업을 설립할 때, 특히 초기 단계에서 나타나는 보편적 긴장인지도 모른다.

그렇다면 비전과 현실의 균형을 잡는 최선의 방법은 무엇일까? 첫째, 꿈이 이끌도록 해야 한다. 마음, 비전, 영혼, 목표 의식, 가치관, 이상주의 무엇이라 부르든 비범한 일이 일어나도록 만들어주는 시발점은 항상 꿈이다. "주변의 모든 것과 비슷해 보이는 비전을 세우자"는 선언이 위대한 성취로 이어진 경우는 거의 없다. 사람들은 언제나 이상과 꿈을 품는다. 그런 다음에 그 공을 굴릴 방법이 무엇인지 생각한다.

하지만 아무도 당신의 여정에 함께할 수 없을 만큼 너무 앞서 있거나 지나친 이상주의자가 되어서는 안 된다. 균형이 필요하다. 전 영부인인 로잘린 카터는 이런 말을 했다. "리더는 사람들이 가고 싶어 하는 곳으로 그들을 데려다줍니다. 위대한 리더는 사람들이 반드시 가기를 원하지는 않지만 가야만 하는 곳으로 그들을 데려다줍니다." 미국흑인지위향상협회NAAC 협회장 벤저민 후크의 말은 카터의 통찰에 균형을 잡아준다. "누군가를 이끌고 있다고 생각했는데 뒤로 돌아보니 따라오는 사람이 아무도 보이지 않는다면, 그건 그냥 산책일 뿐이다."

잠시 시간을 들여, 살면서 만난 사람들 중 대처할 수 없는 문제들을 정복하고 자신의 비전을 실현시키겠다는 충족 불가능한 욕망에 따라 움직이는 사람들을 생각해보자. 그들은 자기가 원하는 세상을 상상할 용기를 갖추고 있다. 그들은 힘과 자원이 미치는 한, 성공에 필요한 최적의 조건을 만들어내기 위해 무슨 짓이든 한다. 자신의 목표와 비전을 위해 사람들을 끌어들이는 데도 인내심을 발휘한다. 그들은 우리 삶에 큰 영향을 미치는 문제들에 달려들곤 한다. 예컨대 '모든 아이들이 자원과 교육에 평등하게 접근할 수 있다면 과연 우리는 점점 넓어지는 부의 격차를 역전시킬 수 있을까?'라든가 '사람들을 교도소에 가둬버리는 것 말고 대안은 없을까?'라든가 '기업이나 경영대학교가 사회에 좀 더 긍정적인 영향을 미칠 방법은 뭘까?', '사람들이 자기가 할 수 있다고 생각하는 것 이상을 해내게 도와줄 방법은 뭘까?' 같은 질문들 말이다. 우리에게 영감을 불어넣는 사람들, 우리가 사랑하고 존경하는 사람들에게는 강력한 목표 의식과 확신이 있다. 그들이 우리의 존경을 받는 이유는 우리가 새로운 현실에 이르도록 도와줄 방법을 생각해내기 때문이다.

엘리너 루스벨트의 말을 빌리자면, "미래는 자기 꿈의 아름다움을 믿는 사람들의 것이다." 이 말은 내가 가장 좋아하는 인용구 중 하나로, 꿈과 실현 사이의 공생 관계를 잘 설명해준다. 이 문구는 모든 비전이 우리 자신과 다른 사람들에게 영감을 불어넣어 실제적 행동을 취하게 하는, 무언가 더 큰 것에 대한 믿음에서 시작된다는 점을 상기시킨다. 커다란 일들이 일어나기를 바란다면 반드시 더 큰 꿈을 꾸어야 한다.

그렇다면 우리 내면의 진짜 꿈을 알아내는 방법은 무엇일까?

당신의 초능력은 무엇인가

"원대한 비전을 세워라. 그런 다음 목표 의식을 갖고 앞장서라." 실전에서보다는 이론에서 훨씬 쉬운 말이다. 모든 위대한 회사의 토대에는 어떤 기업이 되어야 하는가에 대한 창립자의 비전이 깔려 있다. 무엇을 바꾸고 싶은가? 무엇을 만들어내고 싶은가? 당신이 꿈꾸는 이상적인 세상은 어떤 모습인가? 이런 비전을 갖춘 다음에는 반드시 목표 의식을 이해해야 한다. 비전 뒤에 있는 '왜'를 전달하는 방법을 배워야 한다.

오스트레일리아 원주민 문화에 따르면 성년을 맞은 소년들은 황야에서 여섯 달을 보내야 한다. '산보'라고 불리는 오지 여행은 소년들이 자신을 이루고 있는 요소들을 깨닫는 것뿐만 아니라 이들이 조상을 기리고 그들과 다시 연결을 맺는 데도 도움이 된다. 산보는 오늘날까지도 오스트레일리아 오지에서는 계속되고 있는 풍습으로, 새로운 세대의 원주민 소년들이 생존하기 위한 실용적 기술을 개발하는 동시에 깊은 성찰을 경험하도록 해준다.

내게 산보 이야기를 처음으로 들려준 사람은 기업가 정신에 관한 패널 토론에 함께 참여했던 인물로, 그는 우리 꿈을 찾는 데도 산보 같은 방법을 활용하자고 제안했다. 자기 인식이 있으면 기업가들의 내면에, 즉 열정, 능력, 적성, 기회가 열을 맞춰 목표 의식과 의미를 만들어내는 바로 그곳에 자리 잡은 비전을 조명하는 데 도움이 된다.

닉 크레이그와 스캇 스누크의 〈하버드 비즈니스 리뷰〉 기사인 "목표 의식에서 영향력까지"에는 리더십 이면의 목표 의식을 알아보는 데 도움을 주도록 고안된 질문들이 담겨 있다. 사업과 삶에서의 목표는 한 가지여야 한다. 인간으로서의 자신이 누구인지, 또 누가 되고 싶은지 등 본질을 포착하는 총체적이고 모든 것을 아우르는 정체성이 있어야 한다는 말이다.

다음의 세 가지 질문은 당신이 평생 가져갈 강점, 가치관, 열정을 발견하는 데, 다시 말해 당신에게 활력을 불어넣고 기쁨을 가져다주는 목표 의식을 발견하는 데 도움을 준다.

- 세상이 이래라저래라 간섭하기 전, 어린 시절에 특별히 좋아한 활동이 있는가? 그런 기쁨을 경험했던 순간과 그때의 느낌을 설명해보라.
- 살면서 경험했던 가장 어려운 일 두 가지를 이야기해보라. 그 일들은 지금의 당신을 만드는 데 어떤 역할을 했는가?
- 현재 당신이 즐기는, 당신을 가장 행복하게 하는 일들은 무엇인가?

나는 이 목록의 첫째와 셋째 질문을 보완하는 네 번째 질문을 추가했다.

- 당신이 다른 사람들보다 선천적으로 잘하는 일은 무엇인가? 즉, 당신의 초능력은 무엇인가?

나는 좋은 사람을 찾을 때면 이 질문을 던지거나 최소한 이 질문에 대해 생각해본다. 처음에는 이 질문이 '좋음'은 경쟁력보다는 성품이나 가치관이 지닌 특징의 문제라는 앞의 주장과 상충되는 것처럼 보일지도 모른다. 어쨌거나 초능력 이야기는 경쟁력 쪽으로 편향돼 있는 게 아닌가? 하지만 뛰어난 기술과 재능은 결코 나쁜 게 아니라는 점을 기억해야 한다. 내 말은 그 두 가지가 유일하게 중요한 요소는 아니라는 것뿐이다.

초능력에 관한 질문은 사람들이 상대적 기준에서 자신의 강점을 자세히 돌아보도록 요구한다. 사실 이 질문을 받은 사람들은 대부분 즉시 특정한 기술이나 경쟁력에 초점을 맞췄다. 그러나 가끔은 이 질문을 받은 사람이 자신이 실천한 한 가지 혹은 일련의 가치관에 관한 보다 심오한 대화를 시작하기도 했다. 그럴 때면 나는 항상 기쁨을 느낀다. 다시 말하지만 이런 논의는 하는 것만으로도 좋은 성향을 가진 사람들을 선택하는 데 도움이 된다.

이 같은 형태의 자아성찰은 새로 뭔가를 시작한 사람이나 이직을 경험한 사람들에게만 관계된 것으로 보일지도 모른다. 하지만 정기적인 내면적 산보는 모두에게 유용하다.

우리는 시간이 흐름에 따라 목표 선언문이 진화하기를 기대해야 한다. 특히 우리 자신이 성장하면서 일에 깊이와 미묘함, 의미가 가중될 때는 더욱 그렇다. 깊은 성찰은 우리의 가치관이 압력과 갈등에 어떻게 반응하는지 살피도록 도와준다. 매년 열리는 큐볼의 사외 회의는 그런 성찰을 위한 대단히 값진 행사다. 경영을 하다 보면 사람들은 일에 파묻힌 나머지 '뭔가에 대해' 시간을 들여 생각해보기를 게을리하기 십상이다. 사적인 삶에서도 마찬가지다. 한 발 물러나 우리가 열망하는 더 큰 목표를 돌아보지 않고 계속해서 '뭔가에 파묻힌 채' 살아간다면 보다 완전한 본연의 모습을 찾으려는 여정이 지체될 수밖에 없다. 지금 잠깐이라도 멈춰 명상해보라. '내가 이룩하려는 목표는 무엇인가?'

크레이그와 스누크가 제기한 세 가지 질문을 활용하든, 나의 초능력 질문에 집중하든 일단 성찰을 했다면 목표 선언문을 만든 다음 신뢰하는 사람들에게 두루 읽힘으로써 당신의 목표 선언문이 다른 사람들도 참여할 수 있는 정도의 것인지 확인하라. **우리의 꿈은 다른 사람들이 공감할 수 있는 수준이어야 한다. 행렬에서 너무 먼 곳까지 앞서 가서는 안 된다. 단, 목표 선언문은 절대로 업계 용어로 가득 찬, 수백 장의 밋밋한 기업 사명 선언문처럼 읽혀서는 안 된다.** 아래 제시한 두 가지 목표 선언문의 차이를 생각해보라.

- 타인의 성장에 도움이 되는 자문을 제공하는 한편 계속적 지도와 끊임없는 발전을 통해 시장에서의 혁신을 선도하고 새로운 시장 지분을 확보한다.
- 타인에게 결연히 헌신하여 혼란을 제거하고 탁월함을 만들어 낸다.

사람들이 대부분 첫 번째보다는 두 번째 목표 선언문의 간결함에 반응할 것이다. 목표 선언문은 활력을 불어넣는 꿈의 선언문이자 내면의 자아를 표현하는 선언문이 되어야 하지만, 동시에 실용주의적 이상주의에 뿌리 내리고 있어야 한다.

간단명료한 비전의 힘

　새로운 기업에서든, 이미 자리 잡은 기업에서든 타인이 참여할 수 있는 공동의 가치관을 설정하는 일이야말로 꿈이 뿌리 내리게 하는 핵심이다. 이때도 그냥 그럴싸한 단어만 나열해선 안 된다.

　당신이 속한 조직의 문화를 반영하고 일관적인 언어를 사용해 의미가 무엇인지 꼭 맞게 정의해야 한다. 최근에 본 기업 중에서 가장 만족스러운 목표 선언문의 사례로 점프컷이라는 스타트업을 들고 싶다. 이 회사는 마치 영화처럼 느껴지는 온라인 강좌를 만든다. 우리는 이 회사가 사업 초기 단계에 있을 때 기업 평가를 실시했다. 점프컷의 프레젠테이션을 들었을 때도, 듣고 나서도 나는 이 회사의 다섯 가지 핵심 가치에 크게 놀랐다. 그 내용은 다음과 같다.

- 사람들의 성장을 돕는다. 다른 사람들이 매일 조금씩 나아지도록 협력한다.
- 벽에 부딪쳐본다. 어려운 일이 있어도 피하지 말고 가장 먼저 목표로 삼는다.
- 나쁜 아이디어 환영. 금덩어리를 찾으려면 똥 더미를 헤치고 나아가야 한다.
- 웃음거리가 되어도 괜찮다. 다만 불평하지 말고 해결하라.
- 자기가 한 일에는 이름을 적어둔다. 우리가 하는 모든 일은 이

름을 써놓고 싶을 만큼 솜씨가 빼어난, 일종의 예술품이 되어야 한다.

나는 이들의 비전이 가진 진정성이 아주 마음에 들었다. 자신의 가치관을 포착할 딱 맞는 언어를 사용하겠다는 점프컷의 씩씩한 노력을 보니 강력한 가치관에 따라 움직이던 자포스의 문화가 떠올랐다.

자포스와 일할 때, 나는 직원들에게 회사의 가치관을 설파하는 데 상당한 시간을 보냈다. 직원들은 모두, 특히 첫 번째 핵심 가치인 "'와!' 소리가 나오는 서비스를 제공할 것"에 대해 할 말이 있었다. WD-40도 비슷하다. 이 회사의 첫째 가는 핵심 가치는 "옳은 일을 하라"이다. 단순명료한 가치관은 그 누구든 기억하고 참여하기 쉽다. 그러나 더 중요한 건 조직 구성원들이 이 가치관을 자신의 업무에 녹여내고 실천했다는 사실이다.

당신의 조직에서 가장 중요한 가치관을 다섯 개에서 일곱 개가량 선택해보라. 무엇보다 중요한 목표를 숙고해보고, 과거의 경험을 통해 정리해보라. 그런 경험들을 성찰할 때 당신의 삶과 기업의 역사에서 가장 중요한 건 어떤 사람과 사건들인가? 이런 것들을 생각해보면 당신만의 가치관을 찾는 데 도움이 된다. 바로 이렇게 정리된 비전이 타협 불가능한 당신만의 진정성이다.

비전은 당신에게도, 당신 조직에도 정말로 중요한 것이어야 한다. 비전이야말로 혼신의 힘을 다해 실현해야 하는 무엇이기 때문이다. 궁극적으로 비전은 오직 행위를 통해서만 강화된다. 긴장 상태에서 균형을 잡을 때면 일상적 습관과 공유된 경험, 회의會議가 비전을 실어 나르는 배가 된다. 의심이 들거나 균형을 맞추기 힘든 순간에 필터이자 우선순위가 되는 건 다름 아닌 그 회사의 비전이다. 다만 개인 차원의 리더십 선언문이 시간에 따라 바뀔 수 있는 것처럼 회사의 비전도 기업의 기나긴 생애 주기를 겪으며 정련될 수 있다. 그렇기는 하지만, 비전의 이면에 깔려 있는 핵심적 의미만큼은 안정적으로 의사결정과 문화 형성에 유용한 지침이 된다.

내가 만약 싱가포르의 지도자라면

직장에서든 삶에서든 가장 중요한 건 우리 꿈을 떠받치는 비전을 직시하는 것이다. 장기적 행복과 성공을 만들어내고 싶은가? 그렇다면 장기간 흔들림 없이 견딜 게 틀림없는 것들에 집중해야 한다. 올바른 비전으로 뒷받침된 올바른 목표 의식만 있어도 꿈은 거의 실현된 것이나 마찬가지다.

창업이라는 여정에는 반드시 전략과 실행의 왈츠가 동반돼야 한다. '기업이 지금 당장 실행해야 하는 일들의 현실을 마주하는 동시에 다음 단계의 성장을 이룩하려면 자원을 어떻게 분배해야 할까?'라는 질문은 아마도 리더들이 맞닥뜨리는 가장 흔한 문제일 것이다. 리더들은 계속해서 회사를 다음 단계로 밀어붙이는 동시에 매일같이 기업의 운영 계획을 실행하는 데 필요한 긴급한 업무들을 처리해야 한다.

"토니, 나도 브랜드 작업을 재고해봐야 하고 새로운 요소들을 긴급히 투입할 필요가 있다는 건 알아. 누구라고 안 그러고 싶겠나? 하지만 이미 운영하고 있는 가게 일곱 곳은 어쩌란 말이야?" 이런 질문에 답하려면, 우리는 최초의 비전을 돌아보며 우리가 신뢰하는 사람들에게 자문하고 논리적 의사결정 접근법을 활용해야 한다. 가끔은 기업의 비전이 불가피하게 현실과 절충되어야 할 것처럼 보이기도 한다. 이런 경우, 자기 인식을 갖춘 리더들은 스스로에게 두 가지 질문을 던져본다. '우리는 비전에 부응하고자 진정으로 최선의 노력을 기울였는가?' '비전을 유지하면서 이를 실현할 충분한 시간적 여유를 두었는가?'

시간적 틀만 준수한다면, 절대 양보하지 않을 무언가를 설정하는 행위 자체에는 아무 문제가 없다. 뒷장에서 단기주의와 장기주의 사이의 긴장을 다루며 다시 이야기하겠지만 꿈이라는 이상과 그 꿈이 결실을 맺기까지 사람들이 기꺼이 기다려주는 실용적 시간 틀 사이에는 보통 부조화가 발생하게 마련이다.

이상과 현실 사이에 부조화가 발생하면 어떻게 해야 할까? 실용주의적 이상주의자인 리콴유가 싱가포르에 대한 비전과 사업 계획을 실행할 때 R.I.S.E. 틀을 활용했다면 어떤 식으로 활용했을지 짧게 생각해보자.

인식하기 1965년 싱가포르가 말레이시아에서 독립을 쟁취해 냈을 때, 리콴유는 이제 그가 통치하게 된 손바닥만한 땅을 가지고 무얼 할지 결정해야 하는 상황에 직면했다. 하지만 리콴유에게는 딱 하나 믿는 구석이 있었다. 싱가포르는 말라카해협 입구에 있는 전략적 요충지이자 천혜의 항구였다. 최대 40퍼센트에 이르는 연해 무역량이 이곳을 통과했다. 리콴유는 항구에 기간시설을 설치하는 것이 중차대한 문제임을 인식했다.

이런 천혜의 이점을 더욱 강화하기 위해 리콴유는 첫 번째 전략적 결정을 내렸다. 즉, 그는 싱가포르를 외국인 친화적인 경제지구로 변모시키기로 했다. 오늘날 싱가포르는 국외 거주자들의 천국이지만, 그때만 해도 대략 200만 명의 싱가포르 사람들에게 이런 필요성을 납득시키기는 매우 어려웠다. 리콴유의 딜레마는 필요한 외국인들을 끌어 모으는 동시에 국민들의 신뢰와 충성심을 얻어내는 것이었다.

내면화하기 리콴유는 어떻게 싱가포르인들의 지지를 잃지 않고 자본과 기술을 가진 외국인들을 이 작은 섬나라로 끌어들일 수 있었을까? 그는 한편으로는 개방적이고 친기업적인 경제 정책을 만들어야 했으며, 다른 한편으로는 범죄와 부패, 마약, 조직폭력, 빈곤에 단호히 대처해야 했다. 리콴유의 정책들은 경쟁, 능력주의, 예의범절 등 강력하고 내면화된 일련의 가치관에 영향을 받았다. 그러나 가장 중요한 건 존중으로 가득한 시민 정신이었다. 여기에 개인의 권리는 완전히 포용하고 중요시해야 하는 요소이지만 오로지 개인의 권리를 보장하기 위해 사회를 희생시켜서는 안 된다는 유교적 이상에 대한 리콴유의 믿음이 더해졌다.

공유하기 리콴유는 외국인 투자 및 고용 유치에 유리한 경제 정책들을 발 빠르게 실시할 민첩한 정부를 세웠다. 그는 대단히 머리가 좋았으나 그럼에도 몇몇 신뢰하는 조언자들에게 도움을 구했다. 리콴유의 조언자 중 가장 잘 알려진 사람으로 20년 이상 싱가포르의 경제 상임고문 역할을 맡았던 네덜란드의 경제학자 알버트 윈세미우스 박사가 있다. 그는 싱가포르의 경제개발정책 중 상당 부분을 고안했으며, 셸 같은 핵심적 다국적 기업을 끌어들이는 데 도움을 주었다.

싱가포르에서 윈세미우스가 한 작업은 뭔가 세상에 좋은 일을 하겠다는 열망의 소산이었다. 그는 어떤 유산을 남긴 사람으로 평가될 것 같으냐는 질문에 이렇게 대답한 적이 있다. "세상에 만족감을 주는 일은 많지만, 뭔가를 바라보면서 '내가 저걸 만들었지'라고 말하는 건축가의 만족감과 비슷한 느낌을 주는 일은 별로 없습니다. 그런데 알지도 못하는 사람들의 복지에 기여했다는 확신이 들 때 바로 그런 만족감이 느껴집니다."

실행하기 리콴유는 자신의 정책 모형을 끝까지 실행했다. 그는 범죄를 척결하려는 의지가 대단히 강력했다. 그가 퇴임할 즈음에 싱가포르는 전 세계에서 가장 범죄율이 낮고 실질적으로 부패가 전혀 없는 나라가 되었을 정도다. 또한 리콴유는 시민들이 새로운 싱가포르에 주인 의식을 느끼도록 한 전국 규모의 연금 계획과 법인을 만들고 이를 통해 일정 수준의 재정적 안전성을 확보하는 데도 결연한 의지를 보였다. 리콴유는 자신의 가부장적인 방식이 싱가포르를 변모시키는 데 대단히 중요한 의미를 갖는다고 단호하게 믿었다. 1976년부터 2014년까지 싱가포르는 매년 6.81퍼센트라는 놀라운 성장률을 기록했다.

실용주의적 이상주의자가 되는 방법에 대해 마지막으로 할 말이 하나 있다. 이 일을 꼭 혼자 해내야 하는 건 아니다. 실용주의와 이상주의의 균형을 찾는 가장 직접적인 방법 중 하나는 주변에서 적절히 보완해줄 사람들을 찾는 것이다. 이는 R.I.S.E.의 S(공유하기)를 다음 단계로 끌어올려 리콴유가 윈세미우스 박사와 했던 것처럼 적절한 사람을 채용해서 팀에 넣는 방법을 고민해보라는 뜻이다.

현대 조직의 총수들 외에 역사 속 리더들을 돌아보면 다양하지만 상호 보완적인 팀 내 인간관계를 통해 실용주의와 이상주의의 자연스러운 균형을 찾은 것을 볼 수 있다. 대표적인 사례가 에이브러햄 링컨 대통령이다. 링컨의 재임 기간은 역사적으로 가장 중요한 시대 중 하나였다. 바로 이런 중차대한 시기에 링컨이 대통령직에 오른 것도, 흑인 노예 해방이나 남북전쟁의 종결 등 재임 기간을 성공적으로 보낸 것도 1861년에서 1865년 사이에 구성된 내각의 다양성 덕분이라는 점에는 의문의 여지가 없다. 1860년 대통령으로 당선되었을 때 링컨은 샐먼 체이스, 윌리엄 H. 시워드, 에드워드 베이츠를 기용함으로써 많은 사람들을 놀라게 했다. 이들 모두가 선거에서 링컨에게 반대하는 운동을 했기 때문이다.

페이스북에 합류하기 전 셰릴 샌드버그는 구글의 글로벌 온라인 판매·영업부 차장이라는, 실리콘 밸리에서 제일가는 직업을 갖고 있었다. 그런데 2008년, 페이스북의 창업자인 마크 저커버그는 적임자를 찾는다는 공고도 내지 않고 샌드버그를 페이스북 최고운영책임자COO로 채용했다. 이는 저커버그가 내린 가장 중요하고 선견지명 있는 결정 가운데 하나로 평가된다.

샌드버그는 아직 상장도 되지 않았던 스타트업 페이스북에 정통성을 부여했다. 취임한 지 8년 만에 샌드버그는 페이스북의 사용자 기반을 7000만 명에서 1억 6500만 명으로 끌어올렸다. 보다 중요하게는 페이스북을 이익이 나는 사업 모델로 재편했다. 최대 규모의 소셜미디어 광고 플랫폼 설립에서부터 모바일·동영상 소셜 광고로의 이행, 빠르게 변화하는 디지털 광고 세계와의 관계 맺기와 영향력 유지에 이르기까지 페이스북의 그 어떤 성공도 저커버그와 샌드버그의 동반자 관계가 없었다면 성립되지 않았을 것이다.

그러나 샌드버그를 실용주의자로만, 혹은 저커버그를 이상주의자로만 보는 건 잘못된 생각이다. 성공을 거둔 모든 리더들은 이상주의와 실용주의 사이에서 균형을 찾았다. 다만 서로를 보완하는 두 사람의 장점은 전략을 세우고 실행하는 실용주의적 이상주의자의 접근법으로 진화했다. "샌드버그가 없었다면 우리는 그냥 불완전했을 겁니다"라던 저커버그의 말에서처럼 말이다.

이상주의자는 자신의 비전과 도덕적 기준, 이상에 따라 산다. 그러느라 불편을 겪더라도 말이다. 반면 실용주의자는 언제나 상황에 맞춘 해답을 찾으며 행동을 우선시한다. 그러나 이상주의와 실용주의는 철천지 원수가 아니다. 둘을 정교한 긴장의 두 축으로 봐야 한다. 이런 긴장이 뚜렷하게 느껴지는 경우가 많다면 심각한 스트레스를 유발하고 해결하기도 어렵지만, 제대로 관리만 한다면 좀 더 나은 것, 보다 아름다운 것들을 만드는 동력이 되기도 한다. 가치관을 품고 선도하면서도 인내심 있게 비전을 실행할 수 있다면 창업자들은 높은 수준의 존중과 감탄을 받을 것이다. 꿈꾸는 동시에 실제로 해내는 사람들이야말로 실용주의적 이상주의자의 교과서적 사례다.

핵심 요약

- **실용주의와 이상주의는 적이라기보다 협력자다.** 실용주의와 이상주의는 생산적 긴장 관계로 받아들여야 한다.
- **꿈과 이상은 길잡이가 되어주지만, 현실을 바꾸는 것은 오직 실행뿐이다.** 실용주의 없이는 이상주의를 생각할 수 없다. 실행력이 없다면 웅대한 비전은 아무것도 아니다.
- **궁극적으로, 기업의 경영은 비전과 현실, 전략과 실행이 한 쌍을 이**

루어 추는 춤이다. 리더의 책무는 큰 꿈을 꾸되, 아무도 따라올 수 없을 만큼 지나치게 크지는 않은 꿈을 꾸는 것이다. 균형을 이해하고 통합시킬 줄 아는 실용주의적 이상주의자가 되어야 한다.

7장

단기주의 대 장기주의

우리는 경영이라는 여정을 단거리 달리기 혹은 전력질주로 오해하곤 한다. 성과를 열망하면서도 그 성과가 나타날 때까지 기꺼이 기다리지 못한다. 뭔가가 제대로 돌아가지 않을 때면 가능한 한 빨리 고치고 싶어 한다. 우리의 이런 천성은 사업상의 목표를 이루려 할 때는 물론 인간관계, 다이어트, 심지어 최악의 세계적·경제적 문제를 해결하려는 상황에서도 나타난다. 우리는 손만 대면 전등이 켜지듯 문제가 빠르게 해결되었으면 좋겠다는 욕심을 품는다.

우리가 단기적 생각이나 행동에 그토록 도취되는 까닭은 무엇일까? 한 가지 이유는 회사나 그 회사의 리더들에게 공격적 기대를 걸기 때문이다. 수많은 공개기업의 CEO들은 매 분기 연달아 성과를 내야 한다는 잔혹한 부담을 지고 있다. 창업 후 몇 년이라는 짧은 시간 안에 기업을 매각하거나 재매각할 수 있을 만큼 키워야 한다는 압박을 받을 때면 비공개 기업들도 장기적 사고를 포기하곤 한다. 문제를 이런 식으로 파악해서 직설적으로 말할 사람은 별로 없겠지만, 내가 보기에 세상은 가치를 창출해내는 것보다는 이미 있는 가치를 포획하는 데 더 집중하는 경우가 많은 것 같다.

바로 이런 이유로 나는 내가 운영하는 투자 회사 큐볼을 영구적이고 유연한 자본으로 구조화했다. 우리 회사는 의도적으로 '초장기'를 지향한다. 우리에게는 변치 않는 구조와 유연한 투자 강령이 있으며, 펀딩에 고정된 마감일을 설정하지 않는다. 그래서 우리는 자산이나 투자 대상을 매각해야 한다는 시간적 압박에서 자유로울 수 있다. 우리는 이것이야말로 생애 주기가 한정되어 있는 대다수 벤처 펀드나 비공개 기업 투자 펀드와 구분되는 장점이라고 생각한다. 예컨대, 그런 회사들은 8~10년 안에 펀드 수익이나 자산을 유동화 혹은 분배해야 한다. 그런 기업들은 회사를 매각하려고 사업을 한다. 반면 큐볼의 목적은 회사 너머의 사람들과 비전을 세우는 것이다. 덕분에 우리는 원하는 경우에, 원하는 시기에 매각할 수 있다. 설령 그때가 먼 미래라도 말이다. 우리는 "시장이 10년 동안 폐쇄되더라도 기꺼이 들고 있을 물건만 사라"는 강령을 비롯해, 워런 버핏의 투자 원칙을 많이 참조했다.

큐볼의 장기적 철학은 토대가 간단하다. 계속 버텨 나갈 수 있는 기업을 찾는 건 대단히 힘든 일이니, 일단 그런 기업을 찾았다면 단단히 붙들어야 한다! 모두가 유니콘 기업을 찾아다닐 때 나는 바다거북을 찾는 데 더 많은 흥미를 느꼈다. 움직임은 느리지만 신중하고 수명이 길며, 우리의 대양을 수천 년 동안이나 장식해온 당당한 피조물들 말이다.

대다수 기업이 장기적 관점을 취하기 어려운 까닭은 단기적 전략을 세워 단기적 성과를 내는 데 집중하기 때문이다. 많은 CEO들이 이런 식으로 생각하도록 길들여졌다. 우리는 다음 분기의 성과와 자금 조달, 다음번의 큰 프로젝트, 다음번에 참여할 게임, 다음번 선거를 열렬히 기다린다. 단기는 현실이기도 하지만 특별한 위험을 제기하기도 한다. "우리는 장기적 해결책이 필요한 세상에 살고 있지만 단기적 사고에 휩싸여 있습니다." 큐볼의 동업자인 매츠 레더하우젠은 이렇게 말했다.

우리의 정치경제 시스템이 보다 장기적인 시간 틀에 따라 운용된다면 모두 힘을 합쳐 불평등과 보건, 기후 변화 등 세상에 존재하는 중요하고 긴급한 문제들을 처리하고 잠재적으로 해결할 수 있을 것이다. 하지만 불행하게도 오늘날 상황은 그렇지 않다. 장기적으로는 옳은 일을 하고 있는 게 분명하지만 단기적으로는 유권자나 주주 들에게 보여줄 만한 성과의 증거를 제시하지 못하는 정치인이나 CEO들을 생각해보라. 이들은 가치 있는 것을 성취하는 데 필요한 기간만큼 재임하지 못하며, 재선이나 교체를 걱정해야만 한다. 이들이 해결하려는 문제의 규모를 생각해보면 당연히 시간이 부족할 수밖에 없다. 장기적 사고를 찾아보기가 점점 힘든 요즘, 단기적 사고와 장기적 사고 간의 긴장은 리더들이 정면으로 돌파해야 하는 가장 중대한 교환 중 하나다.

워런 버핏에게 배우는 장기적 안목

인간의 단기적 편향을 보여주는 또 하나의 사례를 생각해보자. 우리 모두는 지난 두 번의 중요한 경제적 침체, 즉 2000년에 정점을 찍은 닷컴 버블 붕괴와 2008년의 재정 위기를 어떤 식으로든 목격하거나 그로부터 영향을 받았다. 우주적 시간 척도로 보면 이 두 사건이 지속된 기간은 대단히 짧다. 그러나 당시에 사람들은 이 두 사건이 모두 경제에 중대한, 어쩌면 영구적인 손상을 가했다고 생각했다.

이런 식의 시장 침체는 '아마라의 법칙'이 적용되는 완벽한 예다. 아마라의 법칙은 우리에게 단기 효과를 과대평가하고 장기 효과를 과소평가하는 경향이 있음을 설명한다. 스탠퍼드대학의 연구자 겸 미래학자 로이 아마라가 이 법칙을 제시한 건 신기술의 영향이 인지되는 방식을 설명하기 위해서였다. 그러나 단기주의는 그 외의 분야에도 적용되는, 깊이 새겨진 인간의 심리적 편향이다. 위험과 불확실성이 가득한 시대에는 이런 편향이 특히 커진다. 예컨대, 경기 침체의 단기적인 부정적 영향을 과대평가하면 시장에서 성급하게 발을 빼버릴 수 있다. 이럴 때 장기적 시야를 가진 사람은 갑자기 저평가된 자산에 대한 투자를 두 배로 늘린다.

　세간의 존경을 받는 가치투자자인 리 루는 지적인 관점에서 보면 투자는 쉬운 일이라고 말한 적이 있다. 투자가 어려운 이유는 심리 때문이다. 그는 대부분의 사람들이 투자의 가장 기초적인 규칙, 즉 쌀 때 사서 비쌀 때 판다는 법칙을 따르는 것을 어려워한다고 설명했다. 워런 버핏은 이를 "공포를 파고들어 수매하고, 탐욕을 파고들어 매각하는 전략"이라고 말했다. 이는 매우 간단한 원칙이지만 실천하기는 어렵다. 아마라의 법칙은 수많은 투자자들이 정확히 반대로 행동할 거라고, 즉 상식과 독립적 연구, 장기적 사고에 기반을 둔 전략보다는 우르르 몰려다니다가 절벽에서 뛰어내려 집단자살하는 레밍들과 비슷한 전략을 따른다고 지적한다. 장기간 원칙을 고수하는 투자자는 극히 적은데, 이들이 최고의 성과를 내는 건 결코 우연이 아니다.

　닷컴 버블이 절정이던 1999년, 현금흐름이나 지속적인 경쟁우위에서 비롯된 방어 가능성 등 근본적이고 내재적인 속성을 지닌 기업들을 인수한다는 버핏의 투자 전략은 많은 비판을 받았다. 사람들은 버핏이 너무 구식이고 새로운 투자 기회에 무지하다고 말했다. 인터넷 혁명 바람이 부는 세상에서 버핏의 구식 비즈니스 모델이 무슨 소용이란 말인가? 1999년 후반 투자 전문지 〈배런스〉는 "뭐가 문제입니까, 워런?"이라는 제목을 달아 버핏의 이야기를 표제 기사로 다루었다. 버핏이 완전히 죽었다기보다는 잠시 침체되어 있을 뿐이라는 암시를 남기긴 했지만, 기사 작성자들은 늙은

'오마하의 현자'를 깎아내리고 싶은 충동을 참지 못했다. 기자는 이렇게 썼다. "사실 버핏이 너무 보수적이며 시대에 뒤떨어졌다고 보는 투자자들이 점점 늘어나고 있다. 그는 2000년이면 70세가 된다." 〈배런스〉의 독자들도 가혹하기는 마찬가지였다. 이들은 버핏의 회사가 "사탕 가게, 햄버거 판매대, 보석 가게, 신발 가게, 삼류 백과사전 회사 등 기이하게 뒤범벅된 자산으로 덕지덕지 장식한 중급 보험 회사"라고 빈정거렸다.

그러나 버핏은 기술 기반이든 아니든 모든 것은 궁극적으로 지속가능한 경쟁우위와 우수한 현금흐름에 따라 가치를 갖게 된다는 믿음을 고수했다. 1999년, 거의 하루에 하나꼴로 기업들이 상장되던 해 버핏이 인수한 기업은 뉴잉글랜드의 조던 가구점이었다. 같은 해 인터넷 경제는 정점을 찍었다. 열두 개는 더 되는 닷컴 기업들이 처음으로 (또 마지막으로) 슈퍼볼 광고주로 나섰다. 야후!의 가치는 1000억 달러에 달했다. 이는 버크셔 해서웨이의 포트폴리오 전체보다 큰 액수였다.

지금 현재는 어떨까? 1999년 그날 이후 오늘 이 순간까지 빨리 감기를 해보자. 현재 버크셔 해서웨이는 야후!에 비해 기업 가치가 최소 3000억 달러 이상 높다. 닷컴 버블 전성기에 과연 그 누가 15년 뒤면 버라이즌이 야후!의 핵심 사업을 50억 달러도 안 되는 금액에 사겠다고 제안하리라는 상상했겠는가? 우리에게 남은 교훈은, 최고의 투자자들은 오랫동안 기다리며 자신의 신념을 지키고 일시적 유행이나 경향에 휩쓸리기를 거부한다는 것이다. 버핏의 인내심은 그를 독보적 위치에 올려놓았다.

무엇보다도 버핏과 그의 동업자 찰리 멍거는 '시장의 타이밍'을 노렸을 때 주어지는 단기적 보상이 건전한 장기적 전략에 비해 유통 기한도 짧고 임의적이라고 지적했다. 대신 버핏과 멍거는 인내심을 가지고 때를 기다려야 한다고 말한다. 버핏은 심지어 은퇴 후 아내에게 남길 신탁을 마련할 때도 이런 접근법을 활용했다. 버핏은 자산의 90퍼센트를 뱅가드 같은 S&P500 지수의 기금에 투자했고, 나머지 10퍼센트는 단기 정부 채권에 넣었다. 그 돈은 시간과 인내심으로 숙성되어 버핏의 가족들을 위해 쓰일 것이다. 대단히 간단하지만 동시에 대단히 진실된 이야기다. 좋은 회사에 투자할 때도, 좋은 사람들에게 투자할 때도 마찬가지다.

사람들도 어찌 보면 장기적 투자 자산이다. 경쟁력만큼이나 성품과 좋음도 가치 있게 여김으로써 우리는 결국 최고의 가치를 창출하고 얻어내는 사람들에게 보상을 주게 된다. 시스템은 대체로 공평하다. 시스템은 가장 존경받는 사람들뿐 아니라 최고의 가치를 만들어내고 받는 사람들에게도 보상을 준다. 버핏과 멍거가 했던 투자만 살펴봐도 그렇다.

두 사람의 투자 중 로즈 브룸킨, 일명 '미세스 B'에게 한 투자는 매우 유명하다. 그녀는 1937년 500달러의 자본금으로 네브래스카 퍼니처 마트를 설립해 미국에서 가장 큰 가구 매장으로 키워냈다. 1998년 104세의 나이로 작고한 로즈는 열정적이고 개성이 강한 인물이었다. 그녀의 모토는 "싸게 팔고, 진실만을 말하고, 절대 아무도 속이지 않는다"였다. 버핏은 1984년 회계장부나 재고도 감사하지 않고 악수 한 번에 그녀의 사업체 거의 대부분을 매수했다. 버핏은 고객으로서 여러 해 동안 로즈와 그녀의 가족들을 알고 지냈다. 그는 그녀의 인품을 믿었고 그녀가 60년에 걸쳐 세운 기업에 깊은 인상을 받았다. 버핏은 그녀의 진정성과 직업윤리, 상식에 기초한 지혜에 운을 걸었다. 사업체를 인수한 뒤 그는 이렇게 논평했다. "같은 자원을 갖고 동등한 출발점에서 시작한다면 그녀는 최고 경영대학원의 최고 졸업생들이나 〈포천〉이 선정한 500명의 CEO 전부를 묵사발로 만들어버릴 겁니다." 오늘날 미세스 B의 가치는 10억 달러에 이른다.

단기적 성과에 현혹되지 마라. 좋은 리더를 꿈꾼다면 장기적인 게임을 즐겨야 한다.

단기적 편향에서 벗어나라

문을 열고 나온 그 순간부터
길은 계속해서 끊임없이 이어진다.
이제 길은 저 멀리까지 뻗어 나갔으니
나는, 할 수만 있다면 그 길을 따라
열심히 발걸음을 떼어놓아야 한다.
마침내 그 길은 좀 더 넓은 가도에 합류한다.

수많은 오솔길과 수고가 깃드는 그곳에.

그리로부터는 어디로 갈까? 나는 알 수 없다.

— J. R. R. 톨킨

인간이 단기적 편향을 보이는 영역은 무수히 많다. 식습관, 건강, 재활을 생각해보라. 미국은 세계에서 식습관이 가장 나쁜 나라로 꼽힌다. 미국인들은 매일 엄청난 양의 패스트푸드와 특대형 음식, 정크 푸드, 에너지 음료를 소비한다. 이는 가능한 한 가장 빠른 해결책을 찾기 때문에 일어나는 자기 학대다. 제약이나 의료 산업의 상황도 별반 나을 게 없다. 이들이 끝없이 팔아대는 약품들은 원인보다 증상에 초점을 맞춘다. 언론과 마케팅은 우리 몸에 뭔가 문제가 있다는 말을 들으면 그 문제가 무엇이든 즉각적인 해결책이 있다고 주장한다. 단기적 편향이 미치는 가장 해로운 영향력은 '좋음'을 개발하고 총체성을 추구하려는 노력을 가로막을 때다.

'좋음'은 주문형 어플리케이션이나 리모컨처럼 마음대로 끄고 켤 수 없다. 진정성, 공감, 총체성의 가치는 내면에서 나오며 그것을 실천하는 데는 극기와 헌신, 장기적 결과라는 가치에 대한 믿음이 필요하다. '좋음'을 향해 가는 길에는 여러 가지 유혹이 가로놓여 있다. 갈등과 애매함, 역경을 겪으며 살아간다는 건 결코 유쾌한 일이 아니다. 수많은 사람들이 임시방편으로 반창고를 붙이는 것을 좋아하는 이유가 바로 여기 있다. 우리는 좋은 것들은 충분히 무르익고 성숙하기까지 시간이 걸린다는 점을, 위대한 일에는 그보다 더 긴 시간이 필요하다는 점을 종종 잊어버린다. 할 만한 가치가 있는 일 중 정말로 빠르고 쉽게 할 수 있는 일이 얼마나 되는가?

물론 기업을 운영하다 보면 단기적 성과를 무시할 수 없다. 이 때문에 발빠른 결정을 내려야 하는 것도 사실이다. 하지만 이런 결정은 상대적으로 쉬운 것들이다. 예컨대, 우리는 제품 평가 항목에서 구멍을 발견하면 그 구멍을 메우기 위해 예산을 할당한다. 그럼 끝이다. 어느 직원이 회사에 전혀 적응하지 못한다면 면담을 통해 빠르게 해고하거나 문제의 원인을 찾아 해결하면 된다.

문제는 숙고해야 하는 결정마저도 빠르고 단순하게 내리고 싶어 한다는 데 있다. 비전을 세워서 회사를 변혁하는 데는 인내심이 필요하다. 불행히도 우리는 오랜 세월이 흐른 다음, 긴 기간에 걸쳐 표현된 그 가치를 확인하기 전까지는 인내심의 가치를 완전히 깨닫거나 고맙게 여기지 않는 경향이 있다.

'좋음'을 추구하는 데 지름길은 없다. 근본적 기술 역량이나 경쟁력에 지름길이 없는 것과 마찬가지다. 겸손, 자기 인식, 통합성을 함양하는 것은 빠르게 되는 일도, 쉽게 되는 일도 아니다. 진실에 기반을 둔 리더십은 더 크고 깊은 목표 의식이나 동기에 뿌리를 내려야만 꽃을 피울 수 있다. 단기적 편향과 장기적 비전 사이의 긴장은 궁극적으로 진정성과 총체성이라는 근본적인 자질 문제로 돌아온다.

우리의 비전은 매일 시험을 받는다. 장기적으로 우리를 규정하는 건 우리 행동의 일관성이다. 문제는, 대부분의 사람이 좋은 행동을 하고 좋은 성품을 함양하기로 마음먹더라도 시간이 지날수록 인내심을 잃어버린다는 점이다. 노력은 덜 들이고 쾌감은 더 많이 느끼려고 하고, 더 많은 것을 더 빠르게 이루고 싶어 한다. 불행히도 빨리 부자가 되려는 이런 접근법은 통하는 법이 거의 없다. 이런 방법은 우리들 대부분이 원한다고 주장하는 지속적 가치와 자질을 만들어내지 못한다. 게다가 이런 식의 사고는 성공에서 정말 중요한 '매일의 노력'을 방해한다.

마빈 민스키 MIT 교수는 2016년 1월 24일 세상을 떠났다. 그는 컴퓨터 과학의 가장 복잡한 문제 중 몇 가지를 해결했으며, MIT 인공지능연구소를 공동 창립했다. 그의 추도식에서 한 발언자는 세계에서 가장 중대하고 급박한, 대단히 까다로운 문제들에 적극적으로 맞서려는 사람이 오늘날 얼마나 드문지 이야기했다. 그는 "현대의 취향은 시간을 들이기보다 '일단 망해보고' 성공을 꿈꾸며 빠른 주기로 같은 일을 반복하는 것"이라고 말했다. 물론, 빨리 망하면 창의적으로 새로운 혁신을 향해 새롭게 노력할 수 있다. 하지만 문제는 여전히 존재한다. 이런 마음가짐 때문에 잃는 건 없을까? 우리는 빠르고 반복적인 발전의 순환을 통해 풀 수 없는 복잡한 문제들을 회피하고 있는 게 아닐까? 마빈의 추도식에서 그 발언자는 이렇게 이야기를 마무리 지었다. "마빈은 인공지능과 컴퓨터 공학의 가장 큰 문제와 기회들에 천착했습니다. 그는 어느 방향으로 가야 할지 알았습니다. 하지만 성공은 천천히, 절제하면서, 평생에 걸쳐 인내심 있게 거두었습니다."

속도와 편의를 추구하다 보면 품질과 잠재력이 짓밟히곤 한다. 따라서 결정을 내릴 때 양量과 속도에 편향되어 있는지, 또 이런 단기적 이득의 추구가 질質을 희생시키는 건 아닌지 지속적으로 따져 묻고 시험해야 한다. 물론 속도와 편의도 중요하다. 하지만 질과 지속가능성을 희생시키면서까지 이를 추구해서는 안 된다. 우리는 단기적 편향의 결과를, 즉 놓칠지도 모르는 기회와 발생할지도 모르는 문제들을 이해해야 한다. 큰 그림은 미리 그려둬야 한다. 일이 다 벌어지고 나서 후회하듯 생각해서는 안 된다.

위대한 기업은 살아남는 기업이다. 이런 기업들은 보통 시장이나 비판자들의 생각에 개의치 않고 목표 의식에 따라 움직이며, 진정한 장기적 가치를 만들어내는 데 집중한다. 이들이 살아남는 것은 결코 우연이 아니다. 오랜 세월 동안 수많은 CEO들이 내게 자신의 기업이 비공개 기업이었으면 좋겠다고, 그래서 분기별로 이어지는 요란한 의례라는 따분한 반복을 피할 수 있었으면 좋겠다고 말했다. 장기적 게임에 참여하면 품질 향상도, 지속적 실적을 추구하는 것도 가능하다. 투자든 연구든 스포츠든 다른 어떤 노력이든 분야는 상관없다. 그럼 좋은 사람들에게는 이 원칙이 어떻게 적용될까? 좋음을 함양하고 총체성을 이룩하는 동시에, 더불어 다른 사람들이 더 완전한 본연의 모습을 찾도록 도와주는 데는 시간이 걸린다.

커다란 변화와 최상급 실적에는 더 큰 그림을 그리는 관점과 쉼

없는 집중력, 더 높은 목표를 이루려는 가차 없는 추진력이 필요하다. 비범한 규율과 인내심도 요구된다. 오랜 세월 노력하고 훈련해도 그만큼 점수를 딸 수 없을지 모른다는 사실을 수용해야 한다. 단기적 결과는 장기적으로 지속가능한 실적이나 목표 의식에 대한 진정성에 비하면 중요성이 떨어진다.

지속가능한 성공을 하려면

2001년 후반 어느 일요일, NFL은 9·11 테러 이후 첫 경기를 가졌다. 뉴욕 제츠가 뉴잉글랜드 패트리어츠와 대결했던 이 경기는 두 팀의 경쟁일 뿐 아니라, 일상이 회복되었음을 상징하는 사건이었다. 우연이지만, 이 경기는 전미미식축구연맹 역사에서 가장 위대한 리더 중 한 사람을 국가적 스포트라이트 속으로 떠밀었다.

4쿼터가 겨우 5분밖에 남지 않았을 때, 패트리어츠의 쿼터백 드류 블레드소는 상대 팀 선수들에게 둘러싸여 제대로 움직일 수 없었다. 상대 팀 수비수 모 르위스가 태클을 걸어 그를 경계선 밖으로 밀어냈다. 이 타격으로 블레드소는 부상을 입고 어쩔 수 없이 경기장을 떠나야 했다. 이 사건이 패트리어츠 역사의 궤도를 바꾸어놓았다. 드래프트에서 최후까지 그 어떤 팀의 선택도 받지 못했던 미시간주립대학 출신의 23세 무명 선수가 경기장에 들어와 블레드소 대신 쿼터백으로 뛰었다. 그의 이름은 톰 브래디다.

슈퍼볼 챔피언십 5회, 슈퍼볼 MVP 4회, 공식전 MVP 2회, 프로 볼 12회. 그날 이후 톰 브래디는 전 세계에서 가장 큰 성공을 거둔 운동선수 중 한 명이 됐다. 경쟁자들을 초라해 보이게 만드는 그만의 자신감은 탁월해지고 싶다는 열정에서 비롯됐다.

브래디는 열일곱 시즌에 걸쳐 슈퍼스타급 경기 능력을 보여줬는데, 그는 그 모든 것이 훈련의 결과라며 자랑스러워했다. 오랜 세월 동안 그는 장기적 관점에 전념하고자 할 수 있는 모든 노력을 기울였다고 고백했다.

그의 전인적 훈련 프로그램은 단 하나의 목표에 초점이 맞춰져 있다. 그 목표란, 지속가능한 최고의 경기를 하는 것. 이를 위해 브래디는 기존의 내구력·신체조절력 강화 요법과 재활 프로그램에서 과감히 벗어났다. 지난 10년 동안 브래디와 그의 개인 코치인 알렉스 게레로는 부상에 강한 몸을 만들도록 고안된 집중적 영양·기능 보조 프로그램인 일명 TB12 훈련법을 개발하고 적용했다.

브래디는 게레로와 함께 이 훈련을 시작한 이래 놀랍도록 건강을 잘 유지해왔다. TB12 요법은 일반적 마사지보다 훨씬 집중적이고 강도 높은 직접적 조직·근육 조작, 기존의 내구력·신체조절력 강화 요법을 보완할 유연성 운동, 다량의 수분 공급과 보충 식이요법이 포함된 세심한 식단을 결합함으로써 근육의 유연성을 강화한다. 브래디는 규율이 무엇인지 모범적으로 보여주는 사람이다. 그는 시계처럼 규칙적인 훈련 일정과 엄격한 식단을 소화한다. 엄격한 식단이란 카페인과 백설탕, 흰 밀가루가 전혀 포함되지 않으며,

채소 쪽으로 심하게 치우쳐졌으되 토마토 등 가짓과 식물은 빠져 있는 제철음식(가짓과 식물들은 소염 효과가 없기 때문이다), 건강한 견과류, 무엇보다 엄청난 양의 물을 뜻한다.

나는 톰과 그가 하는 훈련법에 관해 이야기를 나눈 적이 있다. 브래디는 이 훈련법의 진짜 이점은 프로그램을 시작한 지 대략 10년이 지난 시점에야 나타난다고 말했다. 그는 "10년쯤 지나자 공을 던지는 기분이 그렇게 좋을 수 없었어요 운동을 시작한 초반에는 고통이며 부상이 그냥 스포츠에 으레 따르는 일이라고 생각했지만, 다른 길을 걷기 시작하자 정말이지 지금처럼 공을 잘 던졌던 적은 한 번도 없다는 느낌이 들 정도예요"라고 말했다.

장기간에 걸쳐 유지되는 정상급 경기 능력. 이것이 브래디의 목표이자 그가 세상과 가장 나누고 싶어 하는 것이다. 브래디는 자신의 운동법을 널리 알리기 위해 TB12 기구라는 단체를 설립했다. 이 기구는 가능한 한 많은 운동선수들에게 맞춤 훈련법을 제공함으로써 정상급 경기 능력을 얻고 유지하게 만든다는 목적을 가지고 있다.

장기간에 걸쳐 유지되는 정상급 경기 능력에 대한 브래디의 신념은 개인적 목표 의식과 사명에 깊이 뿌리 내리고 있다. 여러 해 동안 경기를 해온 그는 무수한 운동선수들이 떨떠름해하면서도 재활을 훈련의 일부로 받아들이는 모습을 목격해왔다. 브래디의 관점에서 이는 부상률이 절대 바뀌지 않으리라는 생각을 받아들이는 것이나 마찬가지였다. 거의 200만 명의 고등학생 운동선수들이 매년 부상을 당하며 그중 50만 명은 병원에서 치료를 받는다. 대학생 운동선수들도 똑같이 부상에 취약하다. 그들 중 거의 70퍼센트가 최소한 한 번 이상 부상을 입고도 경기를 했다. 경기하고, 재활하고, 경기하고, 그렇게 계속 반복하는 고약한 악순환에서 벗어날 방법은 없을까?

브래디는 이렇게 말했다. "현재의 훈련 시스템은 단기 지향적 방식으로 이루어집니다. 사람들을 가능한 한 빨리 다시 경기에 복귀시키려는 것이죠. 이런 방법은 부상에 취약할 수밖에 없습니다. 꼭 이 방식을 고수해야 할 필요는 없습니다. 18세 때 저는 20년 이상 이 자리에 있을 줄은 상상도 하지 못했습니다. 운 좋게 이만큼 성공을 거둘 거라고 꿈도 꾸지 못했죠. NFL에서만이 아니라 그 이상의 영역에서 한 몫 할 수 있을 거라고, 그러니까 제가 선수 경력을 쌓는 동안 그 정도 수준의 경기 능력을 보여줄 수 있게 해준 요소를 선전할 기회가 생길 거라고는 생각도 못 했어요." 워런 버핏이 그랬듯, 브래디의 장기적 가치 창조를 이해하기란 어렵지 않다. 어려운 건 그처럼 지속적인 규율을 장기간에 걸쳐 유지할 수 있는 사람들을 찾는 것이다.

유니콘보다 거북이

내가 가장 좋아하는 기업가 중 한 명인 셰이프업의 공동 창업자이자 버진 펄스의 회장인 라지브 쿠마르 박사는 기업의 세계에서 장기적 관점을 꾸준히 견지하며 성과를 내는 기업인이다.

2005년, 라지브는 브라운 의대 1학년이었다. 그와 동급생인 브래드 와인버그는 많은 환자들이 잘 먹고 적당히 운동하는 데 필요한 자원이 없어서 건강을 유지하는 데 곤란함을 겪는다는 것을 알았다. 라지브와 브래드는 긍정적이고 성공적인 변화를 만들어내려면 사회적인 지원 시스템이 필요하다고 믿었다.

이런 이유로 그들은 셰이프업이라는 이름의 온라인 소셜 건강 플랫폼을 만들었다. 이 플랫폼은 사람들이 다 함께 더 건강해지도록 독려했다. 임상 연구 결과, 이 플랫폼을 12주간 이용하면 평균적으로 3킬로그램 감량 효과를 얻을 수 있었다. 머지않아 라지브와 브래드는 그 어느 곳보다 기업들이 더 나은 건강 프로그램을 필요로 하리라는 점을 깨달았다. 새로운 사업 기회를 포착한 것이다.

큐볼은 2010년 셰이프업의 첫 번째 기관투자자로 참여했다. 이 기업은 계속 성장하며 새로운 고객들을 유치했는데, 그 과정에서 새로운 딜레마에 봉착했다. 셰이프업의 해법을 원하는 고객들은 다양했다. 그런데 셰이프업이 초점을 맞춰 미래에도 성장 동력으로 삼을 만한 최고의 핵심 대상 고객은 누구일까?

중소기업에서는 셰이프업 서비스에 대한 수요가 이미 높았다. 비교적 소규모 고객사를 유치하는 것은 빠르고 쉬워 보였다. 그렇게 했다면 단기적으로 큰 폭의 성장을 거둘 수 있을 게 분명했다. 그런데 시선을 조금 돌려 보면 대기업 고객도 급격히 불어나고 있었다. 이들을 수용하는 건 완전히 다른 문제였다.

우리는 대형 고객사를 확보할 기회와 소규모 고객사들을 맞바꿀지 선택해야 했다. 궁극적으로 대형 고객사에 초점을 맞추기로 했지만, 모든 고객들을 제대로 대우하면서도 새로운 모델로 이행할 최선의 방법을 찾아야 했다. 현재를 관리하는 동시에 미래를 대비하는 계획을 세우려면 어떻게 해야 할까?

이 기간 동안 라지브가 활용한 접근법은 내가 앞에서 소개한 R.I.S.E. 틀에 영감을 주었다. 라지브는 나와 함께 일한 그 어떤 창업자보다 자기 인식이 강한 사람이다. 그가 일단 당면한 상황을 인식하는 데 골몰한 것은 결코 놀라운 일이 아니다. 이때의 상황이란 셰이프업이 현재의 위치에 이르도록 도움을 준 소규모 고객사들에 계속 충실한 도움을 제공하는 동시에 좀 더 큰 고객사들을 위한 계획을 세우고 전략을 짜고 그들에게 더 온전히 봉사하는 방법을 생각해야 하는 상황이었다.

라지브는 결정을 내리기 전에 여유를 갖고 내면화할 만한 다른 시각과 접근법, 전략, 통찰을 찾았다. 그는 또한 생각이 숙성될 수 있도록 현장에서 고객들과 이야기를 나누며 상당한 시간을 보냈다. 이처럼 정보 제공을 요청한 뒤, 라지브는 자신이 알아낸 내용을 이사회와 공유했으며, 우리는 서로 다른 접근법의 장단점을 토의하며 상당한 시간을 보냈다.

라지브는 이런 외부 자극을 받아들인 뒤 회사의 가치관과 달성하려는 전략적 목표에 도달할 계획을 세웠다. 우리 모두는 그 계획을 열렬히 지지했다. 이어 라지브는 끈질기게 버티며 현장의 팀원들 곁에서 그 계획이 확실히 실행되도록 했다. 그는 팀원들에게 이 일이 왜 중요한지 설명하고, 그들이 대형 고객사를 끌어들여 서비스를 제공하도록 격려했다. 그러는 내내 그는 모든 핵심 고객과 동업자들을 직접 만났다.

대형 고객사를 확보하고 그들에게 서비스를 제공하는 데 더 많은 자원을 할당하겠다는 선택은 결국 성공했다. 셰이프업은 이 분야에서 경쟁사들의 부러움을 살 만한 블루칩 고객 명단을 확보했다. 2016년 2월, 우리는 버진 펄스 인수합병을 통해 세계에서 가장 큰 온라인 건강 플랫폼을 만들기로 결정했다. 라지브의 규율 잡힌 태도는 이 상황에서도 전혀 변하지 않았다. 일단 그는 이 결정이 장기적으로 회사에 옳은 방향인지 생각했다. 결정을 한 다음에는 계약을 마무리하는 데 끈질기게 집중했으며, 그러는 내내 자기 사람들이 받을 영향을 대단히 신중하게 생각했다. 이는 라지브를 비롯한 팀원들에게도, 큐볼에도 대단히 멋진 결과를 가져왔다.

지금쯤이면 꿈과 욕망, 비전을 실현시키는 데는 시간이, 가끔씩은 긴 시간이 걸린다는 점을 이해했으리라 믿는다. 하지만 혼신의 힘을 다한다면 보상은 반드시 여행 전체를 보람차게 만들어줄 것이다. 장기적으로 집중하려면 비전과 원칙에 충실해야 하며 매일 매일 규율을 지켜야 한다. 일반적 사내 교육에서는 '관리하고 싶다면 일단 제대로 평가해야 한다'고 가르친다. 그러나 이런 평가는 잘못된 시간 틀을 기준으로 이루어지는 경우가 너무 많다.

모든 부모들은 한 번쯤 자녀의 덩치나 키가 더 이상 크지 않을 것 같다는 생각을 한다. 어쨌거나 매일 보는 사람의 모습이 바뀌는 일은 거의 없으니 말이다. 자녀의 사진을 매일 혹은 매주 찍어서 보면 눈에 띄는 변화가 별로 없을 것이다. 하지만 자녀를 1년, 5년, 10년 단위로 비교해보면 극적인 변화가 눈에 띈다. 부모 되기는 많은 시간과 노력이 드는 게임이다. 좋음과 성품을 계발하는 것도 마찬가지다.

장기적 관점을 선택해야 하는 한 가지 이유는 또 있다. 먼 길을 기꺼이 걸으려는 사람들은 후회하는 경우가 드물다. 시간은 되돌릴 수 없다. 우리의 행동과 결정은 오늘날은 물론이고 장기적으로도 영향을 미친다. 이번에도 아마라의 법칙은 사람들이 장기적 결과를 과소평가하고 단기적 이익을 과대평가하리라 예측한다. 하지만 삶을 마무리할 때의 가치들은 돈으로 살 수도, 쉽게 얻을 수도 없다.

당신의 삶이 25년씩 4등분 되어 100년 동안 지속될 거라고 상상해보라. 대부분의 사람들이 신체와 정신을 온전히 간직한 상태로 마지막 사분기까지 살아남을 수 없을 것이다. 그러니까 대부분의 사람들에게는 삶에서 원하는 것을 성취할 시간으로 25년짜리 세월 3개 분기만 남는다. 현재 당신은 몇 번째 사분기에 있는가? 토론토의 은퇴한 여성이 내게 던진 질문을 달리 표현해보자. "당신은 정말 당신이 사랑하는 일을 하고 있는가?" 일찍부터 '좋음'에 헌신할수록 이런 노력들은 더욱 힘을 모으게 될 것이며, 후회도 적어질 것이다. 하고 싶은 일이 있다면 당장 시작해야 한다.

　요즘 기업들은 목표 의식에 따라 움직이는 조직으로 거듭나는 운동을 뚜렷하게 전개하고 있다. 밀레니얼 세대는 이 운동의 주축이다(내가 말하는 기업들은 사회적 기업이 아니라 가치관을 지키고 높은 목표를 추구함으로써 더 큰 영향력과 더 큰 이익을 생산할 수 있다고 믿는 기업들이라는 점에 주의하라). 하지만 갈 길은 아직 멀다. 2001년, 나는 세계경제포럼에 패널로 참석했다. 그때 우리는 "젊은이들은 실제로 젊음을 낭비하고 있는가?"라는 질문을 받았다. 내 기억에는 답을 얼버무렸던 것 같다. 하지만 지금은 수많은 젊은이들이 조바심을 내느라 성장의 중요한 기회들을 놓치고 있다고 믿는다. 조바심은 다스리기 어렵다. 인생과 경력의 후반에 접어든 사람조차도 말이다. 나는 그런 사람들과 많은 대화를 나누어보았는데, 그들 대부분 정도는 달라도 자신의 꿈에 마땅한 시간과 자원을 투여하지 않았다는 후회를 표현했다.

　스위스 태생의 장 피아제는 20세기의 저명한 심리학자로, 아동의 인지 발달에 관한 이론을 다수 정립했다. 그에 관한 재미있는 일화가 하나 있다. 피아제는 아이들의 긍정적 교육 방법에 관한 강연을 하러 미국을 여행하던 중 어느 곳에서나 항상 비슷한 질문을 받았다. 피아제는 농담 반 진담 반으로 자기가 미국식 질문이라 이름 지은 이 질문들은 하나의 맥락으로 통한다고 말했다. 바로 "아동의 정상적인 발달 과정을 가속하기 위해 부모들이 할 수 있는 일이 있느냐"는 것이다. 그의 강연을 들은 사람들은 하나같이 질릴만큼 이런 식의 질문을 해댔는데, 피아제는 이런 질문을 받을 때마다 놀랍기만 했다. 정상적인 아동의 발달을 가속하고 싶어 하는 이유를 도저히 이해할 수 없었기 때문이다.

삶에서든 직장에서든 목표가 무르익을 때까지 정상적인 발달 과정을 기꺼이 인내심 있게 기다리려면 어떤 시간 틀을 설정해야 적합할까? 한 가지는 분명하다. 우리가 원하는 것보다는 긴 시간이 될 거라는 점이다. 좋은 것이 발전하기까지는 시간이 걸린다. 아동의 인지 발달이 그렇듯, 이런 발전이 실현되려면 자연스럽고 인내심 있는 리듬이 허락되어야만 한다. 앞서 살펴보았지만 이런 역학은 대부분의 상황에서 통한다.

나는 집을 개조하던 중 적절한 일반적 경험칙을 학습하게 되었다. 예산도, 시간도 당신이 기대하는 바의 두 배는 들 거라고 예상하라. 기업의 궤도를 바꾸어놓거나 인간관계를 심화시키는 등 인생의 보다 큰 목표들은 경험상 몇 년이 아니라 몇십 년, 혹은 그 이상까지도 걸릴 거라고 예상해야 한다. 느리고 꾸준한 자가 경주에서 이긴다. 현대에도 최후에 큰 상을 받는 쪽은 토끼보다 아니 유니콘보다 거북이다.

핵심 요약

- **인간은 단기 선호 편향을 갖기 쉽다.** 빠른 성취가 모두 나쁜 것은 아니지만, 단기적 보상을 선호하는 편향은 장기적인 목표와 기회를 희

생시킨 대가로 얻어지는 경우가 너무 많다.

- **시간 계획을 짤 때는 현실적이어야 한다.** 정말로 가치 있는 목표는 어느 것이나 실현하는 데 시간이 걸린다. 전략이 뿌리를 내리고 싹을 틔우고 꽃을 피울 충분한 시간을 주어야 한다.

- **장기적인 관점이 결국은 더 중요하다.** 빠른 결정과 행동이 필요한 일도 있지만 일반적으로 더 중요한 건 장기적 비전과 지속적인 실행이다. 마땅한 시간과 자원을 들여서 후회할 일은 없다.

8장

불안 대 신념

모든 일은 유명 여배우이자 알프레드 히치콕의 뮤즈였던 티피 헤드런이 베트남으로 여행을 떠나 난민 구호 조직에서 활동하기 시작한 1970년대 중반에 시작됐다. 미국으로 돌아와 새크라멘토의 난민 캠프인 호프 빌리지를 방문하면서, 헤드런은 개인 손 관리사인 더스티 쿠츠 부테라를 불러들여 베트남 여성 스무 명에게 네일아트를 가르쳐달라고 요청했다. 그 여성들은 대부분 군 장교의 아내들이었다. 헤드런은 이어 더 많은 베트남 난민 여성들이 미국으로 와서 부테라의 가르침을 받고 지역 미용 학원에 등록할 수 있도록 자금을 지원했으며, 이후에는 그들이 서던캘리포니아 전역에서 일자리를 구할 수 있도록 도와주었다. 이를 계기로 네일아트 서비스가 성장하기 시작했다. 이것이 바로 이민자 중심 미국 네일아트 서비스의 서막이다.

새로운 혁신이 대부분 그렇듯 이 산업이 성장하는 데는 밝은 면과 어두운 면이 공존했다. 때론 추잡하다고까지 할 만한 요소도 있었다. 좋은 면을 보면, 고객은 합리적 가격에 소소한 사치를 누릴 수 있었고 수만 명의 이민자들은 정직하게 번 돈으로 가족들을 먹여살릴 수 있었다.

나쁜 면을 보면, 최대한 좋게 표현해도 서비스의 기준이 고르지 않았다. 일 처리를 제대로 하고 훌륭한 서비스를 제공하는 점포들도 있었지만 대다수의 가게들이 상식선의 보건 기준조차 만족시키지 못했다. 기술자들이 항상 마스크를 끼고 있는 것만 봐도 뭔가 잘못 돌아가고 있다는 사실을 알 수 있었다. 유독한 제품들이 걷잡을 수 없이 사용됐다. 추잡한 측면도 존재했다. 노동력 착취, 임금 횡령, 인신매매 등에 관한 사연들을 보면 편견이 없는 제3자도 이런 시대에 어떻게 이런 일이 가능했는지 의아해질 지경이다.

2006년, 동업자들과 나는 큐볼 그룹을 창업한 뒤, 1호로 어떤 기업을 만들고 어떤 프로젝트에 투자할지 고심하고 있었다. 그때만 해도 우리는 큐볼의 역사가 티피 헤드런의 선구적 작업과 연결되리라는 걸 전혀 몰랐다. 우리는 큐볼이 비즈니스 성장을 다루는 일종의 지주회사가 되길 바랐다. 하지만 우리에게 있는 건 이름뿐이었으며, 사실 자금 구조조차 안정화되지 않은 상태였다. 그래서 우리는 네일아트숍에 투자하기로 했다. 당장 먹고살아야 했으니 말이다. 이 네일아트숍은 현재 미니룩스라는 브랜드로 알려져 있다.

당시에 우리가 확신한 건 한 가지뿐이었다. 우리는 사람을 우선한다는 철학에 어울리는 프로젝트, 우리가 적극적으로 키워 나갈 수 있고 프로젝트 이면의 강력한 목표 의식을 확인할 수 있는, 장기적 잠재력을 갖춘 프로젝트에 투자하고 싶었다.

구체적이라고 하기는 어려운 목표다. 우리가 처음 들여다본 사업 구상의 범위에는 불행히도 프라이스 라인과는 상당히 다른 신개념 가격 검색 엔진, 불행히도 인스타그램과는 상당히 다른 온라인 소셜 이미지 게시판, 불행히도 링크드인과는 상당히 다른 인맥 데이터베이스, 불행히도 질로와는 상당히 다른 부동산 목록 데이터베이스에서부터 아시아에서 영감을 얻은 레스토랑 콘셉트에 이르기까지 모든 것이 포함되어 있었다.

단순하게 말하자면, 우리는 사방 천지에 발을 담갔다. 동업자인 존 하멜과 나는 한때 일본식 샤부샤부를 기초로 한 아시아식 핫팟이 성공을 거둘 거라고 확신했다. 그 확신이 너무 강해서 우리는 아시아 전역을 돌며 가능한 한 많은 핫팟 레스토랑들에서 시식을 해보느라 해외에서 열흘 정도 보냈다. 배는 불렀지만, 불행히도 사업 구상에는 아무 진척도 없는 채 출장에서 돌아왔다.

우리가 아직 생각해내지 못한 뭔가 다른 게 있는 건 분명했다. "거꾸로, 항상 거꾸로 생각해보라"는 찰리 멍거의 투자 원칙에 따라 나는 동료들에게 인터넷이라는 현기증 나는 세계가 아닌 일상의 평범한 풍경 속에서 투자의 영감을 얻을 만한 곳을 찾아보라고 말했다. 다른 기업가나 투자자 들이 매력적이고 새로운 비즈니스 개념을 찾다가 놓친 무언가를 말이다. '재미없는'이라는 단어를 유효한 검색어로 사용해서 장기간 지켜 나가고 싶은 무언가를 찾을 수 있을까? 우리는 심각하게 매력 없는 아이템에서 출발함으로써 소비자들의 경험을 다시 상상하고 사람들의 삶을 바꾸며 그 과정에서 진짜 가치를 만들어낼 수 있는 보다 큰 기회가 생길지 모른다고 생각하고 이렇게 자문했다. "우리의 가치관과 원칙에 일치하되 직원과 고객에게 새로운 자율권의 모델을 제공할 수 있는 일, 또 그런 경험을 통해 한껏 신나게 일할 수 있는 일에는 뭐가 있을까?"

우리가 네일숍을 차린 이유

나는 다음과 같은 사고 실험으로 제안했다. '우리가 일상적으로 만나는 업체들 중 스타벅스화할 수 있는 것은 무엇인가?' 내 동업자 존은 이 질문을 머릿속에 넣은 채 주말 동안 노스쇼어의 고향 거리를 드라이브하고 있었다. 그때 갑자기 아이디어가 떠올랐다고 한다. 거의 모든 길모퉁이에서 개인 소유의 네일아트숍을 발견한 것이다.

몇 개월 동안 우리는 네일아트 세계를 깊이 파헤쳐보기로 했다. 조사 결과, 80억~100억 달러 규모의 시장에서 대략 40만 명의 기술자들이 일하고 있었다(이 업계의 상당 부분은 비공식적인 현금 경제에 속해 있으므로 정확히 추산하기는 어렵다). 숫자 계산은 쉬운 부분이었다. 네일아트 산업을 진정 이해한다는 건 네일아트숍에서 시간을 보내고, 가게 주인, 기술자 들과 대화를 나누고, 전국을 여행하며 다양한 네일아트숍의 공통점과 차이점을 알아봐야 한다는 뜻이었다. 동네 길모퉁이의 네일아트숍과 고급 숍 모두를 살펴보는 게 중요했다. 나는 플로리다, 마이애미, 뉴욕, 샌프란시스코, 로스앤젤레스로 출장을 다니며 중년의 사업가로서는 한 달 동안 받은 페디큐어와 매니큐어 수로 기네스북 기록을 세웠다고 믿을 만큼 뻔질나게 네일숍을 방문했다.

우리는 업계의 상황을 직접 눈으로 살펴보면서 겁을 먹는 동시에 흥분했다. 한편으로는 새롭게 눈에 띈 극악한 상황에 직면하고는 망설임도 생기고, 다른 한편으로는 그런 상황을 어떻게든 해결할 수 있을 거라는 자신감도 생겼다. 우리는 보건 및 위생 기준이 전반적으로 얼마나 비일관적인지 즉시 알아차렸다. 솔직히 통탄할 만한 사례도 많았다. 네일아트는 전 세계 사람들이 가장 많이 이용하면서 가장 적은 규제를 받는 미용 서비스였다. 부동산 개발업에서 오랫동안 경험을 쌓아온 존은 자기 건물에 "네일아트숍이 하나 더 들어올까 봐" 건물주들이 두려워했다고 말했다. 내가 이유를 물었더니 대부분의 건물주가 이 산업에 대해 부정적인 고정관념을 가지고 있다는 답변이 돌아왔다. 이런 고정관념은 네일아트 서비스나 관련 제품과 연관된 유해한 공기나 악취를 기피하는 데서 유래했다.

미니룩스를 출범시키기 위해 우리는 제공하고 싶은 경험이나 서비스에 초점을 맞추기 전에 먼저 보건과 위생이라는 문제를 해결해야 했다. 우리는 또한 미니룩스에서 일할 사람들에게 공정한 노동 관행과 성장 기회를 보장해주고 싶었다. 어쩌다 보니 사람들을 고용하게 된 미용 우선 기업이 아니라, 어쩌다 보니 미용 산업에 속하게 된 '사람을 우선시하는 기업'을 만드는 것을 비전으로 삼았다.

그런데 사실 망할까 봐 두려웠다. 고객으로서든, 운영자로서든 우리는 이 산업에 익숙하지 않았다. 네일아트 기술자 공동체는 우리를 전혀 몰랐고, 우리 딴에는 부지런히 조사했다고 하지만 그때까지 존과 내가 네일아트숍을 방문한 횟수는 무시해도 될 만한 수준이었다. 우리가 두려웠던 또 다른 이유는 원론적인 것이었다. 우리는 아크릴 등 건강상의 우려가 있는 관습적인 네일아트 서비스를 제공하고 싶지 않았다.

인간적인 요소도 있었다. 우리는 몇몇 기술자들이 이야기해준 안타까운 사연에 민감하게 반응할 수밖에 없었다. 예컨대 수지타산을 맞출 수 없다든지, 팁을 적게 받는다는 느낌이 든다든지, 과로가 일상이 되는 업무 환경이라든지 하는 이야기 말이다. 우리는 당연히 이윤이 남는 기업을 운영하고 싶었다. 외부인으로서 신뢰를 쌓는 것도 큰 문제였다. 이런 인적 자본상의 난점들에 더해 기술자들과 특히 경기 침체 때는 돈 벌기가 얼마나 어려운지, 이 일이 육체적으로 얼마나 고된지에 관해 대화를 나누면서 우리는 남몰래

218

이런 사업에 경제학이 통하기는 할까 고민했다.

　하지만 다른 한편으로, 우리는 수많은 관찰을 통해 확신을 가질수 있었다. 첫째, 그때까지는 이 영역에 과감히 투자해 네일숍에서의 경험을 개선하겠다고 생각해본 투자자가 없었다. 우리는 아무것도 몰랐지만, 우리가 모르는 가능성이 무엇인지 모르는 것도 마찬가지였다. 색깔을 고르는 방식부터 깨끗한 시설, 살균된 도구에이르기까지 모든 걸 바꾼다면 고객들은 어떻게 받아들일까? 우리가 기술자들을 제대로 대우하고 뚜렷한 직업적 전망을 제시하면무슨 일이 일어날까? 기술과 데이터 분석을 도입해 서비스 공급과고객들의 수요를 더 잘 맞춘다면 어떻게 될까? 브랜드 이면의 선명한 목표 의식을 갖추고 더 나은 경험과 고품질 서비스를 제공한다면 고객들이 기꺼이 돈을 더 낼 거라는 판단은 합리적으로 느껴졌다. 분석적 렌즈를 통해 모든 것을 다시 살펴보자 영세한 구멍가게식 네일아트숍과 완벽한 서비스를 제공하는 스파 사이의 비용차를감당할 만한 사치재가 들어설 자리가 있다는 확신이 생겼다.

　다시 말해, 우리는 '네일계의 스타벅스'가 될 자신이 있었다. 무엇보다 우리가 중요한 변화를 만들어내고 직원 쪽에서든 고객 쪽에서든 업계 전체를 변혁하려는 기회를 포착하고 동기를 부여받았다는 점이 중요했다. 망설임과 확신의 밀고 당기기가 없었던 건 아니지만, 보다 큰 목표 의식이 우리의 열정과 미니룩스라는 사업 구상에 대한 궁극적 믿음에 불을 지폈다. 그렇게 우리는 확신 쪽으로기울어졌다.

그리하여 우리는 큐볼의 첫 번째 투자 사업으로 네일아트숍 브랜드를 창업하기로 했다. 잠깐이나마 '나만의 시간'을 만들어주는 짧은 휴식을 제공한다는 의미에서 브랜드 명은 미니룩스miniluxe로 정했다. 우리는 자기 돌봄을 미니룩스의 중심적 목표로 내세웠다. 자기 돌봄이란 일단 나 자신을 돌보기 전에는 다른 사람들을 잘 돌볼 수 없다는 믿음을 의미한다.

우리는 2007년 매사추세츠 뉴튼 센터에서 첫 번째 네일아트숍을 열었다. 타의 모범이 될 만큼 깨끗한 숍에 수술실 등급의 청결 시스템을 갖췄으며 경쟁력 있는 임금과 탄력 근무제, 의료보험에서 유급 휴가에 이르는 복지 혜택을 확립했다. 우리는 또한 디자인에도 많은 시간을 들여 건축학적으로 상을 받을 만한 공간을 만들어냈다. 하지만 점포는 한 곳에만 열었다. 확장에는 신중할 생각이었다. 동업자 매츠 레더하우젠이 경력을 쌓는 내내 실천해온 원칙, 즉 '크게 생각하고 작게 시작해서 적절한 속도로 올라간다'는 원칙을 고수한 것이다.

현재 큐볼은 50개가 넘는 기업을 창업하거나 투자하고 있다. 이들 기업의 규모는 대부분 미니룩스보다 크다. 그러나 여전히 미니룩스는 나와 내 동료들, 우리가 투자한 회사 전체를 움직이는 단하나의 단순한 사실을 매일 떠올리게 만드는 상징 같은 존재다. 그건 바로 우리가 하는 모든 일의 이면에는 인적 자본의 중요성이 자리 잡고 있어야 한다는 것이다. 사실, 나는 지원하거나 직접 창업한 모든 기업을 통틀어 미니룩스에서 망설임과 확신의 밀고 당기기를 가장 심하게 경험했다. 나는 이 업계에 익숙하지 않았지만 변화는 확실히 필요해 보였다.

아마 이 업계의 문화적 측면도 내게 영향을 끼쳤을 것이다. 나 자신이 가족이 함께 소규모 서비스업체를 운영하는 이민자 가정 출신이었기 때문이다. 미니룩스 사업 구상은 동업자들은 물론 나 자신이 굳게 지키는 원칙, 즉 좋은 사람들을 통해 긍정적인 변화를 만들어낸다는 원칙에 부합했다. 미니룩스는 지금도 큐볼의 인적 자본 중심 철학의 상징이자 이 책에 나오는 '좋음'에 관한 수많은 주제에 영감을 주는 사례다.

미니룩스는 현재 10년 이상 영업을 지속하고 있다. 하지만 아직도 갈 길이 멀다. 다만 이제는 미국 전역의 서로 다른 네 개 주에 점포를 두고 있을 정도로 성장했다. 성공했다고 하기에는 아직 멀었지만 말이다. 그렇기는 하지만, 나와 동업자들은 새로운 점포를 연다든가, 직원과 고객의 충성도를 높인다든가, 새로운 주에서 개업을 하는 등 고비에 이를 때마다, 또 자기 돌봄이라는 핵심 목표 의식의 진화를 기념하고 축하할 때마다 어쩔 수 없이 가슴이 두근거린다.

두려움 넘어 확신을 갖는 법

직장에서든 삶에서든 불안과 확신 사이의 긴장이 느껴질 때는 무슨 일을 하는지가 중요하다. 불안이라는 팽팽한 줄 위에서 용의주도하게 균형을 잡는 동시에 반대편에 있을지도 모르는 것을 추구할 용기와 확신, 직관을 발견하는 기업가에게는 이것이야말로 문제의 역설 아닐까? 사실, 새로운 일을 시작하는 사람이든, 중대한 결정에 직면한 사람이든 불안을 느끼게 마련이다.

미니룩스의 사례도 마찬가지다. 큐볼의 창업팀은 여러 해 동안 다양한 분야에서 실적을 쌓은 사람들이지만 이번 구상은 정말 달랐다. 실패하면 무슨 일이 일어날까? 기쁘게도 내 동업자들은 이런 마음가짐을 공유하지 않았다. 아무런 위험이 없다고 생각한 건 아니지만 우리는 그런 취약성과 위험을 줄이기 위해 고심했다. 우리는 핵심 목표와 확신이 너무 강해 시도하지 않는 것이 오히려 불가능하다는 생각을 일부러 계속 떠올렸다.

우리는 의식하지도 못하는 사이 우리가 긍정적 영향을 미칠 수 있는 상황들을 고려하는 집합적 과정에 들어갔고, 그럼으로써 몇 가지 망설여지는 지점들에 대해 위안을 얻을 수 있었다. R.I.S.E.의 렌즈를 통해 빠르게 재생시켜본 미니룩스 여행은 다음과 같다.

인식하기 우리는 좋은 사람들의 원칙을 증폭시킬 수 있을 만큼 수명이 긴 사업 구상을 찾을 기회를 인식했다. 아직 R.I.S.E. 틀이나 좋은 사람들의 주문이 언어화되지 않았지만, 우리는 알지도 못한 채 그 같은 원칙들을 논의했다. 구체적으로, 우리는 사람을 우선시하고, 타인이 더 완전한 본연의 모습을 찾을 기회를 제공하는 임무를 떠맡고 싶었다. 우리는 네일아트 업계에 경험이 없다는 약점은 물론 디자인과 데이터, 기술에서 우리가 가진 강점도 알고 있었다. 우리는 자기 인식을 가지려고 노력했으며, 우리가 밟아 나가야 할 가장 중요한 단계들은 무엇이며, 진척 속도를 늦추거나 성공을 가로막을지도 모르는 장애물들은 무엇인지에 관한 개략적인 그림을 가지고 사업에 뛰어들고자 했다. 우리가 해결해야 할 문제는 이것이었다. '우리는 불안으로부터 확신으로의 도약을 해낼 수 있을까?'

내면화하기 미니룩스가 우리의 가치관과 잘 어울리며, 우리가 하고 싶은 일을 지원해줄 합리적인 비즈니스 모델이라는 사실을 검증한 다음에도 우리는 사업 구상이 숙성되고 반복 적용되며 진화하도록 수개월을 묵혔다. 우리는 매니큐어와 페디큐어, 왁싱 서비스에 관해 할 수 있는 한 모든 걸 배우고 싶어서 배우로 치면 '메소드' 연기를 했다. 그 결과, 밀어붙여야겠다는 확신이 생길 만큼 업계를 이해하게 되었다.

공유하기 비즈니스 개념을 발전시키던 초기에 내가 한 가장 좋은 일 중 하나는 이 개념을 레더하우젠과 공유한 것이다. 그는 현재 나의 동업자이지만 당시에는 맥도널드 벤처스의 경영 책임자이자 치폴레의 주요 임원이었다. 나는 그에게 뭔가에 착수하려고 벼르는 중인데 그 뭔가는 핫팟 레스토랑 아니면 네일아트숍이 될 거라고 말해주었다! 레더하우젠을 포함한 여러 사람들은 넓은 의미에서 미니룩스의 창립 멤버가 되어 사업을 구상하는 데 중요한 역할을 해주었다. 우리는 내면화 과정의 일환으로 상당한 정도의 고객 조사를 수행했고, 도움을 줄 수 있는 사람들과 함께 이렇게 해서 발견한 내용을 토의했다. 한 가지 예로 우리는 의료 전문가와 병원을 찾아가 청결한 점포 환경을 위해 도구를 소독하는 최선의 방법을 배웠다.

실행하기 일단 사업 구상에 착수해야겠다는 믿음의 도약이 이루어지자 우리는 혼신의 힘을 다했다. 우리는 크리스마스 주간에 첫 번째 미니룩스 점포를 여는 등 실행에 나섰다. 자신 있게 고품질 서비스를 제공하고, 차별화된 위생 상태를 위해 노력하며, 기술자들에게 보다 보람 있는 경력 모델을 제공하려면 어떻게 해야 할지 고민하느라 며칠 밤을 지새웠다. 새로운 디자인의 발받침이나 건조대는 물론 건물주들과의 관계, 심지어 일부 네일아트숍 주인들과 맺어야 할 자문위원이나 피고용인으로서의 관계까지도 고심했다. 우리는 돈과 시간, 영혼을 들여 첫 점포를 운영했다. 모든 의심은 한쪽으로 밀어놓았다. 우리는 '소매업은 꼼꼼함이 전부다'라는 사실을, 또한 이제는 모든 것이 실행되고 있다는 사실을 알고 있었다. 그렇기에 좌고우면하지 않고 일에 고개를 파묻었다.

불안을 공유하라

'자신감'이나 '확신' 같은 단어들은 대체로 긍정적인 연상 작용을 일으키는 반면, '불안'이라는 단어는 약간 부끄럽고 나약하게 들린다. 하지만 나는 불안을 양심적 선택이라는 맥락에서 정의한다. 이렇게 볼 때 불안은 더 훌륭한 생각과 우연히 맞닥뜨릴 가능성을 열어주는, 새로움과 실험에 대한 순종이다. 불안은 보다 큰 목표 의식을 위해 위험을 감수하려는 의식이자 기꺼운 수용이다. 우리는 불안하기 때문에 미리 세워둔 일련의 가정들에 대해 열린 태도를 가지고 다시 논의한다. 동시에 불안은 가장 핵심적인 가치관에 대한 신념을 유지하라고 요구한다. 가끔씩 일부러라도 불안을 품지 않으면 보다 큰 목표에 다다를 수 없다.

경영계에서 쓰는 보다 쉬운 용어는 '불안'이 아니라 '위험 감수'다. 하지만 우리가 정말로 이야기하려는 대상은 자기 인식에서 비롯된 불안이며, 수동적 순진함을 선택하기보다 위험에 능동적으로 맞서는 능력이다. 잠재적 보상을 위해 불안과 위험을 감수하기로 선택하면 이에 따른 위험을 관리할 방법도 생각해낼 수 있다. 위대한 리더와 기업가들이 하는 일이 바로 그것이다. 그들은 위험을 받아들이기만 하지 않고 관리한다. 이런 식으로 정의한 불안은 보다 미묘한 의미를 가질 뿐 아니라 새로운 시도를 해볼 힘을 뒷받침해주는 힘이 된다.

위험을 감수하는 사람들을 대담하고 추진력 있으며 설득력 강하고 외향적인 인물로 본다면, 불안해하는 사람들은 나약하고 무력하며 내성적이고 무방비 상태에 있다고 볼 수도 있다. 기업을 운영하는 것은 불안과 밀접하게 연관되어 있다. 위험에 대한 적극적인 불안을 갖출 기회를 스스로에게 허락하지 않는다면 보상이나 변화가 이루어질 가능성 또한 적어진다. 내가 가장 존경하는 사람들 중 몇몇은 자신의 불안을 적극적으로 관리한다. 그들은 이 같은 자신의 모습을 편안하게 받아들인다. 자신을 드러냄으로써 자신과 타인들에게서 진정성을 끌어낼 수 있다는 사실을 알기 때문이다. 좋음을 적극적으로 추구할 수 있듯, 불안 역시 통제할 수 있는 부분과 우리가 통제할 수 없는 더욱 위험한 부분들로 나누어 관리할 수 있다.

2009년 〈하버드 비즈니스 리뷰〉에 불안에 관한 첫 글을 기고한 이래 나는 이 주제에 관한 브레네 브라운의 테드 강연과 그녀의 책 《마음 가면》에서 깊은 영감을 받았다. 좀 더 최근에는 새러 루이스의 저서도 도움이 됐다. 2014년 출간된 그녀의 책 《상승》은 궁극적으로 성공을 이룩한 위대한 예술가들의 실수를 탐구한다. 앞서 언급한 두 책은 모두 위대한 소명을 완수하고 타의 존경을 받는 성공을 이루기 위해 불안과 실패를 모두 끌어안아야 하는 이유를 설명한다. 루이스는 《상승》에 이렇게 썼다.

어느 정도 높이에 올라가면 노벨상을 받은 최근의 발견에서부터 기업적 발명, 문학과 무용, 시각예술의 고전에 이르기까지 우리 인류가 보여준 가장 상징적인 노력 중 다수는 사실 성취가 아니라 전환이었음을, 이미 날아간 화살의 궤도 수정이었음을 알게 된다.

일정한 불안을, 그러니까 실패한 경로나 예상치 못한 장애물을 수용해야 한다는 사실을 인정하지 않으면 세상은 더 단조롭고 얄팍하며 지루해질 것이다.

불안에는 두 가지 유형이 있다. 이 중 하나는 소극적이고 온순하다. 좋은 결과로 이어질 가능성이 별로 없는 불안이다. 두 번째는 새로운 사고와 새로운 사물을 만들어낼 수 있는 불안이다. 이는 스스로 선택한 적극적이며 생산적인 위험 감수라고 할 수 있다. 명확히 밝히겠다. 내가 소극적이라고 부르는 불안과 적극적이라고 부르는 불안 사이에는 큰 차이가 있다. 소극적 불안은 선택하지 않았는데 돌발적인 상황에 처한 상태를 의미한다. 적극적 불안은 특정한 위험에 따르는 내재적 보상(예를 들면, 개인적 보람)과 외재적 보상(예를 들면, 경제적 보상)을 감수하는, 이미 성찰한 위험에서 나온다.

적극적 불안은 본질적으로 능동적이며, 정보에 근거를 둔 위험 감수다. 소극적 불안은 반응적이며 순종적인 노출이다. 소극적 불안이 실패로 이어지면 남는 게 없다. 하지만 적극적 불안은, 설령 실패라는 결과를 맞이하더라도 그곳에서 배움을 얻을 수 있고 이 경험은 성공의 씨앗이 된다. 당신이 속해 있는 분야가 예술계이든 과학계이든 경영계이든, 다른 어디든 간에 마찬가지다.

적극적 불안의 사례를 생각해보자. 기업가 겸 투자자인 제임스

다이슨이 15년에 걸쳐 5127개의 시제품을 만들고 5126번의 실패를 거친 끝에 결과적으로 대단한 성공을 거둔 진공청소기를 만들어낸 이야기는 경영계의 전설이다. 다이슨은 투자자와 기업가로서의 삶은 실패하는 삶이라고 입버릇처럼 말했다.

나는 예전부터 학교에 다니는 아이들의 점수를 매길 때 그 애들이 저지른 실패의 수를 척도로 삼아야 한다고 생각했습니다. 이상한 일을 시도하고, 그 와중에 엄청나게 많은 실패를 경험하는 아이는 아마 창의력이 더 뛰어날 겁니다. (중략) 우리는 일 처리를 제대로 하라는 교육을 받습니다. 하지만 다른 사람들이 발견하지 못한 것을 발견하고 싶다면 잘못된 방식으로 뭔가를 해야 합니다.

실패와 불안은 영적인 자원으로, 그러니까 우리를 상상조차 해보지 못한 창의적인 길로 이끄는 내적 영감이자 신비로운 에너지로까지 승화될 수 있다. 좋은 리더들은 모든 사람에게는 능력 면에서나 성격 면에서나 단점이 있다는 전제를 받아들인 뒤 이런 결점을 나누고 대면하며 그 안에서 강점을 발견할 용기를 얻는다. 신뢰와 진정성은 모두 여기에 토대를 두고 있다.

실패를 통해 내면의 자신감을 발견할 수도 있다. WD-40는 50번의 시도가 실패한 이후에 만들어졌지만, 그 역사는 CEO 개리 리지에게 지울 수 없는 흔적을 남겼다. 그는 WD-40에 실패란 없다고 강조했다. 오직 직원들의 용기를 북돋아 앞으로 나아가게 하는,

자신감을 심어주는 "학습의 순간들"만이 있다고 했다. 다이슨의 실패한 진공청소기 시제품 5126개도 하나하나 그에게 뭔가 새로운 것을 가르쳐주었다. 그 새로운 지식들 덕분에 다이슨은 끝끝내 자신이 생각한 바에 딱 맞는 시제품을 얻어낼 수 있을 거라는 더 큰 확신을 갖게 되었다.

언제나 내가 옳을 수는 없다

자신감과 신념은 가까운 사촌이다. 하지만 이들은 몇 가지 중요한 면에서 서로 다르다. 예컨대 불교에서는 자신감과 신념을 명확히 구분한다. 이에 따르면 자신감은 스스로에게 권한을 부여하므로 대체로 내적인 것이고, 신념은 원칙이나 일련의 가치관, 심지어더 높은 권력 등 자신보다 더 큰 무언가에 대한 믿음을 뜻한다. 자신감이 신념으로 이어지는 경우가 많은 건 사실이다.

하지만 자신감 자체는 (이카루스가 증명하듯) 위험투성이이다. 오만함이나 독선으로 굳어버린 경우에는 특히 그렇다. 어떤 점이 위험하냐고? 자만에 굴복해 자기 인식을 잃고 공감 능력도 잃어버린 사람은 이타적이기보다 이기적이게 된다. 자신감에서 신념 사이에는 여백이 가로놓여 있다. 우리는 이 여백에서 자신을 내려놓아야 신념으로 도약할 수 있는 선택지를 가질 수 있다.

자신감과 신념에는 또 한 가지 차이점이 있다. 자신감만 있을 때는 주어진 결정을 지지하는 데 그칠 수 있다. 그러나 신념이 있으면 진정한 책임을 지게 된다. 불안과 신념이 서로 전쟁을 벌이는 사이이기는 해도, 궁극적으로 자신의 행동에 완전한 책임감을 느끼려면 충분한 신념이 필요하다.

리더들과 의사결정권자들은 자기가 내린 결정의 결과에 직접적 책임이 있다는 사실을 인식해야 한다. 그들이 속한 조직의 모든 층위를 책임져야 한다는 사실 역시 깨달아야 한다. 리더들은 또한 신념을 따를 때 보다 신중해야 하는 상황과 신념을 통해 영향력을 발휘해야 하는 상황을 구분할 줄 알아야 한다.

리더들은 군중이 가끔 무엇을 해야 할지 말해주고 행동의 경로를 짜줄 사람을 요구한다는 사실을 알고 있다. 이때는 자신감과 신념 중 어느 것을 활용하더라도 약속한 좋은 일들을 이행할 수 있다. 사기를 진작시키고 조직의 집중력과 질서, 강도를 한층 강화할 수 있다는 말이다. 핵심은 어느 상황에 특히 신념이 요청되는지 파악하고, 그렇지 않은 상황에서 유연하게 처신할 방법을 아는 것이다.

이 책을 준비할 때 가장 좋았던 건 창업가와 예술가부터 〈포천〉 500개 사의 CEO와 군 장성에 이르기까지 수많은 리더들과 이야기할 기회가 생겼다는 점이다. 그중에서도 가장 매력적이었던 부분은 이 리더들이 어려운 결정을 내려야 하는 상황에서 팀원들에게 동기를 불어넣는 방법이나, 거꾸로 팀원들이 자신들에게 동기를 부여해준 방법을 설명해주었을 때였다.

내가 인터뷰한 많은 리더들은 일을 실제로 해내는 데 필요한 자신감과 신념을 투사할 만한 적절한 시기를 고르는 한편, 내면에 고요히 소용돌이치는 불안을 관리하고 절제하려고 애썼다고 말했다. 많은 경우 리더에게 필요한 자질은 그냥 끝까지 버티는 힘이었다. 끝까지 버틴다는 건 리더가 불안을 지워버렸다는 뜻이라기보다는 팀원들의 침착한 평형 상태를 유지하는 데 성공했으며, 리더 자신이나 팀원들에게 유용한 방법과 기질을 갖추고 있다는 뜻이다.

강하고 자신감 넘치며 노련하고 능숙한 리더들도 자신들이 언제나 옳을 수 없다는 것을 인정한다. 위대한 결정과 그에 따른 결과는 내재적 위기에 직면해 내린 올바른 판단에서 비롯된 경우가 일반적이다. "위험이 없으면 보상도 없다"는 격언은 신념과 불안 사이의 균형에 닿아 있다. 일단 결정을 내렸다면, 리더는 자기 결정의 결과로 나타날 수 있는 불안으로부터 타인을 보호하는 것이 아니라 완화시켜야 할 위험을 투명하게 드러내는 것을 목표로 삼아야 한다. 리더는 팀원들에게 난관과 마주했을 때 능력을 최대한 발휘하고 뛰어난 기량을 보여줄 기회를 주는 동시에, 그들이 충분히 자신의 소임을 해낼 거라는 최대한의 확신과 신뢰를 품고 있음을 상기시켜주어야 한다. 이것이야말로 리더가 사기를 북돋아 팀원들을 행동하게 만드는 방법이다.

신념을 전달할 때는 끈질겨야 한다. 심지어 가차 없어야 한다. 하지만 그것도 정도껏이다. "고집은 옳을 때는 위대하나 틀릴 때는 지옥과 같다"고도 표현할 수 있겠다. 최고의 리더는 자신의 결정이 옳다는 깊은 신념에 강력한 확신을 내보이는데, 이는 얼핏 오만함으로 해석될 수도 있다. 이 사이에서 능숙하게 균형을 잡을 만큼 노련한 리더는 거의 없다. 변화하는 조건에 맞춰 계획을 변경할 만큼 충분한 자기 인식과 겸손함을 유지하는 리더는 그보다도 드물다.

불안과 신념의 긴장은 좋음의 추구도, 좋음의 주춧돌이 되는 세 가지 가치관의 추구도 전부 어렵게 만든다. 우리의 진정성과 가치관의 근저에 깔려 있는 좋음의 토대는 불안을 포용하되 신념이 약해지거나 사라지는 지점까지 물러서지는 않는 어려운 과제를 감당해내야 한다. 좋은 의사결정의 기본이 주어진 상황을 인식하고 내면화하는 데서 시작한다면, 불안과 신념의 긴장이 언제나 존재하리라는 사실을 인식함으로써 더 나은 의사결정을 내릴 수 있을 것이다. 다시 말해, 불안에 정면으로 대면하되 바로 그 불안이 잠재적 강점의 원천임을 인식하면 신념에 활기를 불어넣을 수 있다.

이 책에서 탐구한 다섯 가지 긴장 중 발생 빈도가 가장 높은 긴장은 바로 불안과 신념 사이의 긴장이다. 기업가와 리더는 거의 매일 이런 긴장에 부딪친다. 이런 긴장에 용기 있게 대처하는 사람들을 살펴보면 자연스럽게 공통적 패턴이 눈에 띈다. 이들은 인식하기, 내면화하기, 공유하기, 실행하기라는 일반적 단계들을 무의식 차원에서 자동적으로 수행했다. 이런 리더들은 스스로에게 불확실성을 허락하면서도, 스며드는 모든 불안이 결국 더 큰 목표 의식을 추구할 때 나오는 자연스러운 부산물이라 믿으며 모호성의 바다를 편안히 항해했다. 기업에서 불안과 불확실성이 기승을 부릴 때 목표 의식의 명확성은 신념으로 기능할 수 있다. 불안과 신념이 주도권 다툼을 벌일 때 당신의 목표 의식에 가장 잘 어울리는 균형점은 무엇인가?

　맥킨지 앤드 컴퍼니의 도미닉 바튼은 이런 말을 했다. "회사 차원에서 어려운 결정을 내려야 할 때면, 나는 회사의 사명을 여과지로 삼아 그 결정이나 행위가 우리의 두 가지 핵심 원칙에 어떤 이득이 될지 따져보곤 합니다. 이때 두 가지 원칙이란 고객의 영향력을 증대시키는 것, 혹은 우리 회사의 능력을 진작시키는 것입니다." 바튼의 목표 의식 여과지는 회사의 가치관에 깊이 헌신하기에 작동한다. 직장 생활을 하는 다른 사람도 마찬가지다. 우리는 지침이 되는 우리 자신의 인간 중심적 가치관을 깊이 고민하고, 그런 가치관이 회사의 전반적 가치관은 물론 목표 의식과 상호보완적인지 판단해야 한다. 당신의 개인적 가치관과 직업적 가치관은 일관적이고 통합되어 있으며 공명하는가? 목표 의식을 안내하는 진정성과 공감, 총체성 속에서 인간 중심적 가치관을 견지하면 우리는 이 긴장을 포함한 여러 긴장 관계 속에서 균형을 찾고 불확실성을 관조할 수 있다. 용기 있게, 진정성 있게, 물론 신념을 가지고서 말이다.

2015년 〈뉴욕 타임스〉는 뉴욕 시내에서 영업 중인 네일아트숍의 충격적인 상태를 2부로 구성된 탐사보도로 다루었다. 여기에는 직원들이 얼마나 형편없는 대우를 받는지도 포함되어 있었다. 기자인 새러 매즐린 니르는 미니룩스를 설립하기 전, 우리가 불안과 사업 구상에 대한 신념 사이에서 균형을 찾으려 했던 8년 전에 맞닥뜨린 수많은 업계의 문제들을 조명했다. 이렇게 오랜 세월이 지나서야 많은 네일아트숍에서 발견되는 다양한 문제들에 관한 주요 탐사보도가 나왔다는 게 놀라울 뿐이다. 이 기사는 우리 사업 구상의 유효성을 입증해주는 중요한 자료다. 〈뉴욕 타임스〉처럼 저명한 신문사가 지금에 와서 이 문제를 조명했다는 것도 중요했다. 미니룩스의 위상은 어떻게 되었느냐고? 이 기사가 실리기 겨우 몇 달 전, 우리는 〈뉴욕 타임스〉의 (긍정적인!) 기사에 거론되는 영광을 누렸다. 미니룩스는 현재의 성공에 안주하지 않고 계속 성장하기 위해 노력하고 있다. 티피가 이 모든 일을 시작한 곳, 로스앤젤레스로 돌아가 전국적으로 발자취를 확장해 나가는 중이다. 언제나 그랬듯 겸손해야겠지만 지금은 흥분을 감추기 어렵다.

핵심 요약

- **리더, 창업자, 기업가는 늘 역설에 부딪친다.** 위험을 감수한다는 것은 항상 불안을 자극한다. 그러나 일단 결정을 내린 다음에는 흔들리지 않는 신념을 가져야 한다.

- **목표 의식은 균형의 안내자 역할을 한다.** 어려운 의사결정의 순간에 발생하는 불안과 신념 사이의 긴장을 다루는 가장 좋은 방법은 무엇일까? 무슨 결정을 내리든 목표 의식을 나침반 삼아 방향을 점검하라.

- **소극적 불안과 적극적 불안에는 분명한 차이가 있다.** 소극적 불안에는 나약함과 굴종이라는 익숙한 함의가 담겨 있다. 적극적 불안은 자발적으로 선택하는 것이다. 보다 나은 존재가 되거나 더 좋은 일을 하기 위해 과감히 자신을 위험과 도전에 노출시키는 불안은 설혹 실패하더라도 성공의 씨앗이 된다.

9장

개성 대 연결성

모든 사람에게는 저마다 개성이 있다.

— 퀸시 존스

"의례적 질문이 뭔지 아세요?"

나는 뉴욕 웨스트빌리지의 한 아파트 거실에서 마고 파이든의 맞은편에 앉아 있었다(그녀의 친구들은 그녀를 "미즈 파이든"이라 부른다). 나는 대부분의 사람들이 그러듯 그날 오후의 대화를 "잘 지내세요?"라는 정중한 질문으로 시작했다. 미즈 파이든은 자기식 질문으로 대답했다. "제가 잘 지내는지 정말로 알고 싶으세요?"라고 말이다. 더 나아가 그녀는 "'의례적'이라는 단어나 '의례적 의사소통'이라는 어구의 의미를 알고 계시나요?"라고 묻더니 이렇게 말했다. "모르셔도 걱정하실 건 없어요. 제 친구 중 가장 책을 많이 읽은, 교육 수준이 높은 친구들도 그 뜻을 잘 모르거든요."

미즈 파이든의 말에 따르면 의례적 의사소통이란 편리하고 관습적이며, 항상 유의미하지는 않은 단어나 어구, 심지어 주제들에 의존하는 행위를 가리킨다. 미즈 파이든은 이렇게 덧붙였다. "제가 잘 지내는지 정말로 알고 싶으셨다면 회의 일정을 훨씬 길게 잡았겠죠. 그 이야기를 하는 데는 몇 시간 혹은 하루 종일 걸릴 수도 있으니까요. 이번 회의는 사실 제가 어떻게 지내는지 알고 싶어서라기보다는 선생님의 의제에 올라와 있는 대로, 선생님이 쓰시는 책 기획 때문에 잡힌 것 아닌가요? 뭐 어쨌든 괜찮습니다."

그녀도 나도 몰랐지만, 역설적이게도 그녀는 내게 "의례적"이라는 단어를 설명해주는 순간, 이미 이 책을 쓰는 데 도움을 주었다. 공감과 비의례적 질문을 던질 방법을 다룬 앞장에서 이 주제를 탐구하도록 영감을 준 사람이 바로 미즈 파이든이다.

미즈 파이든은 내가 만난 대부분의 사람들보다 완전히, 절대적으로 자신에게 진실했다. 왜 아니겠는가? 그녀는 열여섯 살 때 처음 브로드웨이 연극을 연출하면서 다방면에 걸쳐 열정으로 가득한 인생을 시작했다. 이후 그녀는 비행기 조종에 미쳤다. 지난 50년 동안은 작고한 유명 캐리커처 작가 알 허시펠드의 갤러리 대표를 지냈다.

"마고 파이든은 진정한, 고전적인 의미의 뉴욕 보헤미안이다." 〈인터뷰〉 지에 실린 말이다. 여기에 반박하기는 쉽지 않다. 미즈 파이든에게 차를 마시러 오라는 초대를 받았다고? 내가 하고 싶은 최고의 조언은 차가 다 식기 전까지는 마실 겨를이 없을 테니 안전벨트를 꽉 조이라는 것이다. 그녀를 만나는 동안 나는 찰리 채플린에서 루치아노 파바로티에 이르는 다양한 사람들과의 만남이나 우정에 관한 이야기를 연이어 들었다. 이 이야기들 사이사이에는 광범위한 다른 주제들이 섞여 있었는데, 그중에는 2003년에 작고한 허시펠드에 관한 무수히 많은 이야기도 포함되어 있었다.

미즈 파이튼의 이야기에는 인간적 영혼이 배어 있었다. 음악으로 치면, 정직성과 별난 특성이 담겨 있어서 이상한 감동을 전해주고 듣는 순간만큼은 인간성을 회복한 듯한 느낌을 주는 음악을 감상하는 것 같은 기분이 들기도 했다. 그녀와 겨우 두 시간을 함께 보내고 나서 나는 그녀가 세상에서 가장 탐나는 특성을 가지고 있다는 사실을 알게 되었다. 그 특성이란 진실에 대한 신념과 통합된 정체성으로 정의되는 자기 일관성이다. 그녀의 모든 말과 생각, 행동 사이에는 대단히 매끄러운 일관성이 있었다. 그녀의 독특한 개성에도 불구하고, 아니 어쩌면 바로 그 개성 때문에 그녀가 누구인지 정확히 알 수 있겠다는 생각이 들었다. 그녀는 자신을 독특한 존재로 만드는 것들을 피하지도, 과시하지도 않았다. 그녀는 그냥 그녀 자신이었다.

개성과 연결성 사이의 긴장을 살피려면 리더십 피라미드의 모든 층을 다시 검토해야 한다. 첫 번째 층에서는 개성이 말과 행동, 생각, 느낌의 일관성을 말해준다. 공감의 층도 관련이 있다. 우리는 다양한 개성에 개방적이고 공감적인 태도를 취해야 하며, 서로의 차이점을 높이 평가하는 동시에 타인과의 연결을 유지하는 능력을 갖추어야 한다. 총체성이라는 면에서, 이 긴장은 인생의 특정 시점에 느끼는 만족감과 관련된다.

개성 대 연결성의 긴장에 관해 이야기하다 보면 나는 경영계나 기타 다른 분야에서 리더 위치에 있는 몇몇 사람들을 떠올리게 된다. 그들은 자신이 누구인지, 또 무엇을 상징하는지 대단히 명료하게 알고 있다. 하스브로의 앨런 하산펠트 같은 기업 지도자에서부터 MIT 미디어랩의 네리 옥스먼 같은 떠오르는 스타들, 안무가인 빌 T. 존스 같은 창의력의 거장들에 이르기까지 모든 사람들을 포함해서 하는 말이다.

하산펠트, 옥스먼, 존스는 자신에게 주어진 일을 다르게 해보고, 자신의 독특한 리더십 스타일과 습관을 아무 거리낌 없이 자랑스럽게 여기면서도, 동시에 겸손을 유지하고 새로운 정보와 아이디어를 수용한다. 나는 누가 물어보면 이들이 모두 자신의 현저한 기벽과 성격적 특징을 망설임 없이 설명해줄 거라고 자신 있게 이야기할 수 있다. 이들은 자신이 누구인지 알고, 거기에서 물러서지 않기 때문에 타인의 존경을 받았다.

천재와 광인은 본질적으로 같다

미국의 피아니스트이자 작곡가, 배우, 심기증 환자, 세계 정상급 신경증 환자인 오스카 레반트는 이렇게 말했다. "천재와 광인을 나누는 선은 아주 가늘다. 나는 그 선을 지워버렸다." 레반트는 이런 경계 흐리기가 자신의 창의력을 북돋는다고 믿었다. 음악가, 기업가, 예술가, 작가는 많은 경우 틀에서 좀 벗어날 필요가 있다. 겁없는 창의력, 개성 강한 사고, 위험 감수가 종형 그래프의 중간 지점에 나타나는 경우는 거의 없다. 이들을 보다 전인격적인 인간으로 만들어주는 것은 그들의 성격에 깃든 사랑스러운 기벽이다. 미즈 파이든이 그렇듯, 세계에서 가장 상징적인 인물들은 그 가느다란 선을 지워버릴 방법을 찾아내는 경우가 많다. 그러나 너무 많은 기벽과 너무 많은 기이함은 조화를 깨뜨리고 이들을 존중하거나 사랑하기 어렵게 만든다. 어떻게 해야 이 사람들과 연결될 수 있을까?

많은 사람들이 예술가들은 까다롭고 이상주의적이며 자기만의 세계에 빠져서 실용성이나 현실 자체까지도 희생시킨다는 고정관념을 갖고 있다. 사업가들도 까다롭고 이상주의적이며, 그 나름대로의 세계에 빠져 있느라 문화를 존중하지 않고 자기가 하는 일의 인간적 영향도 고려하지 않는 사람이라고들 한다. 나는 예술과 사업이 만나는 공간을 만들면 많은 것들을 얻고 발전시킬 수 있을 거라고 생각한다. 머릿속에 쌓아둔 고정관념을 제거함으로써 혁신을 꾀하고 새로운 여백을 찾을 수 있다. 이는 다원적인 관점과 다차원적 사고가 거의 항상 더 나은, 더 아름다운 해답으로 이어진다는 믿음으로 이어진다. 우리 모두에게는 더 많은 겸손함과 서로의 사고방식에 대한 존중 어린 공감이 필요하다.

개인의 특이한 차이점을 기쁘게 여기는 데서부터 시작하자. 예술과 문학계에서는 개성적인 접근법이 유명 인사를 탄생시킨다. 에밀리 디킨슨이 여러 편의 시에서 활용한 특이한 문법과 구두법(특히 대시의 사용)이나 e. e. 커밍스의 소문자 사용은 그들의 작품을 규정해주는 요소로 인정받는다. 한때는 너무 예외적이거나 지나치게 아방가르드한 것으로 보이던 것들이 결국 획기적이며 특출하고 독특한 것으로 여겨지는 경우는 어렵지 않게 찾아볼 수 있다. 이렇듯 개성이 성격의 질감과 깊이, 색조를 끌어낸다는 것은 결코 지나친 말이 아니다.

기업가들은 너무 많은 인간성, 시, 감정 등을 들여오면 너무 감상에 치우쳐서 정말 중요한 것, 즉 실적에서 눈을 돌리게 된다고 생각하는 듯하다. 하지만 이 두 세계는 대부분의 사람들이 생각하는 것처럼 뚜렷하게 구분되지 않는다. 우리는 이미 5장에서 러브마크라는 개념의 힘을 논했다. 브랜드는 실적과 특성의 강렬함을 통해 기능적 신뢰뿐만 아니라 감정적 연결을 확립해야 한다. 기업들은 예술과 문화의 확장성과 포용성을 배워야 한다. 이 분야에서는 차이와 독특함이 높이 평가받는다.

다행히 나는 카밍 잉와 함께 첫 벤처 기업을 공동 창업하면서 개성과 연결성 사이에서 균형점을 찾아야 한다는 것을 배울 수 있었다. 카밍 잉은 나의 창조적인 버전이라고 할 수 있다. 우리는 딱 생산적이고 혁신적인 기업을 구성할 만큼만 서로의 강점을 닮았을 뿐, 많은 면에서 달랐다. 미술과 디자인에 대한 내 안목은 전략과 분석에 대한 그의 안목과 짝을 이루었다. 나는 20년 전 제퍼를 창업하면서 세웠던 전제를 오늘날까지도 신뢰한다. 나는 사업, 디자인, 기술을 넘나드는 식견은 언제나 더욱 혁신적이고 통합적이며 전인적인 해결책과 제품으로 이어지리라 믿는다.

미니룩스도 다르지 않았다. 우리가 오직 눈에 보이는 이익에만 초점을 맞춰 사업을 시작했다면, 그래서 깨끗하고 기능적이긴 하지만 브랜드도 없고 특별한 기술이 적용되지도 않는 가게를 만들어냈다면 고객 경험에 문제가 생겼으리라는 데는 의심의 여지가 없다. 우리 모두는 여러 분야가 공존할 때에야 고장 난 전화기 증후군을 깰 수 있다. 사업가에게 사업계획서를 작성하라고 요구한 다음 그 계획서를 엔지니어에게 넘겨 기술적 제원을 마련하고, 다시 그 제원을 디자이너에게 넘겨 "예쁘게 만들어달라고" 지시해서는 안 된다. 순차적으로 뭔가를 만들어내는 대신 병렬적으로, 더 나은 전체라는 목표를 이루기 위해 필요할지 모르는 교환을 더욱 중요하게 여기면서 일해야 한다. 예컨대, 제품을 디자인하던 중 깔려 있는 코드를 수정함으로써 사용자 경험을 극적으로 단순화시킬 수 있다면 초기에 협동적으로 그 작업을 하는 게 좋다. 기업가는 디자이너의 특이함이라고 보는 것을 디자이너는 기업가의 특이함이라고 보고 넘어갈 수도 있기 때문이다. 최고의 제품은 모든 분야가 동시에 통합되어 같은 목표로 나아갈 때 탄생한다.

언제나 그렇듯 어려운 건 중용이다. 우리는 지나치게 틀에서 벗어나 조직의 핵심과 연결이 끊어져서도 안 되고, 무언가의 일부가 되려고 너무 노력한 나머지 성격뿐 아니라 잠재적으로 기여할 수 있는 독특한 부분에서 당신을 고유한 인간으로 만들어주는 모든 요소들을 삭제해서도 안 된다.

최근 MIT 미디어랩과 그 책임자인 조이 이토는 연구원들이 불복종할 때 보상해주면 어떤 의미가 있을지 탐구했다. 이토는 인간 자본과 관련된 모든 것에 깊은 호기심을 느끼는 르네상스적 인물이다. MIT 미디어랩은 사람들이 대개 별 관심을 보이지 않는 개성적인 연구나 생각에서 진보를 이끌어낸다.

2016년 7월에 열린 첫 '금지된 연구 심포지엄'에서 MIT 미디어랩은 링크드인의 리드 호프먼과 그레이락의 후원을 받아 사회를 개선하겠다는 뚜렷한 목표 의식에 불복종하는 개인이나 단체의 작업에 250만 달러의 상금을 주겠다고 발표했다. 이토는 이렇게 말했다. "어떻게 해야 규범, 규칙, 사회의 부정의를 지탱하는 법칙에 도전을 제기하는 것을 목표로 삼는, 책임감 있고 윤리적인 불복종을 효과적으로 활용할 수 있을까요?" MIT 미디어랩 자문위원회의 일원으로서 나는 그들이 이처럼 진보적이고 개성적인 상을, (비폭력, 인권, 언론의 자유, 혁신의 자유를 아우르나 여기에만 국한되지 않는) 여러 분야에서 돌파구를 열지 모를 상을 추진한다는 게 자랑스러웠다. 이 상의 목적은 사회의 불의를 바로잡는 데 헌신하는 개인들의 사기를 진작시키는 것이다.

나는 이보다 앞서 불복종을 보상하고 자랑스럽게 여기는 일이 진보의 지침이라는 설명을 들어본 적이 있다. 맥킨지의 핵심적인 직원 지도 원칙과 가치관이 바로 반대를 독려하는 것, 자랑스럽고 솔직하게 자신이 정말로 믿는 바를 말하도록 하는 것이었다. 반대를 귀하게 여기면 차이와 개성이 개방적이고 안전한 방식으로 표출될 수 있다. 오늘날에는 비판적 사고에서의 다양성이 높은 실적을 내는 핵심 요소라는 주장이 일반적으로 받아들여지고 있다. 리더라면 다르게 생각하는 사람들, 또 가능한 한 다양한 배경을 가진 사람들을 옆에 두어야 한다. 물론 이때도 그 개성과 적당한 수준 사이에서 균형을 잡아야겠지만 말이다.

개성과 연결성은 서로 애증 관계를 맺고 있다. 개성만 있으면 사람을 무력화시키고 소외시키는 수준의 기이함과 비관습성, 심지어 광기가 만들어질 수 있다. 하지만 많은 경우, 적절하게 균형을 잡아주면 이 둘은 좋은 사람들의 두 가지 특징, 즉 강력한 자기 감각과 고유한 성격을 드러내는 데 도움을 준다.

세계에서 가장 상징적인 인물들이 얼마나 개성적이었는지 생각해보라. 톰 울프의 흰색 정장, 레이디 가가의 고기 드레스, 피아노를 연주할 때는 꼭 장갑을 착용하는 글렌 굴드의 고집, 악취가 글쓰기에 영감을 불어넣을지 모른다며 썩은 사과를 책상에 올려두던 독일의 시인이자 소설가 프리드리히 실러 등등…. 내가 알던 〈포천〉 500개 사 CEO 중 한 명은 연설하기 전에 꼭 신발에 동전을 여러 개를 집어넣었다. 지난 10년간 가장 유명한 CEO였던 스티브 잡스는 검은색 모크 터틀넥과 청바지를 매일 제복처럼 입었다. 잡스가 이 아이디어를 떠올린 건 1980년대 초반 일본 소니에 출장 갔을 때였다. 그곳에서 잡스는 소니가 제2차 세계대전 이후 직원들에게 제복을 제공했다는 사실을 알게 되었다. 잡스는 그 아이디어가 마음에 들어 이를 쿠퍼티노로 가지고 돌아왔지만 직원들은 잡스의 생각을 받아들이지 않았다. 그러나 잡스의 마음은 이미 결정되어 있었다. 그는 패션 디자이너 이세이 미야케에게 특징적인 검은색 터틀넥을 만들도록 했다. 그 상의와 매일 맞춰 입은 리바이스 청바지는 잡스 자신의 작품이었다. 이런 개성과 의례는 혼란스러운 인생에 질서와 통제력을 부여하는 한 가지 방법이며, 자기 성품의 진정성과 총체성을 편안하게 느끼는 사람들에게는 자기 표현의 한 가지 형태다.

자포스와 사우스웨스트의 실험

그런데 흰색 정장, 썩은 과일, 디자이너가 만든 검은색 터틀넥 말고도 실제적으로 탁월한 결과를 낳은 개성적 전략이 있을까? 지금은 관행이 되었지만, 자포스에서 토니 셰이가 썼던 방법을 하나의 사례로 꼽을 수 있다. 그는 신입사원들에게 자신이 업무와 맞지 않다고 느끼더라도 한 달을 버티고 그만두면 3000달러를 주겠다고 했다. 그 결과, 문화적으로 자포스와 가장 잘 어울리는 직원들이 자포스를 선택하게 됐다. 자포스의 핵심 가치관은 "재미와 약간의 이상함 창출"이다. 이 비전은 돈키호테적인가 아니면 기발하고 기민하며 진보적인가? 언제나 그렇듯 비결은 균형이다. "1에서 10까지의 척도로 봤을 때 당신은 얼마나 이상합니까?" 셰이는 입사 희망자에게 보통 이런 질문을 던진다. 자포스가 꼭 9점이나 10점이라고 대답하는 사람을 찾는 건 아니다. 그렇다고 1점이나 2점이라고 대답하는 직원들을 찾지도 않는다. 자포스의 핵심 목표는 고객들에게 행복을 전달하는 것인데, 고객 응대라는 영역에는 늘 작은 실수들이 따라오게 마련이다. 직원들은 이 사실을 받아들여야 한다. 만일 어떤 사람이 장점이든 단점이든 자신의 모습을 편하게 여긴다면 서비스를 중시하고 가치관으로 추동되는 자포스의 문화에 잘 섞여들 가능성이 있다. 셰이는 신입사원을 채용할 때 적절한 개성을 선호한다고 즐겨 강조하지만, 신입사원들이 자포스의 다른 직원들과 연결되게 할 정도로는 온건하길 바란다.

우리는 대부분 자신이 개별적인 존재라고 믿고 싶어 한다. 그러나 세상에 자신의 진짜 모습을 알릴 만한 용기를 가진 사람은 별로 없다. 나는 입사 면접에서 지원자들에게 자신의 개성 중 하나를 기꺼이 고백할 의사가 있느냐고 즐겨 묻는다. 과연 이번 지원자는 편한 마음으로 기벽을 하나 이상 이야기해줄까, 아니면 일상적인 예의를 깨뜨릴까 봐 두려워할까? 개성이 반드시 부정적인 건 아니다. 개성이란 우리가 공통으로 가지고 있는 인간적 특징을 드러내는 각자의 방법이다. 우리가 좋은 사람이나 위대한 리더의 개성을 기억하는 건, 많은 경우 그들의 특이한 행동이나 버릇, 사연이 그들을 그들답게, 더 나아가 인간적으로 만들어주기 때문이다.

사우스웨스트는 예전부터 공식 면접 외의 입사 지원자 오디션을 치르는 것으로 유명하다. 이 오디션은 "동료의 성공을 도왔던 사례를 설명해보십시오" 같은 행위에 관한 질문에 강조점을 둔다. 자포스처럼 사우스웨스트도 기업의 문화적 가치관을 지켜내려고 노력한다. 사우스웨스트는 알맞은 태도와 문화적 적성을 갖춘 사람을 찾아낼 면접 시스템을 개발했다는 데 자부심을 느낀다. 기술이야 배우면 된다고 본다. 예비 지원자들은 농담을 하나 해보라거나 즉석에서 "왜 사우스웨스트인가?"에 관한 개인적 진술을 해달라는 요구를 받기도 한다. 2015년 사우스웨스트는 37만 1202통의 이력서를 받아 그중 2퍼센트도 안 되는 사람만 고용했지만, 지난 20년간 〈포천〉과 〈포브스〉에서 '최고의 직장' 등급을 받았다. 사우스웨스트 비행기를 타면 그들의 문화가 느껴지는 것은 놀라운 일이 아니다. 사우스웨스트 직원들의 애정 어린 행동과 유쾌한 근면성은 저가 항공 여행을 재미있게 만들어준다.

기업이나 브랜드에 영혼과 성격을 불어넣을 수만 있다면 개성도 조직 문화와 연결될 수 있다. 단, 새로운 스타트업이나 조직들은 이 말을 기이한 하위 문화 속을 부유하는 남녀들로 사무실과 이사회를 채울 허가증처럼 여겨서는 안 된다. 생각은 앞서 나가되 실적을 달성할 정도로 현실감각을 유지하는 것이 바로 기업이 추구해야 할 균형이다. 자포스와 사우스웨스트는 특이성이나 개성의 균형점이 어디에 놓여 있는지 잘 이해하는 기업이다. 셰이는 직원들이 1~10점 척도에서 대략 6~7점 정도로만 이상하기를 원한다. 문화나 혁신적 접근이 궁극적으로 통과해야 하는 시험지는 바로 그 것, '이 문화나 혁신은 회사의 본질을 진정성 있게 반영하는 사람 들을 지속적으로 끌어들이는 지속적인 방법을 창출하는가?'라는 질문이다.

개성은 사람과 조직의 성격을 정의할 뿐 아니라 다차원적 사고 를 통한 혁신을 촉진한다. 동료와 조직의 목표 의식에 대해 일정 수준의 연결과 균형을 이루고 있기만 하다면, 또한 안정적이고 높 은 수준의 실적과 어우러지기만 한다면 개성적 접근을 통해 많은 영감을 얻을 수 있다. 개성은 사람이라면 누구나 자신을 나머지 인 류와 연결시켜주는 이상하고 아름다우며 불완전한 방식으로 본연 의 모습을 표현할 수 있다는 생각을 하게 만든다. 우리는 모두 특 이한, 심지어 이상한 점들을 가지고 있다. 일상에서나 직장에서 이 런 개성을 지속적으로 표현하는 걸 두려워하면 안 된다. 역설적이 게도 사람들은 자신을 자신답게 만드는 기이함을 자유롭게 드러낼 때에야 보다 인간적인 존재가 되고 서로 연결된다.

그러나 독선적 개성은 조직에 독이 되기도 한다. 개별적 자아에 너무 집중한 나머지 다른 모든 사람들도 우리를 따라하기를 바라 서는 안 된다. 이런 형태의 개성적 행동은 부적절하며, 심지어 위 험해질 수도 있다. 개성적 행동은 다른 모든 사람들이 따라야 하는 나침반이 아니다. 개성은 대단히 개별적이다. 타인을 희생시키거나 불편하게 만드는 낯선 행동을 하면서 개성을 핑계로 삼으면 절대 로 안 된다. 기술과 경쟁력은 대체될 수도, 훈련될 수도, 숙달될 수도 있다. 지위에서 나오는 권력은 거의 항상 단기적인 힘의 원천이 된다. 이런 권력에 필요한 건 가짜 존중뿐인 경우도 있다. 그러나 리더십은 보다 희귀하고 모호한 능력, 즉 인간적 연결을 유지하고 만들어내는 능력을 요구한다.

개성은 살리고 유대감은 높이고

동반자 관계와 참여에 관하여

회사 사람들을 제외하고 당신이 좋아하고 존경하는 누군가를 떠올려보라. 그들의 기벽과 인간적 약점 때문에 그들이 싫어지는가 아니면 오히려 그들을 더 사랑하게 되는가? 유대란 공동체로서 한데 모인다는 의미다. 유대감은 어느 정도 개성의 희석을 허용한다. 결코 그 개성들이 완전히 사라지게 하지는 않지만 말이다. 앞서 말했지만 우리는 공통된 유대감과 인간성, 그리고 우리를 인간답게 만들어주는 불완전성과 기벽 사이에서 균형을 맞춰야 한다. 그런 의미에서 유대는 두 가지 핵심적 원칙에서 시작된다. 현실감각을 유지하는 것, 그리고 타인과의 동반자 관계를 유지하는 것.

동반자 관계를 판단하려면 함께 일하기 가장 좋은 동료들을 찾을 때 사용했던 여과기를 활용해보라. 훌륭한 동료는 공통의 가치관과 공통의 기준을 공유한다. 그게 존중과 연대감, 상호적 자긍심을 만들어내는 데 도움을 주기 때문이다. 존중하는 마음으로 참여한다는 건 듣기보다 훨씬 어려운 일이다. 뭔가에 참여하려면 주의 깊고 진정 어린 마음으로 다른 사람의 말과 하려는 행동에 귀를 기울여야 한다. 한편 동반자 관계는 직위와 직책에서 벗어나 우리 모두가 평등하며 신뢰와 존중을 받을 가치가 있다는 걸 인정하는 일과 더 관계가 깊다. 참여와 동반자 관계를 유대의 기초적 규칙으로 삼으면, 남는 문제는 이야기와 스토리텔링을 통해 우리 자신을 표현하는 것뿐이다.

의사소통과 스토리텔링에 관하여

마크 트웨인은 이렇게 썼다. "나는 이야기를 말해야 하는 그대로 말할 수 있다고 주장하지 않는다. 그저 어떤 이야기를 어떤 방식으로 말해야 하는지 알고 있다고 주장할 뿐이다."

좋은 리더들은 복잡한 것을 간명하게 만들 수 있는 탁월한 의사소통의 전문가들이다. 그들은 자신이 누구인지, 그 일을 왜 하는지, 가는 곳은 어디인지 알고 있다. 이들은 목표 의식을 내면화했기에, 그에 관해 말할 때 단순하고 타인이 이야기하기 좋은 용어를 쓴다. 정말이지 이는 쉬운 일이 아니다! 좋은 사람과 좋음 같은 주제에 관해 글을 쓰고 틀을 잡으려다 보니 확실히 알겠다. 여러 해 동안 복잡한 주제를 연구하고 내면화시킨 다음에야 자신들의 발견을 이해하고 세상에 전달할 수 있었던 수백 명의 연구자들과 저자들, 리더들이 생각난다. 그러고 보면 결국 모든 사람이 명료하며 타인이 이야기할 수 있는 무언가를 만들고 싶어 하는 셈이다. 그러나 나는 개인적으로 어떤 주제나 문제든 직설적이고 단순한 말로 옮기는 것은 전혀 직설적이지도, 단순하지도 않은 일이라고 증언할 수 있다.

초심자들에게 해주고 싶은 말이 있다. 문제를 간명하고 이해 가능하며 동기를 유발하는 방식으로 풀어낸다는 말은 그 문제를 뭉뚱그린다는 뜻이 아니다. 대신 은유와 비유를 결합시켜 메시지에 논리와 감정을 함께 실으라는 뜻이다. 경영자나 리더들은 대부분 비전을 갖고 있다. 어려운 건 다른 사람들이 그 비전을 이해하도록 만드는 일이다. 최선의 의사소통은 간명하고 진정성이 있는 의사소통이다. 리더는 청중이 그냥 이해할 뿐 아니라 느끼도록 사용하는 말을 조각해야 한다. 팀 회의에 들어갈 때면 나는 팀원들을 서서히 압박해 그들 자신의 메시지를 내면화하도록 한다. 그래야만 그들이 다른 팀원들에게 회의의 요점들을 그냥 기억한 것이 아니라 정말로 내면화된 것이라 느끼도록 만들 수 있기 때문이다.

부정할 수 없는 현실은, 한때는 암묵적이었던 상호연관성이 이제는 노골적으로 드러난다는 사실이다. 이는 모두 인터넷 덕분이다. 꿈을 실현하기 위해 우리는 그 어느 때보다도 타인에게 의존하고 있다. 기술과 다양한 분야의 융합적 사고는 엄청난 숫자의 창의적 표현과 혁신, 진보를 일구어냈다. 그러나 인간적 유대의 핵심은 전혀 변치 않았다. 나는 NPR의 CEO 게리 넬과 기술이 라디오의 미래를 어떻게 바꿀지 이야기한 적이 있다. 그때 넬은 스토리텔링의 힘과 열정은 변치 않을 거라고 했다. 새로운 혼란과 변화를 겪다 보면 결국 우리는 인간이라는 결론에 이르게 된다. 사람마다 품고 있는 핵심적 이야기에서 연결성은 시시때때로 다시 부각된다. 우리는 단지 내면의 이야기를 풀어놓고, 다른 사람도 그만의 이야기를 찾도록 도와주면 된다.

제퍼에서는 면접을 볼 때마다 지원자에게 15분 동안 레고 블록으로 원하는 것을 만들고, 만들어낸 것을 중심으로 이야기를 해보라고 요청했었다. 이는 지원자의 순발력을 시험하거나 그를 불편하게 만들려는 것이 아니라, 그가 비관습적이고 개성적인 질문에 어떻게 반응하는지 살피고 레고 시험 이외의 방식을 썼더라면 듣지 못했을 이야기를 그 결과와 연관시키기 위한 것이었다.

사람은 타인과 함께할 때 가장 선량해진다. 아이디어보다 사람 그리고 그들의 이야기에 무게를 두어야 하는 이유다. SAS의 짐 굿나잇은 이런 전략을 잘 활용한 모범적 사례다. 물론 구글이나 블룸버그, 컨테이너 스토어 등 여러 회사들도 연수 프로그램이나 다른 방법을 통해 협동과 공동체를 조성하고 직원을 중시해온 긴 역사를 가지고 있다.

"자연이라면 어떻게 했을까"

그렇다면 한 팔에는 간명함과 단순함이, 다른 팔에는 진정성과 기이한 표현욕이 걸려 있는 저울의 균형을 잡을 방법은 무엇일까?

나는 그 답이 주어진 문제의 핵심을 이해하는 데서 시작된다고 생각한다.

클라이너 퍼킨스의 디자인 사장이 된 로드아일랜드대학의 전 총장 존 마에다는 혼종적 사고부터 단순함의 법칙에 이르는 다양한 주제를 다룬 책을 여러 권 저술한 작가다. 내가 마에다에게 여러 분야에 걸친 교차적 사고를 함양하는 가장 좋은 방법을 물었을 때 그는 망설이지 않고 이렇게 대답했다. "좋은 아이디어의 시작점은 사실 다방면에 걸치는 것이 아니라 순수해지는 겁니다. 동위원소 수준으로 돌아가세요. 분야를 넘나들며 꽃가루를 뿌리기 전에 한 분야를 깊고 완전하게 이해하십시오." 다시 말해, 구체적으로 하나의 분야에 깊이 파고 든 다음에야 그 테두리의 외연을 발견할 수 있다는 것이다.

우리는 근본적인 것과 주변적인 것을 구분함으로써 두 아이디어가 함께 작동할 방법을 인식할 수 있다. 건물 구조나 골조와 그 건물의 장식이 이루는 대조를 생각해보라. 건물 벽의 색깔과 특별히 강조된 색조도 마찬가지다. 건축과 디자인, 심지어 패션에서도 개성과 연결성이라는 두 힘 사이에서 균형을 잡는 게 가능하다. 그 둘을 결합시키는 것도 가능하다. 하지만 일단은 둘의 핵심을 각기 이해해야 한다. 마에다의 말을 빌리자면 "동위원소 수준"을 이해해야 한다. 이해가 이루어졌다면 가능한 변주는 무한하다.

많은 경우, 개성과 연결성의 가장 흥미롭고 통찰력 넘치는 상호작용은 다방면에 걸친 소양을 갖춘 사람들에게서 나온다. 우리는 서로 다른 분야의 사고방식, 관행, 문제, 창의성 사이에 경계선을 세워두지만, 이들은 그 경계선을 쉽게 초월한다. 우리가 모으는 모든 사실적 지식의 이면에는 우리가 절대 이해하지 못할 신비가 깔려 있다. 사실을 수집할수록 호기심은 증가할 뿐이다.

경영, 미술, 디자인, 문학, 시, 과학, 역사에서 빌려온 패턴, 생각, 꿈, 일화들을 결합시키면 인간적 좋음과 성품의 핵심적 특성을 밝힐 수 있다. 이런 다차원적 관점을 가지려다 보면 비관습적이거나, 심지어 특이한 사람이 될지도 모른다. 그러나 궁극적으로 이는 다양한 분야와 학제를 가로지르는 공통성을 보다 깊이 인정하는 데 도움이 된다. 결국 인간됨의 본질적 의미를 형성하는 것들은 바로 이런 자질이다. 내가 보기에 가장 참신하고 흥미로운 아이디어들은 여백에서 융합된다. 아름다움도 보통은 이 같은 사이 공간에서 발견된다.

포기하고 전통적인 단어나 인간 유형, 전문성 분류법으로 물러서면 시야가 좁아진다. 예컨대 거리 공연자였다가 우연히 기업가가 된 기 랄리베르테를 생각해보라. 랄리베르테는 태양의 서커스를 창업한 억만장자 CEO다. 죽마를 타고 걸어 다니고 불을 뿜어대는 거리의 공연자로 시작했던 일이 오늘날에는 세계에서 가장 큰 라이브 공연 회사의 밑거름이 되었다. 랄리베르테가 거리의 공연자였던 시절에 그를 봤다면, 당신의 눈에는 어떤 모습이 보였을까? 거리의 예술가라는 그의 현재 역할을 넘어, 그의 연기 이면에 있는 천재성을 알아볼 수 있었을까?

다분야에 소양이 있는 사람들은 또한 뚜렷하게 인간 중심적인 관점을 갖춘, 보다 유능한 문제 해결사이자 사상가인 경우가 많다. 내가 아는 가장 영리한 사람들은 대부분 호기심이 많다. 하지만 그들은 얄팍하고 넓게만 아는 사람들이 아니다. 찰리 멍거는 평생에 걸쳐 역사, 문화와 문명, 과학을 공부했다. 이게 버크셔 해서웨이의 실적과 성과, 전반적 성공의 이유 중 하나이지 않을까? 멍거는 내게 이렇게 말했다. "저는 다분야에 걸친 접근법 모형을 평생 지속적으로 실천해왔습니다. 사실만 따로따로 기억해서는 실상 아무것도 알 수 없죠. 뭔가를 알려면 머릿속에 모형을 넣어두고 간접적인 것이든 직접적인 것이든 모든 경험을 이 모형들의 격자 위에 정렬시켜야 합니다." 이런 격자식 사고는 남들과 다르게 사고하는 데 도움이 된다.

다양한 분야에 걸쳐 세상이 돌아가는 방식을 설명하는 정신적 틀을 가지고 있으면 내가 오랫동안 성공하는 데 필수적이라고 믿어온 지혜, 즉 패턴 인식 능력을 터득하는 데도 도움이 된다. 멍거가 시사하듯, 다양한 정신적 모형을 가지고 있으면 문제를 해결할 때 패턴을 중첩시키고 그로부터 교훈을 증류해낼 수 있다. 이런 정신적 모형은 서로 다른 분야가 특정 문제를 해결하는 방법을 검증하고 각 분야의 해답이 어떻게 융합되거나 차이를 보이는지 관찰하는 데 도움이 된다. 다방면에 걸친 사고는 또한 다른 관점이나 시각에 좀 더 공감하게 해주고, 특이하게 보이는 접근법이 실은 보편적 인간성에 가까우며 현실감 있는 것일 수 있다는 개방적 마음가짐을 갖게 해준다.

이 모든 게 너무 멀게만, 혹은 사업과 무관하게만 들린다면 허니비 캐피털의 CEO 겸 창업자인 캐서린 콜린스를 생각해보라. 거의 25년에 이르는 투자 경력과 룰루레몬 같은 회사를 대상으로 한 성공적 투자 기록을 가지고 있는 콜린스는 장기적 과제나 통찰력은 업계에서 선호하는 전통적이고 기계적이며 분석적인 모형만이 아니라 생체모방이라는 과학적 틀을 함께 사용할 때 발견될 가능성이 높다고 주장한다.

콜린스는 뭐든 결정을 내리기 전에 "자연이라면 어떻게 했을까?"라고 자문해보아야 한다고 주장한다. 자연이 이 제품이나 회사를 설계한다면 최적화와 극대화 중 무엇을 선택할지 질문함으로써 생체모방과 투자의 원칙을 연결할 수 있다. 또는 이런 질문도 할 수 있다. '자연이라면 이 제품을 정교하고 복잡하게 만들까, 아니면 단순하고 단도직입적이게 만들까?' '자연이라면 총체적이고 체계적인 접근법을 취할까, 단절되고 폐쇄적인 접근법을 취할까?'

콜린스는 투자 세계에서 가장 중요한 문제는 위험 대 불확실성이라 생각하며, 다방면에 걸친 보다 넓은 관점이 재생산 가능하고 지속가능한 방식의 투자를 계속하게 해줄 거라고 본다. 우연치 않게도, 이는 자연과 경제 세계를 한데 엮는다. 균형을 이루려면 우리는 평범하지 않거나 특이한 접근법에 개방적인 마음을 가져야 하며, 동시에 투자 목표와의 연결성도 유지해야 한다. 이때 투자 목표란 (주주 수익을 실현하는 등) 잘해내는 동시에 좋은 일을 하는, 목표 의식이 있는 회사들에게 투자한다는 뜻이다.

　우리는 개성과 연결성 사이의 균형을 추구해야 한다. 이들의 공존은 생산적이고 정교하다. 이것이 앞서 논의한 MIT 미디어랩이 주는 불복종상의 근거다. 가끔은 결을 거스르는 사람에게 보상을 주어야 한다. MIT 미디어랩의 총책임자인 조이 이토 자신도 개성과 연결성 사이의 경계선을 딛고 선, 균형 잡힌 인간형이자 리더다. MIT로선 이토를 선택한 게 관습에서 벗어난 일이었다. 그는 MIT 졸업생도 아니고, 대학 졸업장조차 없었다. 그의 배경은 다방면에 걸쳐 있는데, 뉴욕 라임라이트 나이트클럽의 DJ, 사회운동가, 인터넷 기업가로부터 전 세계 사람들이 창작물을 합법적으로 이용할 수 있는 기회를 확대하려는 비영리단체 크리에이티브 커먼스의 전직 회장으로서의 활동까지 모두 포함된다. 사람들은 자신의 특이함과 동조압력 사이에서 하나만 선택해야 한다는 강박을 느끼는 경우가 너무 많다. 그러나 우리를 복잡한 존재로 만드는 기벽과 특이함은 좀 더 단순하고 직설적인 특성만큼이나 아름답고 좋은 것이다.

　비선형적인 것, 이상하고 개성적인 것을 옹호해야 한다. 이를 통해 우리 사고방식의 한계를 깨뜨려야 한다. 정도가 지나치지만 않으면 된다. 최고의 리더들은 획기적인 변화를 실현할 만큼 이상하고 개성적이었지만, 그 변화를 실제로 만들어낼 현실감각도 갖추고 있었다. 위험 감수가 없다면 혁신의 불꽃이 붙는 일도 없을 것이다. 기 랄리베르테, 리처드 브랜슨, 워런 버핏 등이 성공한 건 진정한 자기 모습에 충실했기 때문이다. 그들은 서로 달랐지만, 다른 사람들이 반응하는 목표 의식에 연결되어 있었다. 현대의 창업자들을 생각해보라. 새러 블레이클리는 스탠드업 코미디언을 비롯해 여러 가지 직업을 가지려다가, 지금은 다이어트 제품으로 유명해진 스팽크스를 발명했다. 킥스타터의 페리 첸은 미술이나 창의적인 프로젝트를 진행할 때 쓰던, 자본과 기금을 모으는 전통적 방식에 도전하는 회사를 만들었다. 처음에는 플리커, 현재는 슬랙이라 불리는 기업의 스튜어트 버터필드는 판매 인력 없이 오직 사용자 기반의 바이럴 확장성에만 의지해서 엄청나게 인기 있는 기업용 소프트웨어를 만들었다. 이들 모두와 이 장에서 소개한 사람들은 개성과 연결성 사이의 선에 올라타 있다. 나는 이 긴장의 쌍을 관리하고 통제하는 것을 과제로 삼으면 그만큼 세상을 변화시키고 레반트처럼 진정으로 창의적인 생각을 가로막고 있는 선을 지워버리는 방향에 가까워질 거라고 강력하게 믿는다.

기업가 정신이 한계를 생각하지 않고 맹렬히 노력하며 잠재력을 추구하는 것이라면, 벤처 투자를 받은 창업자와 죽마를 신고 걷는 거리의 공연자, 간신히 가계를 꾸려 나가는 한부모와 새로운 땅에 도착한 이민자가 서로 다를 게 뭔가? 모든 사람들은 매일 욕망과 열망, 가지고 있는 자원을 놓고 선택과 거래를 한다. 그 자원이 시간이든, 돈이든, 다른 사람들이든 간에 말이다. 각자의 방식으로, 우리는 모두 비슷한 길을 걷고 있는 기업가라고 할 수 있다.

핵심 요약

- **개성은 자랑스럽게 여겨야 할 긍정적 속성이다.** 기벽도 우리의 참모습 중 하나다. 우리는 진짜 우리 모습을 표현하고 우리 본연의 모습을 편안하게 느낄 필요가 있다.
- **유대감은 개성과 상호배타적이지 않다.** 단 개성이 다른 사람들을 소외시키거나 불쾌하게 만들 만큼 벗어나 있지는 않은지 살펴야 한다.
- **개성과 연결성의 균형을 잡는 리더는 진정한 진보를 만들어낼 수 있다.** 자신과 타인을 위해 좋은 사람이 되는 능력을 키우고 연결성을 끌어올리겠다는 목표 의식에 뿌리를 박고 있는, 개성적이고 비관습적인 리더를 귀하게 여겨야 한다.

10장

투지 대 수용

1999년의 늦은 12월, 매사추세츠 우스터 시에서는 도시의 한 블록 전체를 차지하고 있는 커다란 버려진 건물 안에 노숙자 한 쌍이 옹송그리고 있었다. 한때 육류 저장고였던 건물은 거의 10년 전에 버려졌는데, 많은 노숙자들이 겨울이 되면 이 곳에 숨어들어 불을 피우고 밤을 보냈다.

그날 밤, 날씨는 싸늘하고 우중충했다. 주의력 깊은 비번 경찰관이 건물 주변을 지나가다가 지붕 한구석에서 새어나오는 회백색 연기 한 줄기를 발견했다. 오후 6시경이었다. 한 시간쯤 전에 어떤 노숙자가 실수로 양초를 넘어뜨렸던 것이다.

1906년에 세워진 우스터 냉장 보관 창고에는 화재 경보기가 없었다. 그 건물의 1층 위로는 창문이 하나도 없었으며, 단 하나의 계단이 지하실에서 꼭대기 층까지 이어져 있었다. 벽 두께가 1미터는 됐기 때문에 무너뜨릴 수도 없었다. 안에는 연달아 놓인 육류 저장고가 현기증 나는 미로를 이루고 있었는데, 각각의 저장고에는 가연성이 높은 단열재가 뿌려져 있었다. 그중 어느 것 하나도 방화문이나 출구로 이어지지 않았다. 한마디로 말해, 악몽 같은 지옥도를 연출할 모든 조건이 갖춰져 있었다.

오후 6시 30분경, 소방차 두 대가 도착했다. 최초의 수색에 따르면 건물이 비어 있는 것으로 보였지만, 노숙자들이 갇혀 있는지 자리를 이미 떠났는지 확실히 알 순 없었다. 아무도 그들이 이미 떠났다고 확언할 수 없었다. 그 누구도 그 화재가 얼마나 크게 번져 얼마나 엄청난 파괴력을 발휘할지 알 수 없었다. 거의 1000제곱피트에 이르는 6층 건물 전체를 태운 불길은 가연성 단열재를 게걸스럽게 먹어치우며 건물을 씹어 삼켰다.

이 불지옥을 다스릴 책임자는 지역 소방서장 마이크 맥나미였다. 화염이 치솟기 시작하고 거의 두 시간이 지났을 무렵, 여섯 명의 소방관이 건물 안에서 길을 잃었다. 간신히 길을 뚫고 나온 베테랑 소방관은 맥나미에게 3층 근처에도 가보지 못했다고 말했다.

주변을 힐끗 둘러본 맥나미에게 십여 명의 소방관이 보였다. 그들은 모두 셋씩 짝을 지어 건물 진입을 기다리고 있었다. 맥나미는 그들의 배우자와 자식과 부모 들을 떠올렸다. 대여섯 명의 부하들은 여전히 건물 안에서 실종된 상태였고, 불길은 잦아들 기미가 보이지 않았다. 맥나미는 생각에 잠긴 채 가만히 서 있었다. 그가 기억하기로는 1분 내내 그렇게 있었던 것 같았다. 그때 맥나미의 입에서 저도 모르게 이런 말이 흘러나왔다. "자, 다 끝났어. 더 이상은 안 돼." 부하들 중 몇 사람이 큰소리로 항의했지만 맥나미는 직접 문을 가로막았다. 그는 부하들을 마주보며 두 팔을 벌리고, 문설주에 한 발을 올려놓은 채 대답했다. "이미 동료들을 잃었다. 더 이상은 안 돼."

"다 끝났어. 더 이상은 안 돼"

소방관 여섯 명의 시신을 수습하는 데는 1주일 이상 걸렸다. 전국에서 위로가 쏟아졌다. 빌 클린턴 대통령과 앨 고어 부통령, 테드 케네디와 존 케리 상원의원 등이 참석한 추도식은 전국으로 생중계됐다. 규모와 복잡성 면에서도, 희생된 사람들의 숫자 면에서도 우스터 화재 사건은 미국 역사상 가장 중대한 화재 사건 중 하나로 꼽힌다. 목숨을 잃은 여섯 소방관이 보여준 용기도 용기지만 재난의 규모가 워낙 커서 지금도 많은 사람들의 뇌리에 또렷이 남아 있는 사건이다.

그러나 사람들은 맥나미가 부하들에게 이미 다 끝났다고 말한 순간, 즉 고통스러운 리더십이 발휘되고 의사결정이 이루어진 그 순간에 대해서는 별로 이야기하지 않는다. 하지만 이 순간은 투지와 수용의 긴장을 보여주는 대표적인 사례다. 몇 해가 흐른 뒤에야 당시에는 맥나미의 결정을 이해하지 못했던 소방관들도 이미 건물 안에 들어간 동료들의 생존 가능성이 거의 없었다는 사실을 인정하게 됐다. 그리고 소방관을 한 명이라도 더 들여보냈으면 그 역시 사망했으리라는 사실을 받아들이고 어려운 결정을 내린 맥나미에게 감사를 표했다. 맥나미는 나중에 이렇게 말한 것으로 알려져 있다. "우리는 그날 실패했습니다. (중략) 그 건물에 한 방 먹었습니다. 놈이 이겼어요." 화재는 여섯 사람의 목숨을 앗아갔지만 맥나미가 내린 결정은 실수와는 거리가 멀다.

물러서야 할 때를 판단하기란 매우 어려운 일이다. 도대체 언제 물러나야 하는가? 이는 까다로우면서도 어려운 질문이다. 이번 장에서는 다섯 가지 긴장 중 마지막인 투지와 수용 사이의 긴장을 논할 것이다.

일상에서 화재 때문에 목숨을 잃는 것 같은 위험한 일에 맞닥뜨릴 확률은 그리 높지 않지만 우리는 모두 투지와 수용 사이의 긴장을 해소하고 둘의 균형을 맞추기 위해 매일 노력한다. 너무 일찍 포기하면 배짱과 인내심이 없어 보인다. 한편 이미 실패한 상황에서 너무 늦게 물러서면 고집스럽거나, 심지어 무모하다고들 한다. 모두가 알다시피 그만 물러서는 것이 최선의 선택일 때가 있다. 이를 분별하는 능력은 어떻게 개발할 수 있을까? 이는 우리가 마주보아야만 하는 가장 어려운 균형점 중 하나다. 나아감과 물러남의 때를 제대로 판단하기 위해서는 감정에 압도당하지 않고 합리성에 입각해서, 자신의 가치관을 돌이켜 봐야 하며, 외부적 시각을 활용해 객관성을 기해야 한다.

여기서는 먼저 투지의 몇 가지 특징을 살펴본다. 그리고 상황을 제대로 이해하고 그에 따라 반응할 방법이 무엇인지 살펴보자.

투지란 무엇인가

투지는 허튼 짓을 하지 않는 직업 윤리이자 결단이며, 계획을 현실로 이루어내는 동력이다. 입사 지원자들을 면접할 때 나는 꼭 투지를 갖추었는지 살펴본다. 다음은 지원자가 투지가 있는 지 판단하기 위해 내가 스스로에게 던지는 질문들이다.

- 면접자는 악전고투와 실패를 겪은 적이 있는가? 있다면 그런 상황에서 어떻게 반응했는가?
- 면접자의 경력과 실적은 꾀에 따른 것인가, 가슴과 배짱에 따른 것인가?
- 면접자가 지구력을 보여준 최고의 사례는 언제인가?
- 면접자는 인내력이 강한가?
- 면접자는 적응력이 뛰어난가?

투지가 중요한 이유가 있다. '더 버틸지 또는 포기해야 할지' 그 사이의 균형을 찾는 능력은 투지로 강화된다. 우든이 성공을 정의할 때 암시했듯, 최선을 다했다는 확신은 총체성의 가장 중요한 동력이다. 투지는 수용이나 경로 변경이 적절한지 평가하기 전에 최선의 노력을 기울이도록 해준다. 후회없이 최선을 다했다면 위기의 순간, 이 위기가 극복 가능한지 내 손을 떠난 일인지 판단하기가 쉽다. 그만 물러서거나 경로를 수정해야 하는 결정도 투지가 강한 사람이 더 잘 한다.

진정한 목표 의식, 핵심적 가치관, 감지하고 반응하는 능력

변화와 불확실성을 해결하고 궁극의 목표 의식을 충족시키는 가장 좋은 방법에는 무엇이 있을까? '**감지하고 반응하기**' 전략을 채택하면 도움이 된다. '감지하고 반응하기'란 IBM 첨단경영기술원의 전략연구책임자 스테판 해클이 1992년에 만든 전략 관리 이론이다. 해클의 이론은 우리가 복잡한 적응계에서 살고 있으며 성공적 인생을 산다는 건 이 적응계 내에서의 매순간 변화를 감지하고 그에 반응할 방법을 아는지 여부에 달려 있다는 전제로 시작한다. 이 전략은 헨리 민츠버그 등을 포함한 전략계의 스승들이 수행했던 작업에 뿌리를 두고 있다. 민츠버그는 1970년대에 보다 분석적인 전략에 대한 새로운 접근법을 제안했다.

'감지하고 반응하기' 전략에 따르면, 적응적 조직은 환경이나 주변 맥락에서 지속적으로 정보를 흡수하고 그에 맞춰 적응한다. 이는 계획이 없다는 뜻이 아니라, 끊임없이 계획이 조정되어야 한다는 뜻이다. 권투 선수 마이크 타이슨이 말한 것처럼 "모든 계획은 링에 들어가 얼굴에 한 방 먹기 전까지는 말이 된다."

우스터 화재가 일어난 밤으로 돌아가 보자. 맥나미와 현장에 출동한 소방차와 사다리반에게는 그날 밤의 계획이 있었다. 그들은 불을 끌 생각이었다. 이런 결정은 훈련과 경험뿐 아니라, 노숙자가 아직 건물 안에 있을 거라는 추측을 포함해 신중하게 도출한 가설에 근거를 두고 있었다. 건물 안에 들어간 여섯 명의 소방관들이 방향을 잃어 갇혔다는 게 분명해지자 맥나미는 상황을 수용했다. 그는 안에 갇혀 있는 사람을 한 명도 구하지 못할 것이며, 계속해서 화재와 맞서 싸우고 싶어 하는 소방관들도 잃을 수 있음을 직감했다. 물론 실제로 일어난 일은 훨씬 더 고통스러웠지만 그는 상황을 받아들이고 계획을 수정해서 더 큰 비극을 막았다.

투지와 수용 사이의 긴장이 맥나미가 1999년에 맞닥뜨린 상황에서만큼 분명하게 드러나는 경우는 별로 없다. 난제가 있고 정보는 불투명하며, 도움을 줄 사람은 아무도 없는 상황에서 투지와 수용 사이의 전투를 홀로 감당해낸 사람이 또 한 명 있다. 이 믿기 어려운 인물의 이름은 스티븐 캘러핸이다.

나는 여러 해 전 회고록 《표류》를 읽고 캘러핸에 대해 처음 알게 되었다. 1986년 처음 출판된 이 책은 76일 동안 바다를 홀로 떠돌며 구명정에 매달려 있었던 캘러핸의 경험을 일대기식으로 서술해놓은 것이다. 지금까지도 이 책은 내가 읽은 모든 이야기 중에서 투지와 탄력성, 수용, 궁극적 승리를 다룬 가장 놀라운 사례다. 이 책을 처음 읽은 이래, 나는 캘러핸과 몇 차례 이야기를 나누고 인터뷰할 기회가 있었다. 덕분에 나는 캘러핸이 근 11주 동안 바다에서 고독하게 보내며 직면했던 도전을 더 높이 평가하게 되었다. 하루하루 그가 내려야 했던 결정의 중요도와 스트레스, 각각의 결정이 가져온 놀라운 결과까지, 그의 이야기는 매번 들어도 경의롭다.

1982년, 평생 바닷사람으로 살아온 조선 기사 캘러핸은 안티구아 섬으로 혼자 항해를 떠났다. 직접 만든 6.5미터 길이의 범선이 폭풍우가 치던 날 밤 뭔가에 부딪쳤다. 그는 그게 고래였을 거라고 판단했다. 캘러핸은 어쩔 수 없이 비상용 구명정으로 대피했다. 망망대해에 내동댕이쳐진 캘러핸은 자신만의 생태계를 만들어야 했다. 작살로 물고기를 잡고 태양 증류기를 활용해 물을 증류했으며 멀미와 싸웠다. 그는 자신의 내면에 어느 정도 투지가 남아 있는지, 혹은 죽음이 임박했다는 사실을 받아들여야 하는지 매일 고민했다. 그 와중에도 상어 떼의 공격부터 예측 불가능한 기상 변화에 이르기까지 급변하는 환경에 반응해야 했다. 그는 내게 자신의 타고난 성향, 즉 애매한 상황을 유연하게 받아들이는 성격과 금욕적이고 회복력 있는 태도가 생존에 큰 도움이 됐다고 말했다. 덕분에 구명정이 대서양의 인적 드문 바다를 1800마일이나 떠가는 동안 생존할 수 있었다고 말이다. 마침내 76일째 되는 날, 한 무리의 어부가 캘러핸의 구명정을 발견했다.

몇 년 후, 암 투병 과정을 성공적으로 이겨냈을 때도 캘러핸의 태도는 똑같았다. 캘러핸은 통제할 수 있는 것들에 집중하되, 그렇지 않은 다른 일들은 정해진 대로 흘러가기 마련이라는 믿음을 유지했다. 많은 사람들에게 이런 접근법은 운명론적이거나 영적인 것처럼 들릴지도 모른다. 그러나 이 책을 쓰면서 인터뷰한 대부분의 사람들이 그렇듯, 캘러핸도 삶의 일부는 우리보다 클 수 있다는 사실을 겸허하게 받아들였다.

결정의 순간 어느 쪽을 택해야 할지 신호를 보내는 확실한 한계선 같은 건 없다. 많은 긴장들이 그렇듯, 뚜렷한 한계선과 그 선에 수반되는 명료함은 근본적으로 개인적 판단인 경우가 많다. 그러나 아예 가이드가 없는 것은 아니다. 다음의 여섯 가지 고려 사항은 내가 리더들을 인터뷰하며 발견한, 투지와 수용 사이의 균형점을 찾는 유용한 방법이다.

선택의 딜레마에서 나를 지키는 법

1. **언제나 목표 의식, 가치관, 사람이 주도해야 한다.** 목표라고 하면 추상적으로 들릴 수 있다. 책상에 앉아 개인과 조직 차원의 목표 선언문을 씀으로써 이를 좀 더 구체화하라. 폭풍우가 몰아치는 속에서도 결정을 내릴 때 참조할 수 있는 나침반이 필요하다. 나침반이 명료하지 않으면 더욱 '희끄무레한' 결정으로 이어질 뿐이다. 나는 이 책을 쓰려고 노련한 의사 몇 명을 인터뷰하면서 환자의 목숨을 구하려고 노력할 것인지, 그가 평화롭게 죽도록

해줄 것인지 결정하는 방법을 물었다. 많은 의사가 히포크라테스 선서의 제 1원칙, 즉 "해를 끼치지 않는다"는 원칙에 따른다고 말했다. 이 단순한 목표는 어려운 상황에서도 명료하고 윤리적인 지침을 제공해준다.

2. **이 문제가 타인에게 어떤 영향을 미칠지 생각한다.** 자신이 내린 결정이 타인에게 어떤 영향을 미칠지 신중히 생각해야 한다. '팀원 중 이 결정을 지지하고 결과를 포용할 사람은 누구일까?' '누가 가장 큰 영향을 받을까?' '이 결정은 사람을 우선하겠다는 우리의 목표를 진전시키는가?' '그렇지 않다면, 그렇게 만들 방법은 무엇인가?' 공감은 다른 사람들이 주어진 결정을 어떻게 받아들이고 인지할 것인지 상상하는 데 도움이 된다.

3. **상황을 인식하고, 내면화하고, 공유하고 실행한다**R.I.S.E.. 앞서 논했듯, R.I.S.E.는 균형을 이루는 데 도움이 되는 유용한 접근법이다. 일단은 가능할 때마다 잠시 멈춰라. 시간을 들여 정말로 벌어지고 있는 일이 무엇인지 생각하고 신뢰하는 사람들의 의견을 통해, 혹은 다양한 분야의 렌즈를 통해 다양한 관점을 내면화하고 정비하라. 그런 다음에는 신념을 가지고 실행하라!

4. **새로운 정보에 열린 태도를 갖는다.** '감지하고 반응하기' 전략은 투지를 품고 계속 나아갈 것인지, 상황을 수용하고 다음 단계로 넘어갈 것인지 결정해야 할 순간에 도움이 된다. 캘러핸이 바다에서 길을 잃었을 때는 매일, 심지어 몇 분마다 새로운 상황이 벌어졌다. 풍경이 바뀌면 완고한 태도만 취할 수는 없다.

5. **자기 인식을 유지하고 스스로의 편향을 깨닫는다.** 자기 인식의 궁극적 시험지는 자신의 편향을 이해하는 것이다. 자신에게 단호한 결의를 품는 경향과 손실을 최소화하는 경향 중 어느 것이 강한지 아는 것만으로도 더 나은 결정을 내리는 데 도움이 된다.

6. **폭넓고 깊게 책을 읽는다.** 계속해서 독서의 중요성을 이야기하게 된다. 역사는 귀중한 가르침을 준다. 그러니 폭넓게, 깊게 책을 읽어라. 읽으면 읽을수록 생각이 나아질 것이다. 캘러핸은 생존 기술 책을 많이 읽은 덕분에 바다에서 자신보다 더 긴 기간을 생존한 사람들이 있다는 사실을 알고 있었다. 그렇지 않았더라면 버티지 못했을 거라는 얘기를 캘러핸은 자주 한다. 당신이 사명으로 여기는 주제를 가능한 한 깊게 천착하라.

7. **누가 조언자인지 잘 알아둔다.** 중요한 결정을 내릴 때는 정보를 제공하고 조언해줄 사람들을 곁에 두어야 한다. 당신의 뒤를 받쳐주는, 신뢰할 만한 친구들이 있는가. 외부인들은 객관적이고 덜 감정적이기에 우리 예상에서 완전히 벗어날 수 있다.

8. **결정을 내린다는 건 필수적이며 자율적인 일이다.** 밀어붙이겠다는 결정과 그만두겠다는 결정은 둘 다 적극적인 결정이다. 포기해야 한다는 판단도 어쩔 수 없이 그런 판단을 내리기까지 수동적으로 기다리기보다는 주도적으로 결정해야 위력적이다.

우리 중 살면서 맥나미가 직면했던 것처럼 중차대한 딜레마에 맞닥뜨리거나 캘러핸처럼 생존을 위해 투쟁해야 하는 사람은 별로 없을 것이다. 하지만 그들의 경험을 통해 우리는 그들의 결정이 돋보이는 이유를 들여다볼 수 있다. 맥나미는 목숨이 경각에 달린 순간 올바른 판단을 했다. 진 빠지는 결정이었지만 그는 자신의 선택에 확신을 가졌다. 그리고 더 많은 목숨을 잃는 것을 막기 위해 행동했다. 화재가 난 건물에 진입했다면 영웅적이고 용기있는 행동이라는 소리를 들었을지도 모른다. 그러나 구조 가능성은 거의 0에 가까운 상태였다. 많은 사람들이 하지 않으려는, 혹은 할 수 없는 일을 하는 사람은 가히 영웅이라 할 만하다.

맥나미와 캘러핸은 다른 삶을 살았지만, 강한 투지와 수용성을 가졌다는 점에서 비슷하다. 이들의 감정은 타고난 것처럼 보이지만 얼마든지 함양할 수 있다. 여기에 대해서는 3부에서 알아보자.

핵심 요약

- **투지와 수용의 균형점을 찾아라.** 원하는 결과를 향해 싸워 나가려는 욕망과 그만 손을 떼어야 할 시점을 판단해야 할 때가 있다. 이때 필요한 능력이 바로 균형 감각이다.
- **포기가 항상 나쁜 건 아니다.** 불안을 논의할 때 살폈듯, 통제력은 상황을 있는 그대로 받아들이는 데서 나오는 경우가 많다.

3부

리더는
홀로 서지 않는다

THE IMPERATIVE TO PUT
GOODNESS INTO PRACTICE

지금까지 당신을 도와준 사람들의 응원과 호의가 없었다면 당신은 지금의 자리에 도착하지 못했을 것이다. 당신이 지금 있는 곳에 이르도록 도와준 사람들에게 등을 돌리지 마라. 누구에게서도 별다른 도움을 받은 적이 없다고 믿더라도 당신은 성공의 책임을 받아들이고 선행을 나눌 의무가 있다.

　좋은 부모, 좋은 멘토, 좋은 친구, 좋은 리더 등 좋은 사람이 된다는 것의 의미를 이야기하다 보면 보다 깊은 '좋음'의 정의에 도달할 수 있다. 결국 좋은 사람이 된다는 건 우리 자신과 다른 사람들이 본연의 모습을 찾도록 돕는다는 뜻이다. 우리 자신에게 진실하고 타인에게 공감하며 총체성을 이루기 위해 노력하는 방식으로 말이다.

　개인적 자아와 직장에서의 자아를 구분하고 싶을지도 모르지만, 토니 셰이가 내게 말했듯 사적 자아와 공적 자아의 사이에 놓인 경계선을 지우는 게 리더십 향상에 도움이 된다. 그는 "서로 다른 두 사람이 된다는 건 너무 어렵고 혼란스러운 일입니다"라고 말했다.

진정한 리더십은 지위를 봉사할 기회로 보는 데서 나온다. 서번트 리더들에게 직책은 중요하지 않다. 리더십이 다른 사람들과 상호작용하며 우리의 좋음을 그들에게 새겨두는 행위라면, 우리 모두에게는 좋은 리더가 될 능력이 있다고 할 수 있다.

마지막 장에서는 우리 자신이나 타인을 위해 '좋음'을 선택할 때 어떤 일이 가능한지 살펴볼 것이다. 11장에서는 멘토와 멘티가 함께 성장하는 새로운 멘토링 방법을 소개한다. 좋은 리더는 추종자 대신 더 많은 리더를 길러낸다는 점을 기억하자. 12장에서는 리더의 필수 조건인 사람 보는 눈을 기르는 법에 대해 살펴보겠다. 질문만 잘 던져도 상대방의 숨겨진 면모를 들여다 볼 수 있다.

11장
함께 성장하는 멘토링

2011년 8월의 어느 날, 카메라가 돌아가고 있는 가운데 병원 대기실에 앉아 있던 저스틴 커플린에게 전화가 걸려왔다. 그때 저스틴의 한쪽 옆에는 어머니가 앉아 있고, 반대편에는 저스틴과 늘 함께 다니는 맹인 안내견 캔디가 엎드려 있었다. 커플린은 유전적인 안구 질환을 가지고 태어나 열한 살 때 시력을 완전히 잃었다. 커플린 같은 처지가 되었다면 대부분 억울해하며 꿈을 포기했을 것이다. 하지만 클래식 연주자로 수련해온 커플린은 재즈 피아니스트가 되겠다는 결심을 더욱 굳혔다.

병원 대기실에 앉아 있던 그날, 세상은 커플린의 결정이 맞았다는 사실을 알려주려고 작정이라도 한 듯했다. 그 일은 2009년부터 커플린과 친구들에게는 CT라 알려져 있는 전설적 재즈 트럼펫 연주자 클락 테리의 관계를 연대기로 기록해온 다큐멘터리 〈킵 온 키핑 온〉을 촬영하는 도중에 일어났다. 결코 그 순간이 따로 계획되어 있었던 건 아니다. 전화를 걸어온 상대는 델로니어스 몽크 재즈 교육기관이었다. 그들은 커플린이 델로니어스 몽크의 유명한 연례 재즈 경연 대회에서 결승 진출자 열두 명 중 한 명으로 선정되었다고 알려주었다. 이 전화는 커플린에게만 중요한 게 아니었다. 이 통화 때문에 다큐멘터리의 큰 틀을 다시 잡아야 했다. 이어지는 몇 달 동안 커플린이 결승전 준비를 하고 CT는 당뇨병이 악화돼 건강이 나빠지자 제작자들은 영화의 초점을 바꾸었다.

결국 다큐멘터리는 커플린과 CT가 만나 친구가 되고 특별한 관계를 발전시킨 사연을 다루었다. 이 이야기는 2004년, 커플린이 고등학교를 졸업한 직후부터 시작된다. 뛰어난 학생이었던 커플린은 대통령 장학금을 받아 CT가 교수로 재직하던 뉴저지 소재 윌리엄 피터슨 대학교에 진학한다. 당시 CT는 당뇨병으로 시력을 잃어가고 있었다. 두 사람을 모두 아는 친구가 커플린에게 시각장애인으로서의 경험을 나이 든 음악가에게 나눠줄 수 있겠느냐고 물었다. 그렇게 해준다면 CT가 시력 상실에 더 잘 대비할 수 있을 거라면서 말이다.

한 명은 겨우 스무 살, 다른 한 명은 80대였지만 두 사람의 관계는 곧 긴밀해졌다. CT는 커플린의 재능을 알아보았고, 이 음악 영재의 멘토가 되기로 결정했다. 긴 시간 동안 뛰어난 경력을 쌓아오면서 다른 학생들의 멘토가 되어주었던 것처럼 말이다. 나중에 커플린이 〈뉴욕 타임스〉에서 밝혔듯, CT는 "밴드의 기분을 좋게 만들고, 그 자리에 있다는 것만으로도 청중 전체를 행복하게 만드는 전문가였다."

CT의 유일한 희망은 커플린이 꿈과 잠재력을 최고로 끌어올리는 것뿐이었다. 둘의 관계는 단순한 사제지간이 아니었다. 그들은 서로에게 친구이자 멘토였다. CT는 커플린에게 젊은 예술가 혹은 젊은이가 꿈꿀 수 있는 최고의 기회를, 즉 진정한 거장에게서 음악과 삶에 관한 최고의 레슨을 받을 기회를 제공했다. 다큐멘터리에는 CT가 커플린과 함께 악보를 여러 장 휘리릭 넘겨보는 아름답고 감동적인 장면이 나온다. 여기서 CT는 "이런 게 수백만 곡이나 있어!"라고 말한다. 하지만 둘의 관계는 일방적인 우정과는 거리가 멀었다.

커플린은 CT의 가치관에 화답해, 그 가치관을 멘토에게 도로 비추어주었다. 그는 CT가 치료 과정을 하나하나 겪어 나갈 때마다 그와 그의 아내에게 친구이자, 응원단이 되어주었다. CT는 커플린에게 정신적 지주이자 멘토가 되어주었고, 커플린도 똑같이 보답했다. 일반적 역할에서 벗어남으로써 두 사람은 가장 인간적인 방식으로 서로에게 봉사할 수 있었다. 2014년에 방영된 〈킵 온 키핑 온〉은 CT가 커플린에게 쓴 편지로 시작되는데, 이 편지는 두 사람이 맺은 관계의 깊이를 간단하고도 감동적으로 보여준다.

사랑하는 저스틴, 도전은 인생의 한 부분이다. 너도 알겠지만, 네 정신은 강력한 자산이야. 그 자산을 긍정적인 생각에 쓰면 너도 내가 배운 것을 배우게 될 거야. 나는 네 재능을 믿고 너를 믿는다.

〈킵 온 키핑 온〉이 기억에 남는 가장 큰 이유는 이 다큐멘터리가 두 사람의 존중과 공감, 사랑을 묘사했기 때문이다. 이 이야기는 상호적 멘토십만 다룬 게 아니라 사람들이 서로의 진전을 도와주는 진정한 관계를 맺었을 때 어떤 일이 가능해지는지 보여준다.

약간 스포일러이긴 하지만, CT의 옛 학생 중 한 명이자 유명 프로듀서 퀸시 존스가 CT를 방문한다. 우연히도 그때 커플린이 CT의 집에 함께 있었다. CT가 재촉하자 커플린은 퀸시 존스를 위해 피아노를 연주한다. 며칠 후 커플린은 또 한 번 엄청난 전화를 받는다. 퀸시 존스 뮤직이 그의 매니저가 되고 싶어 한다는 것이었다. 퀸시는 CT에게 이렇게 말했다. "우리는 이 녀석을 세상에 소개해야만 합니다."

좋은 멘토의 조건

돌이켜 생각해보자. 당신은 언제 어떤 맥락에서 좋음과 마주쳤는가? '좋음'의 화신은 누구인가? 내 명단의 꼭대기에는 부모님이 있다. 그 점은 내가 이 책 때문에 인터뷰한 수많은 사람들도 마찬가지다. 이들은 부모님 다음으로 보통 배우자나 친척, 혹은 커플린과 CT의 경우처럼 가까운 친구의 이름을 댔다. 몇몇 사람들은 자신에게 영향을 준 은사의 이름을 언급했고, 몇몇은 다양한 직업적 멘토나, 필요할 때마다 방향을 제시해주는 수녀나 랍비 등 지역공동체의 구성원들을 언급했다.

질문을 조금 바꾸어보자. '삶에서나 직장에서 당신이 보이는 지금의 모습을 만드는 데 가장 근본적인 영향을 끼친 사람은 누구입니까?'라는 질문으로 대화를 이어가는 것이다. 이때도 부모가 변함없이 명단의 꼭대기를 차지한다. 나로서는 조금 놀라운 일이다. 직장 생활을 해 나가는 데 도움을 주었던 그 모든 직업 멘토들은 어디로 갔단 말인가? 부모나 배우자, 친척, 혹은 가까운 친구들이 명단 꼭대기나 그 근처에 있다는 게 이상하다고 말하려는 게 아니다. 다만 전문적 멘토나 상사, 직장에서의 발전을 도와준 상급자들이 목록의 상단에 거의 언급되지 않는 이유가 궁금할 뿐이다.

가장 순수하고 완전한 형태의 멘토링에는 노력과 함께 깊은 헌신이 필요하다. 250만 명의 미국인들을 대상으로 한 2015년 갤럽의 여론조사 결과를 보면, 대부분의 직장인이 직장에 몰입하지 못했다. 실망스러운 사실이다. 폴업은 "몰입"을 "자신의 일과 직장에 참여하고, 그로써 열정을 느끼고 헌신하는" 것이라고 정의했다. 이 정의에 따르면 직장에 몰입하는 미국인은 전체의 31.5퍼센트에 불과하다. 더욱 걱정스러운 사실은 밀레니얼 세대의 몰입도는 겨우 29퍼센트 정도에 그친다는 점이다.

한번은 인터뷰를 하는데 응답자가 인생에서는 물론이고 직장에서도 자신에게 최고의 멘토가 되어준 사람은 아버지라고 말했다. 나는 충격을 받았다. 이 응답의 진짜 의미는 무엇일까? 경영자들은 공식적 직함이나 직책이 없기에 '멘토'라는 단어와 즉각적으로 연관되지는 않지만 자연스럽게 멘토 역할을 한다. 이런 사람들에게서 우리는 무얼 배울까? 그제야 나는 직장 밖에 있으나 직장 내의 사람들만큼 나의 경력에 영향을 미쳐온 사람들을 인정하고 높이 평가하게 되었으며, 내가 지난 세월 동안 직장에서 만난 멘토들 중 상당수가 나를 대가족의 일원처럼 대해주었음을 깨달았다.

경영자나 기업가를 어떻게 정의하느냐 하는 문제는 세상의 가장 중요한 출발점이 가족이라는 나의 오랜 믿음을 떠올리게 한다. 가족을 '올바르게' 성장시키려면 특별한 노력과 희생, 헌신, 지원이 필요하다.

하지만 전 세계 수백만 명의 사람들은 부모들이 이미 경영자라는 사실을 깨닫지 못하고 있다. 대부분의 기업 리더들과 마찬가지로 부모들은 소규모 팀에 지지와 성장 기회를 제공하는 한편, 한정된 자원을 최대한 활용하려고 애쓴다. 이런 관점에서 보면 직장 동료들을 가족에 상응하는 존재로 생각하는 것도 가능하다.

가족은 우리의 팀이며, 성장과 발달에 필요한 최선의 사랑과 힘이 되는 환경을 제공한다. 내가 인터뷰한 리더들 중에서도 영감과 멘토십, 지원을 얻고자 가족에게 기댄다는 말을 하는 이들이 많았다. 물론 기업을 진짜 가족과 비교할 수는 없다. 하지만 기업은 배려로 가득하고 진정성 어린 관계를 통해 구성원 개개인과 전반적 가족 유기체 전체를 성장시키는 가족의 방법을 배울 필요가 있다. 예컨대 이 책을 쓰면서 인터뷰한 슈퍼맘 주디는 가족의 사명과 가치관을 글로 기록해 가족들이 매일 서로에 대한 헌신을 상기시키는 데 활용하고 있다고 말했다. 이게 멘토십을 설명하는 또 다른 방법은 아닐까?

네 아이의 어머니인 주디의 핵심적인 가족 사명 선언문은 다음과 같다. "**가족은 기업처럼 핵심적 사명과 목표 의식이 필요한 팀이다. 우리에게 가족이란 좋은 가치관을 장려하고, 서로의 개별적 특이성을 인정하며, 항상 헌신적인 후원을 구할 수 있는 피난처다.**" 주디는 훌륭한 가족을 성공적으로 이끌어가고 있으며 회사에서도 위대한 멘토로 인정받고 있다. 이게 과연 놀라운 일일까?

나와 가까운 몇몇 다른 가족 중에도 부엌에 칠판을 두고, 그 칠판에 매일 아침 그들을 맞이하는 가치관을 적어둔 사람들이 있다. 나는 이런 실천이 존경스러워 직접 행동에 옮기기로 했다. 우리 가족의 가치관은 "서로를 사랑하자"로 시작해 "징징대지 말자!"로 끝난다. 이 모든 게 허례허식처럼 보일지도 모르나 우리 가족이 그 칠판을 얼마나 자주 들여다보는지 알면 놀랄 것이다.

동료들을 가족처럼 여기는 기업, 혹은 고용주와 고용인의 사회적 계약과 연대에 보다 깊이 헌신하는 사람들은 경쟁력이나 이윤만을 앞세우는 경우가 거의 없다. 대신 그들은 지지와 헌신의 가치를 생각한다. 이는 다시 리더십 피라미드로 연결된다.

바로 이런 이유에서 리더는 직원 한 명 한 명과 맺는 관계의 순이익, 혹은 그 순이익의 부재에 대해 고민해봐야 한다. 관계의 순이익을 만들어내려면 태도의 변화가 필요하다. 리더와 상사가 부모 같은 관점을 가지고 직원들을 보다 행복하고 보람차게 만들 가치관과 지원, 배려를 실행할 수 있을까? **동료나 고용인을 상대로 태도의 변화를 일으키는 가장 좋은 방법은 가부장적이지 않은 부모가 되는 것이다.** 관심을 표현하고 조언을 제공하는 게 관건이다. 다만 그 이유는 당신이 더 지혜롭거나 권위가 있어서가 아니라, 그냥 도움이 되었으면 좋겠다는 생각이 들어서여야 한다.

경영의 맥락에서 좋은 사람들을 생각하다 보면 내가 만난 비공식적, 공식적 멘토들이 대다수 좋은 리더들의 주문에 나오는 원칙을 표명하고 그에 따라 산다는 사실을 알게 된다.

좋은 리더의 주문

1. 사람을 우선시할 것
2. 다른 사람들이 본연의 총체성을 이루도록 도울 것
3. 경쟁력보다 가치에 헌신할 것
4. 현실과 이상 사이에서 균형을 잡을 것
5. 시험 받을 때만이 아니라 가능할 때면 언제나 선을 실천할 것

기업은 좋음이라는 공간에서 출발해 고용인들과 진실한 관계를 발전시켜야 한다. 좋은 사람들의 원칙이 보여주는 원칙은 리더와 고용주가 바로 그런 일을 하도록 도와준다. 좋은 사람은 반드시 좋은 멘토가 된다. 그러나 멘토가 꼭 좋은 사람인 것은 아니다.

많은 조직에서 멘토링은 의무 사항이지만 별 효과가 기대되지는 않는 활동으로 전락해버렸다. 이면에 실체와 믿음이 없으면 멘토링은 단조롭고 공허하게 느껴질 수 있다. 그러나 사명과 멘토링이 사기 진작을 위한 공허한 방책 이상이 된다면, 이를 조직의 나침반이자 문화적 강점으로 삼을 수 있다. 1980년대와 1990년대에 시작된 연구에 따르면 많은 회사들이 공식 멘토링 프로그램을 실시하고 있지만 그 프로그램들의 효율성은 한계적인 경우가 있다. 멘티도 멘토도 멘토링이 유용하거나 영감을 준다거나 유의미하다고 생각하지 않는 경우, 이런 관행은 그야말로 부정적일 수밖에 없다.

위스콘신-밀워키 대학교의 벨 로즈 라긴스 교수는 멘토십을 연구했다. 특히 직원들이 직장에서 보이는 태도와 직장 멘토 프로그램의 존재 여부, 질, 구조의 상관관계를 광범위하게 연구했다. 그녀와 동료 연구자들은 2000년에 다양한 직업 환경의 고용인 1100명을 대상으로 한 연구에서 최고의 설계를 갖춘 공식 멘토링 프로그램들조차 멘토의 자질을 대체할 수는 없다고 설명했다. 이들은 또한 멘토와 만족스러운 관계를 형성하지 못한 멘티들은 멘토가 없는 동료들과 비교했을 때 아무런 가시적 이득도 얻지 못했다고도 결론지었다. 연구자들은 이런 상황을 "한계적 멘토링"이라고 불렀다. 좋은 사람들의 첫 번째 원칙이 떠오르는 순간이다. 모든 건 결국 사람에 달려 있는 문제다. 멘토십이 강제적이라거나 요식 행위에 불과하다고 느껴진다면, 참여자들에게 진정 어린 연대감과 헌신이 없다면 이 관계가 결실을 맺을 가능성은 전혀 없다. 멘토십은 체크 리스트가 될 수도 없고, 그렇게 되어서도 안 된다.

멘토링의 질은 멘토와 멘티 관계의 질과 직접적으로 연관되어 있다. 신뢰를 확립하려면 그 둘이 진정 연결되어야 하는데, 이런 연결은 리더십 피라미드가 실행되고 있을 때 이뤄질 가능성이 가장 높다. 진정성과 공감은 겸손, 자기 인식, 통합성, 개방성, 공감, 너그러움 등 공유된 감각이 존재하는 진짜 관계를 만들어낼 수 있는 토대다. 통합성을 띤 인간관계란 신뢰할 수 있는 연결을 의미한다. 멘토와 멘티 모두 최선의 이익을 거둘 수 있도록 균형 감각을 유지하면서, 참여자들이 생각하고 느끼는 바를 정직하게 말하게 하는 연결 말이다.

이런 토대 위에 관계가 세워졌을 때 멘토와 멘티는 서로의 챔피언이 된다. 반드시 부모와 자식, 배우자, 혹은 CT와 커플린의 사이에서 발견되는 것처럼 깊은 관계를 추구해야 하는 건 아니다. 그런 깊이가 꼭 필요하다고도 할 수 없다. 효과적 멘토링의 기초는 최소한도의 진정성 있는 연결이다. 이건 중요한 지적이다. 멘토를 선택할 때 내면의 직감을 확인해보라. '이 사람과 유대감을 형성할 수 있는가?' 모든 관계가 그렇듯 멘토링에도 궁합이 중요하다. 멘토링이라는 공식적 행위 외에는 아무런 연결의 토대가 느껴지지 않는다면 다른 멘토나 멘티를 찾으라고 조언하고 싶다.

멘토와 멘티: 함께 성장한다

오늘날 전문 멘토링은 대부분 직장에서 공식적으로 일어나지만, 방금 지적했듯 이 경험의 성패 여부는 멘토와 멘티가 맺는 관계의 질에 달려 있다. 더 나아가 우리는 좋은 관계가 유지되고 있을 때도 우리가 추구하는 멘토링의 형태와 우리가 받고 있는 멘토링의 형태를 인식하고 이해해야 한다.

우리는 일단 공통의 가치관을 확립하고 직장에서의 멘토링 관계를 심화시키는 데 집중해야 한다. 경쟁력을 향상시키는 건 그다음이다. 두 단계 모두 중요하지만 순서가 중요하다. 공통의 경쟁력과 기준을 세우기 전에 공통의 가치관을 갖춰야 한다. 가끔 우리는 가치관 측면과 경쟁력 측면 모두에 도움을 주는 '멘토계의 거장들'을 발견할 수 있으나, 그보다는 다양한 형태의 멘토링 경험을 참조해야 하는 경우가 많다. 이 점에 대해서는 잠시 후 더 이야기하겠다. 일단은 멘토의 전형적인 경험부터 살펴보자.

멘토링은 보통 경쟁력이나 전문성 계발 쪽으로 편향되어 있다. 이런 접근법이 틀린 건 아니다. 하지만 멘토링 프로그램이 온통 전문성 계발 문제로 점철되거나, 멘토링 관계가 시작될 때부터 이런 기능에만 의지해선 안 된다. 라긴스 교수는 멘토링을 이렇게 정의했다. "멘토란 서열이 높고 영향력 있는 직장 내 개인으로, 앞선 경험과 지식을 가지고 있으며 멘티가 경력을 쌓을 수 있는 가능성을 제공하고 응원하고자 노력하는 사람이다. 멘토와 멘티는 같은 조직에 속해 있을 수도 있고, 그렇지 않을 수도 있다. 또한 직속 상관일 수도 있고 그렇지 않을 수도 있다." 여기에는 멘토와 멘티가 유대감을 형성해야 한다는 이야기나 경쟁력을 넘어서는 공통의 가치관을 세워야 한다는 언급이 없다. 이 정의는 직장이 적성에 맞는지, 당신이 그 직장에 몰입해 만족감을 느끼는지를 따지기보다 직장의 발전을 강조한다. 전문 멘토가 처음, 혹은 마지막으로 던질 만한 훌륭한 질문은 이것이다. '이 직장은 당신을 행복하게 만드는가?'

멘토링에 적용할 만한 리더십 교훈이 있다면, 그 교훈은 평범하고 관습적인 멘토십의 정의를 넘어서라고 요구할 것이다. 조직과 개인이 성공을 거두고 실적을 쌓을 때 필요한 기술을 익히려면 훈련으로서의 멘토링이 필수적이고 필요불가결하다. 하지만 멘토십의 결과를 최적화하려면 더 높은 수준의 몰입에서 시작하고, 그 자체를 목표로 삼아야 한다. 프로그램을 통해 공식적으로 실시하든, 비공식적으로 실시하든 당신의 멘토링이 훈련이나 좋은 사람들의 원칙 및 리더십 피라미드와 유사한 좋음 중 무엇에 가까워 보이는지 생각해보라. 양쪽에서 당신이 채워야 할 틈은 무엇인가?

멘토의 역할: 현실감각을 유지하며 날아오르도록 도와주는 일

사람들이 멘토에게 가장 바라는 일은 무엇일까? 역사를 통틀어,

여러 용어를 사용해 멘토들이 수행하는 다양한 역할을 묘사해왔다. 고대 그리스에서 뮤즈는 작곡가와 이야기꾼들에게 지식과 영감을 불어넣었다. 어떤 멘토들은 간혹 자신보다 기술이 뛰어난 선수들에게 방향을 제시하고 심적 지원을 제공하는 코치와 비슷했다. 멘토가 높이 존경받는 현직 전문가인 경우도 있었다. 특정한 기술을 가진 장인이 열의에 찬 도제들에게 멘토가 되어주었듯이 말이다. 아니면 멘토 중의 멘토인 〈스타워즈〉의 제다이 스승들을, 예컨대 요다를 생각해보라. 이런 멘토들은 희망에 찬 젊은이들에게 영감과 지혜를 불어넣었다. 이처럼 **매일의 현실에서 발을 떼지 않고도 꿈을 향해 날아가는 방법을 가르쳐주는 사람들이 바로 멘토다.**

다음과 같은 사람들과 일하는 세상을 상상해보라. 첫 번째 사람은 당신이 종사하는 업계의 빛나는 스타, 즉 상징적인 인물이다. 그 분야의 진정한 거장이자 당신이 원한다면 얼마든지 도제 생활을 하게 해줄 사람이다. 두 번째 사람은 당신의 목표를 끊임없이 응원해주는 사람이다. 세 번째 사람은 문제가 생길 때마다 찾을 수 있는 부조종사, 함께 참호에 들어가 일할 수 있는 전우다.

사태가 잘못된 방향으로 흐르거나 장애물에 부딪친다면? 그럴 때는 정신적 지주가 있는 게 좋다. 당신에게 중요한 가치관을 상기시키고, 실패가 흉터로 변해버리지 않게 예방해주며, 이런 장애물들을 성장의 순간으로 변형시키는 사람들 말이다. 그러다가 당신이 실제로 성공을 거둔다면 지금껏 받은 멘토링과 습득한 기술, 가치관을 보다 젊은 관련자들에게 물려주고 싶다는 마음이 생겨날지도 모른다. 당신은 동시에 당신만의 지혜를 기반으로 한 새로운 차원의 협력, 협동 관계에 이를 것이다. 어쩌면 지금까지의 여정에 함께해주었던 최초의 멘토들에게 '역 멘토'가 되어줄 수도 있다.

너무 마법적이고 비현실적인 소리처럼 들리는가? 한 장소에서, 한 사람에게서 이 모든 것을 얻으려고 한다면 그럴지도 모른다. 하지만 자신에게 딱 맞는 사람들과 일하기로 결심한다면 이런 형태의 멘토링이 가능하다는 믿음이 필요하다. 좋은 사람이 되는 건 우리 각자의 몫이다. 나는 직장 생활을 시작하고 얼마 지나지 않아 내가 보람을 느끼고 성공을 거둘 수 있도록 도우려고 노력하는 사람들을 몇 명이라도 곁에 두는지 여부가 열망하는 일이 실현될 가능성을 결정한다는 사실을 알게 되었다. 궁극적으로 우리는 모두 누구와 어떻게 시간을 보낼지 선택한다. 좋은 사람들을 곁에 둘지 말지는 우리가 결정할 문제다.

그러니 멘토들이 할 수 있는 다양한 역할과 기여를 생각해보자. 여기에 설명한 다음의 역할들은 상호배타적인 것은 아니나 서로 다른 사람들에 의해 실현되는 경우가 많다.

기술적 거장

기술 측면에서 높은 수준에 올라 있는 멘토는 보통 소속 분야의 상징적인 인물로, 창업 멤버인 경우가 많다. 창업 멤버들은 대개 다년간의 실천과 경험을 통해 지혜를 쌓고 슈퍼스타의 지위를 차지하고 있을 것이다. 이들은 우리가 하는 업무와 유사한, 가장 발전된 형태의 일상적 과업을 실행함으로써 우리에게 영감을 준다.

마사무네는 일본의 위대한 도검 장인으로 그의 수많은 도제 중 오직 열 명만이 '마사무네의 제자'로 알려졌다. 당신이 속한 분야의 마사무네는 누구인가? 기술의 거장은 업계의 역사와 가치관, 현재 상태를 통찰하게 해주며, 존경받는 다른 리더들이 그토록 임무를 잘해내는 방법을 알 수 있게 도와준다. 기술적 거장은 지혜를 나누어주며, 전문적인 영역에서 최고가 되기 위해 필요한 가치관과 기술을 가르쳐준다. 이들은 당신이 스스로의 장점을 알아보고 실천하며 연마하도록 도움으로서 가능한 한 완벽한 상태로 나아가게 한다.

옹호자

관계망 전문가 키스 페라지가 말했듯, 우리에게는 "뒤를 받쳐줄 사람이 필요하다." 어느 조직에서든 당신의 명분을 옹호해줄 사람을 확보해두어야 한다. 멘토에게 가장 받고 싶은 도움이 감정적 지원과 당신에게 신경 쓰는 누군가가 있다는 확실한 믿음일 때가 있다. 옹호자는 단순한 지지자가 아니다. 이들은 당신이 다른 사람들과 연결되도록 도와준다. 옹호자는 보통 당신을 지켜주고, 경력을 이끌어주는 상사인 경우가 많다.

부조종사

모든 멘토가 상관일 필요는 없다. 그건 바람직하지도 않다. 부조종사나 친구를 멘토로 두는 것도 대단히 유용하다. 당신은 신입사원이 적응하는 것을 돕기 위해 점심 먹을 만한 곳을 알려주고, 사무실 집기 작동법을 알려주고, 다른 사람들에게 그를 소개해주면서 관계를 발전시킬 수 있다.

부조종사는 당신과 같은 수준의 멘토이자 중요한 프로젝트나 업무를 할 때 도움을 요청할 수 있는 동료다. 이런 형태의 멘토가 소중한 까닭은 이 관계가 상호적이기 때문이다. 당신과 당신의 멘토는 서로를 도와주고 협력하며 서로 책임을 져주기로 결심한 비슷한 지위의 사람들이다. 부조종사가 있으면 당신이 하는 일의 질과 몰입도가 동시에 향상된다. 이유는 단순하다. 솔직히 누가 혼자 일하고 싶겠는가?

정신적 지주

비밀을 털어놓을 필요가 있거나 어려운 상황을 헤쳐 나가기 위해 심리적 응원이 필요할 때 찾아갈 사람이 있는가? 정신적 지주는 필요할 때 항상 모습을 드러내는 믿음직스러운 멘토다. 이들은 기술을 갈고닦을 때 도움을 주는 일상적인 역할은 별로 하지 않을지 모르나, 필요할 때마다 객관적 조언과 공감 어린 지지를 제공해준다. 우리는 모두 불확실한 순간에조차 무엇이 가장 나에게 이득이 될지 조언을 해주고, 성장하고 발전할 방법을 알 수 있게 도움을 줄 사람들이 필요하다. 정신적 지주는 가까운 친구나 부모, 혹은 공동체의 리더인 경우가 많다. 이들은 직장에서도, 인생에서도 우리를 응원해준다. 일의 우선순위를 설정하는 것부터 일과 삶의 균형, 우리 자신의 가치관을 기억하는 일까지 말이다.

'역' 멘토

나는 어떤 멘토에게 멘토링 과정에서 멘토들이 예상해야 할 것을 한 가지만 짚어달라고 요청했다. 그는 "멘토링을 받을 준비를 해야 합니다"라고 대답했다. 곧 밀레니얼 세대가 노동인구의 50퍼센트 이상을 차지하게 될 것이다. 나는 신기술에 자주 투자하기에 나보다 나이는 어리지만 기술적인 숙련도가 높은 친구들을 만나 끊임없이 배우고 있다. 역 멘토링은 '젊은이'가 '늙은이'에게 기술에 관해 상향식 멘토링을 해주는 것 이상이다. 리더에게 역 멘토링은 몰입도와 리더십 스타일에 관한 솔직한 상향 피드백을 수집할 수 있는 기회다. 조직은 젊은 직원들의 신선한 관점과 나이 든 직원의 지혜 및 경험을 동등하게 포용해서 보다 유연하고 의미 있으며 협동적인 일터를 만들어야 한다.

멘토들에게서 배우기: 알맞은 질문과 원칙을 알다

돌이켜보면 내 멘토들은 거의 당첨된 복권이나 마찬가지였다. 나는 운이 좋았다. 내 멘토들은 각자의 영역에서 의심의 여지없는 최고인 동시에 인격 면에서도 정상에 속했다. 그들은 내게 가치관을 우선시하도록 가르쳐준 다음에야 필수적인 경쟁력과 유용한 인맥을 만들어 나가도록 도와주었다.

그러나 내 멘토들도 유형이 다양했다는 사실은 한참이 지나고 나서야 깨달았다. 그중 다수는 앞서 묘사한 범주에 걸쳐 있다. 성공하기까지 내게는 뒤를 받쳐줄 보완적 멘토들이 필요했다. 현실에서 멘토들은 범주를 드나들며 둘 이상의 '역할'을 수행하는 경우가 많다. 그러나 몇몇 멘토들은 결국 특정한 역할에 특화된다. 아래 내 멘토 몇 사람을 간단히 소개한다. 그들의 역할을 설명하기 위해서다.

현실 속 기술의 거장

쑨얀 셰이, 매츠 레더하우젠, 헨리 맥캔스는 모두 자기 분야의 거장으로, 영향력이 큰 멘토들이다. 이들은 각기 전략적 리더십 자문, 소매업, 벤처 투자계에서 최고 수준에 올랐다. 나는 운 좋게도 이들의 경험을 통해 배울 수 있는 기회를 얻었다.

큐볼에서의 업무가 겉보기에는 무관하나 실은 서로 연관되어 있는 세 분야로 나아갈 때도 내게는 이들의 통찰력과 조언이 대단히 중요했다. 나는 기업가들에게 조언을 해주어야 했고(전략 컨설팅), 이 기업가들은 우리가 초기 자본을 제공해줄 사람들이었으며(벤처 투자), 우리의 가장 중요한 투자처에는 미니룩스 같은 소비자 기업이 포함되어 있었다(소매업). 이 세 멘토들은 자신의 일을 단순한 출세 기회 이상으로 보았다. 그들에게 일은 작품이었으며, 도제식 교육을 통해 전수할 수 있는 솜씨였다.

이 멘토들이 불어넣은 영감 덕분에, 오늘날 나는 최고 수준의 '솜씨'를 생각하는 방식을 재구조화할 수 있었다. 예컨대 쑨얀은 컨설팅이 단순한 분석을 넘어서 고객들에게 진실하고 믿음직스러운 조언으로 보여야 한다고 가르쳤다. 매츠는 매장을 그냥 단순한 가게로만 생각할 수는 없다고 설명했다. 그는 내게 "고객이 가게에 들어간다는 건 그 브랜드의 이야기 속으로 들어가는 것"이라고 설명했다. 그 이야기 속 모든 것은 목표 의식과 사람들로부터 출발해서 안에서부터 밖으로 나아가야 한다는 것이다. 헨리는 큐볼의 모든 구성원들이 투자 대상 기업 창업자의 진정한 동업자가 되기를 열망해야 한다는 사실을 일깨웠다. 그는 벤처 투자자로서 상을 받을 수 있다면 최고 조연상을 받고 싶어 해야 한다고 가르쳤다. 최고 감독상도, 최고 주연상도 아닌 최고 조연상 말이다.

현실 속 옹호자

나는 맥킨지에서 옹호자 멘토를 처음 만났다. 쑨얀이나 도미닉 바튼 같은 사람들이 이곳에서 내 경력을 지키는 투사 역할을 해주었다. 그들의 모범적인 선행 나누기는 이후로도 오랫동안 내게 영향을 끼쳤다. 그때의 경험으로 나는 큐볼의 투자를 받는 창업자들은 개인적 목표 시트를 계발해 1년에 두 차례씩 우리 직원 한 명과 심도 있게 논의하는 제도를 만들었다. 이런 옹호자가 필요할 거라고 처음 생각하게 된 건 첫 번째 벤처 회사 제퍼를 경영할 때였다.

우연히도 나는 당시 제퍼에 투자한 첫 벤처 투자자에게서 옹호자의 모습을 발견했다.

토론토에 소재한 모자이크 캐피털 파트너스의 이사 버논 로보는 내게 투자자 겸 선임관리자 이상의 존재였다. 그는 진정한 옹호자로, 가끔은 정신적 지주 역할도 해주었다. 그는 경영 모델에 대해 상식적 조언을 해주고 팀 구성과 고객과의 관계 형성을 더 잘할 방법을 생각하도록 도와줌으로써 내게 사고의 방향을 제시해주었다. 또한 동료들이나 이사회의 다른 사람들 앞에서 내 결정을 지지해주었다.

제퍼가 거쳐온 가장 중요한 순간 중 하나는 거대 비공개 기업 펀드가 제안한 대규모 자본 투입을 수용해야 할지 여부를 결정해야 했을 때였다. 협상 테이블에는 종종 긴장이 흘렀다. 회사 지분을 대량 매각하는 것은 아무 감정 없이 할 수 있는 일이 아니다. 게다가 당시 나는 아직 어리고 상대적으로 경험이 적었다. 그래도 CEO는 나였고 중요한 결정은 내가 내려야 했다.

지금도 최종 거래와 관련된 돈 문제를 결정할 순간이 왔을 때가 생생히 기억난다. 내게는 리더로서 외로울 수밖에 없는 시간이었다. 그래서 나는 나보다 노련하고 급료 수준도 높을 게 분명한 사람들을 상대로 최종 조건을 협상하고자 마이애미로 출장을 떠날 때 버논에게 전화를 걸어 함께해줄 수 없겠느냐고 물었다. 이 거래에서 가장 중요한 요소가 무엇인지 생각할 때 나는 호텔 방에 홀로 있지 않았다. 내 옹호자 겸 생각의 파트너가 곁에 있어주었다. 제퍼가 성장하고 오랜 세월 흥망성쇠를 거치는 내내 버논은 도움의 원천이었다. 입사 지원자들을 면접할 때 레고로 시험을 치게 하는 등 내 아이디어가 관습에서 벗어난 듯 보일 때도 그는 내 비전을 옹호해주었다.

부조종사

나는 집을 떠나 기숙학교에 들어간 첫 해 내 편인 부조종사와 함께하는 게 얼마나 중요한 일인지 알게 되었다. 당시 열다섯 살이었던 나는 늘어난 학업량에 겁을 먹고 있었다. 매일매일 함께 숙제를 해준 친구들이 없었다면 절대 버틸 수 없었을 것이다. 그때부터 나는 줄곧 곁에 부조종사가 있으면 일을 더 잘할 수 있다고 믿어왔다. 오늘날, 내게는 문제를 해결하고 프로젝트의 우선순위를 정할 때 일상적으로 협동하는 동료와 동업자 들이 있다. 이런 협동은 투자 기회를 탐색하는 일에서부터 이사회나 투자자 회의를 준비하는 일, 내부 회의의 의제를 설정하는 일까지 다양한 활동이 포함된다.

경력이 별로 없는 사람에게 부조종사는 대부분 비슷한 수준에서 나타나는 게 사실이다. 그러나 상급자들이 중요하게 여기는 프로젝트를 찾아서 당신이 먼저 부조종사가 되어주겠다고 제안하는 것도 그들과 가까운 곳에서 함께 일하는 최선의 방법이라는 사실을 기억하자. '부하 조종사'가 되는 방법을 찾으면, 당신의 역할을 확장해서 평상시 일상적으로 협력할 일이 없는 사람과 함께할 수 있다.

현실 속 정신적 지주

2000년의 일이다. 나는 대규모 기술 컨퍼런스에서 마이크를 잡았다. 발언이 끝나자 코즈모 칼리아레코스라는 남자가 다가왔다. 그는 미용업 전략 컨설팅 기업인 파르테논 그룹의 창립 멤버가 되어줄 사람을 찾고 있다며 그날 늦게라도 만날 수 있을지 물었다.

코즈모와 나는 만나자마자 죽이 맞았다. 그는 큰 그림을 그리는 사색가이자 낙천주의자였다. 만남이 끝날 때쯤 코즈모는 구체적인 안은 아직 떠오르지 않았으나 동업할 방법을 찾을 수 있겠다는 확신이 든다고 말했다. 그때만 해도 나는 내가 파르테논의 사장으로 근 7년, 부회장으로 15년을 보내게 될 거라고는 전혀 생각하지 못했다. 코즈모는 내가 맡은 모든 프로젝트에서 정신적 지주이자 비밀을 털어놓는 신뢰할 만한 친구가 되어주었다.

현실 속 '역' 멘토

큐볼에서 나는 동료들이 상향식 피드백을 할 수 있고, 덕분에 내가 더 나은 사람이 될 수 있는 개방적이고 투명한 작업 환경을 만들고자 노력했다. 피드백이나 멘토링 회기 때마다 나는 의식적으로 이렇게 자문했다. '내가 더 잘할 수 있는 것이 하나라도 있을까?'

밀레니얼 세대가 운영하는 기업의 이사회에서 일했기에 나는 언제나 나보다 젊은 동료들에게서 가르침을 받을 수 있었다. 파비안 포트밀러와 그의 동료들이 자신들이 세운 스타트업, 샌드박스

(현 사우전드)의 회장으로 와달라고 요청한 게 좋은 사례다. 이 기업은 30세 미만의 젊은 리더들로 이루어진 세계적 공동체다. 샌드박스 공동체, 그중에서도 특히 파비안과 나의 상호작용은 젊은 세대의 리더들과 관계를 유지하는 방법을 계속 생각할 용기를 주었다.

이 모든 멘토들은 지난 세월 동안 내 마음가짐과 접근법을 갈고 닦는 데 큰 영향을 미쳤다. 이들 모두는 내게 멘토링의 상호작용에서 대단히 중요한 '학습 질문'을 가르쳐주었는데, 이 질문들은 멘티를 지원하는 최선의 방법을 이해할 수 있는 수단이 된다. 알맞은 질문을 아는 것이 생산적 멘토링 관계를 구축하는 첫 번째 단추다.

구체적으로, 멘토링 회기를 진행할 때마다 나는 멘티를 더 잘 이해하고 보다 효율적인 멘토가 되기 위해 반드시 던져야 하는 중요한 질문들을 매번 똑같이 던진다.

방식은 항상 같다. 처음에는 가치관과 원칙을 논하려고 노력하고, 그다음에는 멘티들이 가고자 하는 길이 어디인지 신중하게 듣는다. 멘토의 입장에서 이 두 가지는 분명 묻고 이해해야 하는 가장 중요한 질문이다. 이 질문들은 멘티의 가치관과 그들이 이루려는 목표에 집중하게 해주기 때문이다. 우리는 종종 서로가 같은 곳을 보고 있다고 생각한다. 그러나 많은 경우, 우리가 배치하려는 멘티의 자리와 멘티 자신이 가고 싶어 하는 자리는 일치하지 않는다. 타인이 보다 완전한 본연의 모습을 찾도록 도와주려는 욕망이 좋음의 핵심이라면, 멘티들이 어디에 가고 싶어 하는지 신중히 경청하는 일은 절대적으로 중요한 첫 단계다.

다섯 가지 질문

공식적으로든 비공식적으로든 멘토링을 하고 있다면, 처음으로
던져야 할 질문은 '당신이 정말로 이루려는 것은 무엇입니까?'이
다. 항상 큰 목표를 점검하고 확인하면서 시작해야 한다. 이 질문
에서 논리적으로 파생된 다른 네 가지 질문도 던져야 한다. 즉, '목
적지까지 가는 데 도움이 되는, 당신이 잘하고 있는 일은 무엇입니
까?' '당신을 지체시키는 요인은 무엇입니까?' '그곳에 더 빨리 도
달하기 위해 내일은 뭘 바꾸겠습니까?' '제가 어떻게 도와드리면
좋을까요?'가 바로 그것이다.

이런 질문들은 상대에 대한 이해도를 높여주며 멘토링의 방향을
잡아줄 공통의 의식 공간을 만들어낸다. 보다 구조화된 접근법을
갖추고 멘토링에 접근하는 게 좋아 보일지도 모르나 내 경험으로
미루어 볼 때 멘토링은 보통 즉흥적인 토대에서 일어난다.

내가 제시한 다섯 가지 멘토링 질문 순서는 오랜 세월에 걸쳐 멘
토링을 받고 다른 많은 사람들에게 멘토 역할을 해주는 과정에서
개발됐다. 이 다섯 가지 주요 질문을 함께 던지면 보다 사려 깊은
대화가 가능해지고 영감이 고취된다. 이로써 멘토링 관계를 보다
강력하고 효과적이게 만드는 더 많은 실용적 방법들이 생겨난다.

당신만의 언어로 이 다섯 가지 질문을 던질 방법을 찾아내되, 항상 다음의 순서를 따르라.

1. **당신이 정말로 이루려는 것은 무엇입니까?** 이 질문은 리더십 피라미드의 모든 층위를 건드린다. 어떻게 해야 이 사람은 스스로에게 진정성을 갖추었다고 느낄까? 당신은 공감하는 마음으로 이입하며 그에게 귀를 기울이는가? 이 사람은 일련의 목표를 실천함으로써 총체성에 한 발짝 더 다가갔다고 느낄까? 이 사람의 근원적 가치관은 그가 하고 싶어 하는 일과 방향이 맞는가?

   멘티를 격려할 방법을 찾아라. 그의 꿈이 비관습적이거나 이루기 어렵다고 할지라도 말이다. 당신이 멘티의 거장, 옹호자, 정신적 지주의 역할을 할 가능성을 열어두라.

2. **목적지까지 가는 데 도움이 되는, 당신이 잘하는 일은 무엇입니까?** 이 질문은 멘티가 제대로 나아가고 있는지를 넘어 그들이 타고난 '초능력'이 무엇인지 분별하는 데 도움이 된다. 이 질문을 던지면 멘티의 능력이 그들의 열정과 어떤 조화를 이루는지 이해할 수 있다.

3. **당신의 발목을 잡는 요인은 무엇입니까?** 이 질문은 멘티가 원하는 일과 원하지 않는 일 혹은 그들에게 필요한 특정한 기술이나 중요한 인맥이 무엇인지 파악하게 해준다.

4. **목표에 더 빨리 도달하기 위해 내일은 무엇을 바꾸겠습니까?** 이 질문은 멘티들이 자기 인식을 계발하고 지혜롭게 행동하도록 도

와준다. 지혜는 바꿀 수 있는 것과 바꿀 수 없는 것의 차이를 아는 자기 인식에서 온다. 당신은 멘티가 이루려는 목표의 옹호자이자 치어리더로서 격려와 심리적 지원을 제공할 수 있다. 타인이 믿고 존경하는 사람이 적시에 격려를 해주면 큰 효과가 발휘된다. 멘티들이 목표를 향해 갈 때 더 많이, 더 빨리 최선을 다하도록 도와라.

5. **제가 어떻게 도와드리면 좋을까요?** 멘토들은 개방성과 공감을 가지고 관심을 기울이는 방법 말고도 멘티에게 최선의 이익이 되는 방향을 찾음으로써 너그러움을 보여줄 수 있다.

　멘티가 만나야 할 또는 필요한 사람이 있는가? 어쩌면 당신의 '부조종사'가 일상적 업무를 할 때 멘티를 도와줄 수 있을지도 모른다.

　효과적인 멘토링을 위해서는 위의 질문들을 내면화하는 것이 중요하다. 다음번 멘토링 회기를 진행하고 나면 이들 멘토링 질문을 던질 방법을 찾아냈는지, 또 효율적인 차례에 따라 질문을 던졌는지 반문해보라. 질문 던지기를 연습하는 건 어렵지 않으나 이 질문들을 내면화하는 데는 분명 연습이 필요하다.

　점심이나 저녁식사 시간에 멘토링을 시도하라. 식사시간 동안 다섯 가지 중요한 멘토링 질문을 던질 자연스러운 방법을 찾아라. 질문을 통해 당신은 멘티의 진짜 목표에 마음을 열 수 있을 것이다. 후식이 나올 때쯤 멘티가 목표를 이루도록 도움을 줄 최선의 방법을 이야기할 준비가 되면 더 좋을 것이다.

단, 이 질문들은 강제적인 방식으로 던져서는 안 된다. 이제 평범한 멘토링을 넘어서게 해줄 지도 원리를 살펴보자.

평범한 멘토링을 넘어서고 싶다면

멘토링을 할 때는 어떤 질문을 어떤 순서로 던질지뿐만 아니라, 질문을 던지는 방식과 멘티의 대답에 귀를 기울일 방법도 고려해야 한다. 멘토들은 진정성이 있어야 하며, 가부장적인 느낌을 전달해서는 안 된다. 다섯 가지 중요한 멘토링 질문을 사려 깊게 던지고 대답에 귀를 기울이기에 알맞은 정신 상태를 갖춰라. 올바른 어조를 사용하고 멘티의 응답에서 드러나는 공통적 패턴을 알아볼 수 있도록 제대로 준비하라.

멘티가 되어달라는 요청은 대단히 사적인 행위다. 인간성을 잊지 마라! 마고 파이든의 이야기는 이런 질문이 의례적 질문이어서는 안 된다는 것을 상기시켜준다. 당신은 질문에 대한 멘티의 응답에 귀를 기울이고 사려 깊은 피드백과 답변을 건네야 할 뿐 아니라 개방성과 친절함이라는 마음가짐으로 멘토링에 임해야 한다.

다섯 가지 멘토링 질문은 안내서 겸 멘토링 '체크 리스트' 역할을 한다. 그러나 의례적이거나 요식 행위와 유사한 방식으로 전달하면 질문 자체는 아무 효과가 없다. 멘토링은 진정한 관계에서 시작해야 한다. 다시 말해, 이 질문들에는 알맞은 물음을 던지도록 하는 강력한 효과가 있지만, 그것도 딱 맞는 어조와 적절한 마음가짐으로 던질 때 해당되는 말이다.

당신은 멘티가 보이는 특징적 패턴을 보고 실용적 답변과 조언을 건넬 수 있으리라 기대하며 질문을 던져야 한다. 좋은 사람들의 주문과 리더십 피라미드에 토대를 둔, 구체적인 응용 멘토링 원칙 열 가지를 제시한다. 이것이 바로 다섯 가지 주요 멘토링 질문을 던지고 멘티의 대답을 경청할 때 유념해야 할 원칙이다.

1. **봉사하기로 선택하라. 그리고 경청하라.** 진심으로 경청하라. 멘토링은 능동적 선택이다. 멘토링 때마다 멘티에게 봉사하러 간다고 마음을 먹어야 한다. 올바른 질문을 던지는 데서 그치지 않고 멘티의 대답을 깊이, 또 신중하게 경청하라.

   진심으로 귀를 기울여야 한다. 제아무리 훌륭한 질문도 경청이 뒷받침되지 않으면 쓸모 없다. 경청은 시간, 멘토 자신의 강한 가치관, 타인의 가치관을 이해하려는 성실한 태도를 요구한다. 멘토링 때는 충분한 시간을 들여라. 리더십 피라미드 중 공감 층위를 기억하고 멘티와의 만남에 개방성과 공감, 아량을 가지고 접근하라. 기억하라. 당신은 타인의 처지에 귀를 기울이고 그와 함께하려는 중이다. 당신이 가고 싶은 자리, 혹은 멘티를 두고 싶은 자리 때문에 편향을 갖지 않도록 주의하라.

2. **멘티가 자신의 '초능력'을 발견하도록 도와라.** '목적지까지 가는

데 도움이 되는, 당신이 잘하는 일은 무엇입니까?'라는 멘토링 질문을 던지면 멘티의 초능력을 발견하는 데 도움이 된다. 멘티의 대답에 귀를 기울일 때는 그가 타고난 진짜 장점과 훌륭한 직업 윤리에서 비롯된 장점에 유념하라. 이 둘은 모두 중요한 능력이다.

멘티의 초능력을 발견하면 그들도 자신의 초능력을 볼 수 있도록 도와야 한다. 멘티의 이런 초능력에 대한 자신감을 고취시키고 멘티가 타고난 비교우위를 축하하라. 덧붙여 말하자면, 이는 훌륭한 면접 질문이 되기도 한다. '당신에게 가장 자연스럽게 느껴지는 일은 무엇입니까? 대부분의 사람들보다 당신이 더 잘하는 일은 무엇인가요?'

3. **낙관적 목소리를 높이고 냉소적 목소리는 죽여라.** 멘토링은 언제나 정직하고 직설적이어야 한다. 그렇더라도 전반적 어조는 낙관적이고 긍정적일 수 있다. 예컨대 멘티가 어떤 아이디어를 내놓으면 그 아이디어가 통하지 않을 이유를 생각하기 전에 통할지도 모르는 이유를 먼저 생각한다.

이 점을 늘 기억하고 24×3 규칙을 활용하라. 어떤 아이디어든, 어떤 측면이든 비판하기 전에 24초, 24분, 나아가 24시간 동안 그 아이디어가 통할지도 모르는 모든 방법을 고려하라. 에너지를 빼앗기보다 주는 사람이 되어야 한다.

4. **비관습적 성공을 장려하라.** 낙관주의적 태도와 밀접한 관련이 있는 한 가지는 남들이 가보지 않은 길을 가보려는 사람에게 도

움을 주는 것이다. 멘티가 뭔가 비관습적인 일을 하고 싶은데도 솔직히 표현하지 않을 가능성이 있다면 표현할 수 있게 도와줘라. 누구나 속마음을 숨기고 싶어한다. 자기 목표가 달성 불가능하다고 여기기 때문이다. 세상은 관습적 실패를 비관습적 성공보다 좋아한다는 얘기가 있다. 멘토로서 우리는 후자의 탐색을 장려해야 한다.

5. **의미를 찾아라.** 전통적 경력이든 비관습적이고 완전히 틀에서 벗어난 역할이든 그 안에서 정말로 의미 있는 것(내적인 "왜")이 무엇인지 이해하면 나머지는 쉽다.

   실용주의와 이상주의의 균형을 맞추면서 멘티가 지금 하고 있는 일에 이상적으로 하고 싶어 하는 일을 조화시킬 방법을 찾아라. 사람들은 현재의 작업이 미래의 목표와 어떤 관계가 있는지 보지 못할 수도 있다. 이때 당신이 대신 그 연결의 틀을 짜줘야 한다. 멘티에게 진정한 주인의식을 심어주고 그들의 기여가 왜 중요한지 설명하라.

6. **유의미한 역할이 몰입을 일으킨다.** 멘티가 다른 좋은 사람들을 찾도록 도와야 한다. 멘티를 지원하는 가장 실용적인 방법 중 하나는 그를 도와줄 의지와 능력이 있는 사람들과 연결시켜주는 것이다.

   멘티와 다양한 멘토의 분류를 공유하고, 당신이 채워줄 수 없는 틈을 채워줄 다른 사람을 찾도록 독려하라. 당신이 도움이 되는 영역에서 보완을 해줄 사람을 찾아도 좋다. 멘티가 사람 보는 눈을 키우도록 돕고, 다른 좋은 사람들이 어떤 도움을 제공할 수 있으며 목표 달성에 얼마나 기여할지 평가하는 데 사용할 틀을 제공하라. 이에 관해서는 다음 장에서 더 깊이 논의하겠다.

7. **지혜를 나누되, 옳음보다는 친절함을 택하라.** 자부심은 겸손함과 개방성의 천적이다. 친절한 행동이 언제나 '옳은' 행동보다 중요하다. 언제나 옳게 행동하려고 애쓰지 말고, 웨인 다이어의 지시를 따라 "옳음보다는 친절함을 택하라."

8. **멘티가 스스로 답을 찾게 하라.** 내 동업자인 딕 해링튼은 동료나 경영자들과 함께 일하면서 상대가 스스로 답을 찾게 하는 방법을 깨달았다는 말을 자주 했다. 멘토-멘티 관계는 위계서열이 아니다. 좋은 멘토는 멘티가 스스로 답을 찾도록 이끈다. 당신의 궁극적 목표는 멘티가 자신에게 가장 이익이 되는 무언가를 내면화하도록 만드는 것이다.

9. **볼륨은 멘티가 조절하게 하라.** 멘토가 되어 기분이 들뜨는 것은 알겠지만 선을 넘지 않도록 조심해야 한다. 나는 우리가 투자하는 기업의 창업자와 멘티들에게 볼륨을 직접 조절하라고 독려한다. 가끔은 넌지시 자극을 주어 그들을 특정한 논의에 몰입하게 하는 것도 유용하지만, 일반적으로 멘티들은 필요하다고 느끼는 만큼 멘토링 강도를 높이거나 낮출 수 있어야 한다.

10. **만나기로 한 약속은 당신 자신을 위해서나 멘티를 위해서나 꼭 지켜라.** 약속을 지키는지 여부는 성품을 가늠할 수 있는 핵심적 지표다. 멘토링에는 상호존중이 요구된다. 〈뉴욕 타임스〉의

애덤 브라이언트는 리더십에 관해 이야기하면서 청중에게 상관을 어떻게 생각하는지 즐겨 묻는다. "여러분은 상관이 여러분을 지지하고, 공정하게 대하고, 어려운 상황에서도 당신을 내팽개치지 않을 거라고 생각합니까?" 이 질문에는 평균적으로 절반 정도의 사람만 손을 든다. 당신의 멘티가 손을 들도록 처신하라. 멘티를 존중하라. 신뢰를 쌓으려면 시작한 일은 마무리하고, 약속은 지켜야 한다.

멘토는 멘시다

멘토링의 다섯 가지 질문과 그 질문을 던지는 방식, 대답에 귀기울이는 열 가지 원칙을 연결하는 건 단순하고 흔한 연대감이다. 한 가지만 기억하라. 당신은 멘시, 즉 이디시어에서 말하는 '따뜻한 사람'이 되어 묻고 답해야 한다. 좋은 사람이 되는 것은 훌륭한 멘토가 되기 위해 아주 중요한 부분이다. **멘시가 된다는 건 리더십 피라미드의 모든 측면 중에서도 특히 공감의 층위를 살아낸다는 뜻이다.** 위에서 설명한 열 가지 멘토링 원칙을 우선 유념함으로써 '환자를 대하는 태도'를 연습하라. 착한 사람이라면 무엇을 할지 생각하라. 다섯 가지 중요한 멘토링 질문을 던지고 멘티의 반응에 사려 깊게 반응하라. 그렇게만 해도 좋은 멘토가 되는 길을 가고 있는 셈이다.

좋은 리더는 모두 좋은 멘토다. 그러나 모든 멘토가 좋은 리더는 아니다. 옳은 얘기를 온기와 공감, 관심 없이 늘어놓는 일도 얼마든지 가능하다. 멘토링을 할 때는 사장과 고용인 관계에서 한 발짝 벗어나야 한다는 걸 잊지 마라. 멘토로 행위할 때는 상대방이 당신에게 엄청난 책임을 믿고 맡겼다는 점을 기억하라. 대단히 유능하지만 환자를 대하는 태도가 형편없어서 어려움을 겪는 의사들이 있듯, 기교는 완벽하지만 감정적 연결을 맺는 데 서툰 음악가들이 있듯, 온갖 '옳은' 얘기를 다 쏟아놓는데 전달하는 방식이 잘못된 멘토들도 있다. 그들은 감정 없이, 멘시가 되지 못한 채 멘토링을 한다.

2013년, 마이크 마이어스가 〈슈퍼 멘시: 고든의 전설〉이라는 다큐멘터리 영화를 공개했다. 그가 취재한 인물 셉 고든은 할리우드에서 가장 잘 알려져 있는 연예 매니저 겸 에이전트다. 고든은 앨리스 쿠퍼, 마이클 더글러스 등 다수의 연예인들이 경력을 쌓는 데 도움을 주었으며, 최근에는 스타 셰프들의 등장과 그에 따른 식도락 유행을 만들어내는 데도 일조했다. 셉은 이례적인 할리우드 에이전트 아리 굿, 제리 맥과이어 등 다른 슈퍼 에이전트들의 전형성과는 거의 모든 면에서 현저한 대조를 이룬다. 그는 할리우드뿐 아니라 우리 모두에게 상당히 높은 잣대를 들이댄다.

셉과 며칠을 보내며 나는 '좋음'이 성공에 얼마나 중요한 요소인지 다시 한번 생각하게 됐다. 당신이 〈포천〉 500개 사의 CEO든, 컨설팅 회사 사장이든, 창업자들과 함께 일하는 벤처 투자자이든, 슈퍼 에이전트이든 우리가 하는 일의 핵심 목표 중 하나는 타인을 훌륭하게 만드는 것이어야 한다. 우연하게도 셉에게는 이 일이 실제 직업이 되었다. 그와 함께 있다 보면 사람들은 그의 성공을 가능하게 만든 비결을 금세 경험하게 된다.

이상적 세계에서라면 에이전트도, 매니저도 계약을 따오는 단순 중개인이라고만은 할 수 없다. 그들은 고객의 옹호자이자 신뢰하는 친구이며 조언자다. 이런 면에서는 그들 역시 멘토다. 셉의 고객들은 그가 매니저로서 해준 역할이나 그가 이룬 성취의 목록을 떠올리기 전에 일단 그를 좋은 사람이자 멘토라고 말한다.

이 방법이 너무 잘 통해서 셉은 고객들과 계약서를 쓰지도 않는다. 사람들은 셉과 '날인'하지 않는다. 그들은 신뢰로 가득한 관계에서 서로를 위해 헌신한다. 최근 셉과 다시 연락했을 때, 나는 그를 움직이는 것은 무엇인지, 명성이나 돈에 갇히지 않는 비결은 무엇인지 물었다. 그는 이렇게 대답했다.

"인간의 천성, 그러니까 인간의 좋은 천성은 간과하기 쉽습니다. 삶은 일이 가장 잘 풀릴 때도 여전히 어려운 여정이죠. 그 여정을 처리하는 방식과 선택이 이 세상에서 목표를 이룰 수 있을지 여부를 결정해줍니다. 아주 작은 선택들도 켜켜이 쌓이기 마련이죠. 모든 일에서 기적을 보려고 노력하세요. 사람을 만나도 그들에게서 기적을 발견하려고 노력하십시오. 기적에 불친절하게 굴기는 어렵습니다. 내가 배운 현실감각을 유지하는 데 도움이 되는 한 가지 방법은 할 수 있는 한 자주 '고맙습니다'라고 말하는 겁니다. 고맙다는 인사를 잊지 않고 주어진 것들에 감사한다는 건 놀라운 일입니다.”

우리 모두가 타고난 인간애, 즉 모든 사람의 내면에 들어 있는 멘시는 돈, 명예, 공포, 탐욕의 긴장이 가하는 지속적 압박을 받고 있다. 엉뚱한 사람들과 함께 있을 때는 부정적 동조 압력까지도 경험하게 된다.

멘토링은 우리가 하는 일에 기쁨을 부여하고, 이로써 더 높은 목표 의식을 함양하는 행위여야 한다. 원치 않는 사람이 되고 원치 않는 일을 하라고 압력을 넣어대는 이 세상에서, 타인의 성공을 도와주겠다는 목표 의식 말이다. 우리는 멘시와 같은 태도와 방식, 품위로 멘토링에 임해야 한다. 눈에 보이는 그대로의 상사 혹은 고용주 역할에 빠지지 않는 대신 타인을 무엇보다 동료 인간으로 대하려고 주의해야 한다. 이런 마음가짐이 위대한 멘토를 만든다.

생식성이란 에릭 에릭슨이 최초로 개발한 개념으로서, 임기가 끝날 때 사람, 장소, 사물 들을 처음보다 더 나은 상태로 남겨놓고 떠나고자 하는 욕망과 행위로 정의된다. 이 현상은 온전한 자아를 더 의식하게 되는 40세 전후를 시작으로 두드러지는 인간의 기본적 욕망이다. 생식성은 '대리된 불멸성'과 같은 개념이다. 우리는 모두 죽으며 임기가 끝나면 애도한다. 그러나 우리는 더 나은 사람, 장소, 사물을 통해, 즉 우리가 남겨놓은 것들을 통해 계속 살아간다. '유산'이라는 단어의 문제는 너무 자주 쓰인다는 것이다. 사람들은 정신적 동기보다 물질에 집중한다. 하지만 우리는 유산만을 남길 뿐, 생식성은 잃을 수도 있다.   — 쑨얀 셰이

총체성에 관한 앞선 논의에서 에릭 에릭슨을 거론했다. 그는 성인의 발달 과정을 그가 '자하통합'이라 명명한 무언가를 통한 자아실현의 추구로 설명했다. 에릭슨이 옹호하고 쑨얀이 권고한 생식성이라는 개념은 멘토링이 후대에 전할 만한 가치가 있는 유산을 남기는 유일하게 고귀한 방법인 이유를 설명해준다.

결국 우리가 할 수 있는 일은 우리가 아는 좋은 것들을 타인에게 물려주는 것뿐이다. 우리는 이런 '대리된 불멸성'이 전진해 더 많은 좋은 일을 이루도록 희망해야 한다. 이 세상에 일반적으로 좋음이 부족하다면, 우리에게는 멘토가 되어주고 좋은 사람이 되어야 할 의무가 있다.

내가 아는 가장 위대한 멘토들은 자기 인식을 지속적으로 추구했으며 이타적이고 정직했다. 그들은 다른 사람들이 가장 좋은, 가장 본연의 모습으로 발전하도록 도와주느라 몸 바쳐 일했다. 동료들을 멘토링하려 노력했던 수십 년 동안 나의 지침이 되어준 핵심적 가르침은 바로 이것이다. 부모들이 그렇듯, 최고의 멘토들은 가끔 당신보다 더 당신을 믿으며 그런 믿음을 전달할 방법들을 찾아낸다. 멘토가 되어 타인에게 무엇이 최선일지 늘 염두에 두려면 깊

은 헌신이 필요하다.

당신은 어떤가? 멘티의 교육, 능력, 미래에 헌신할 욕망과 의지가 있는가? 1년이나 10년, 심지어 그보다 더 긴 기간 동안 기꺼이 노력할 수 있는가? 멘토링은 일상적으로 멘티의 안부를 확인하는 일에만 국한되지 않는다. 멘토링이란 장기간 멘티의 전반적 교육, 능력, 성품, 좋음에 헌신해야 하는 동반자 관계다. 어떤 조직이 타인의 성공을 돕는 일을 높이 평가하는 문화를 함양할 수 있다면, 그 조직은 더 큰 성공을 거둘 준비를 갖춘 셈이다. 그런 조직은 직원들의 더 높은 몰입도와 충성도, 실적을 북돋기 때문이다.

멘토링에 참여하고 좋은 사람이 되면 인간성과 덕성, 성품 등 우리가 서로 공유하는 것이 무엇인지 볼 수 있게 된다. 내면의 인간성이 이런 식으로 표현되면 우리 모두는 연결된다. 그러나 거장, 옹호자, 정신적 지주, 부조종사, 역 멘토 등이 될 방법을 찾아 친밀하며 연결 가능하고 놀랍도록 인간적인 방법으로 멘토링을 실천하는 일은 인간이 이룰 수 있는 최고의 성취가 더욱 고귀한 목표에 봉사하는 것임을 깨달을 때에만 가능하다.

이 도전을, 당신 자신과 다른 사람들의 좋음을 장려하고 평범한 멘토링을 넘어선다는 과제를 받아들일지 여부는 당신에게 달려 있다.

핵심 요약

- 멘토링이 결실을 맺으려면 멘토와 멘티 간에 상호 헌신하려는 공감대가 형성되어야 한다. 멘토가 먼저 진정성 있게 다가가야 한다.

- **멘토링에는 다양한 형태와 역할이 존재한다.** 예컨대 기술의 거장, 목표의 옹호자, 직장에서의 부조종사, 필요한 때의 정신적 지주, 더 큰 자기 인식을 계발하도록 도와주는 역 멘토가 있다. 경우가 다양하므로 우리에게는 이 멘토들이 모두 필요하다. 여러 가지 지원 역할을 동시에 해주는 멘토들도 있지만, 보통은 상호 보완적인 여러 명의 멘토와 관계를 쌓는 편이 합리적이다.

- **던져야 할 적절한 질문을 알아야 한다.** 효과적으로 멘토링을 하려면 어떤 질문을 어떤 순서로 던져야 할지 알아야 한다. 멘티에게 제시해야 하는 다섯 가지 핵심 질문은 다음과 같다. '당신이 정말 이루려는 것은 무엇입니까?' '목적지까지 가는 데 도움이 되는, 당신이 잘하고 있는 일은 무엇입니까?' '당신을 지체시키는 요인은 무엇입니까?' '그곳에 더 빨리 도달하기 위해 내일은 뭘 어떻게 바꿀 건가요?' '제가 어떻게 도와드리면 좋을까요?'

- **멘토는 올바른 마음가짐과 말투, 인내심을 가지고 멘티에게 반응해야 한다.** 멘토는 주의 깊게 경청하고 멘티에게 올바른 태도와 어조를 보여야 한다. 멘티의 비관습적인 성공을 장려하고 그들에게 필요한 사람들을 찾도록 도와주고, 이야기의 방향과 속도를 스스로 조절하게 해서 해답을 발견하고 내면화시킬 수 있도록 이끌어야 한다.

마지막으로, 약속 시간은 꼭 지켜야 하며, 멘토링 관계에 임할 때는 멘시가 되어야 한다.

12장

사람 보는 눈을
키우는 법

우리가 하는 모든 일도, 우리의 존재 전체도 우리가 곁에 두기로 선택한 사람들의 영향을 받는다. 나는 오랜 세월 동안 때로는 올바른, 때로는 잘못된 단계를 거치고 나서야 내가 경영자로서나 한 명의 인간으로서 이룬 성공이 궁극적으로 사람들에 대해 내린 판단의 질을 반영한다는 사실을 알게 되었다.

미국의 작가이자 운동가인 리타 메이 브라운은 이렇게 말했다. "좋은 판단은 경험에서 나오며, 경험은 나쁜 판단에서 나온다." 나는 나쁜 판단이 상당 부분 사람을 잘못 보는 데서 비롯된다고 믿는다.

장기적으로 존중받는 리더십을 만들고 조직 문화를 지속시키려면 딱 맞는 사람들을 선택하는 것을 최우선 순위로 삼아야 한다. 좋은 사람들에 대한 일반적 정의를 상기해보라. **좋은 사람이란, '자신을 포함한 사람들이 가능한 한 가장 완전한 본연의 모습을 찾도록 도와주겠다는 가치관을 지속적으로 함양하는 데 헌신하는 사람'이다.** 바로 여기에 난제가 깃들어 있다. 좋음이 타인에게 긍정적 영향을 미치는 건 사실이지만, 선량해지는 능력 역시 우리에게 영향을 미치는 사람들에게 좌우된다. 우리가 타인을 대하는 방식은 좋든 나쁘든 타인이 우리를 대우한 방식에 대한 기억과 경험이 작용한 결과물이다.

사람 보는 눈을 키우고 싶다면 경쟁력이나 지위 너머를 볼 수 있어야 한다. 명성과 높은 직책은 평가하기 가장 쉬운, 그러나 좋음을 측정하는 데 있어서는 가장 쓸모없는 잣대다. 그보다 필요한 건 사람의 성품과 가치관을 알아보는 것이다. 특히 앞서 진정성과 공감, 총체성이라는 범주 전체를 통틀어 확인했던 가치관을 옹호하는지 알아보아야 한다.

우리는 대부분 좋음이나 좋음에 수반되는 가치관의 정확한 의미를 정의하고 설명하는 데 어려움을 느낀다. 그러므로 타인을 판단하라는 요청을 받았을 때도 선택하는 데 어려움을 느낀다. 직접 좋음을 실천하는 동시에 타인에게서도 좋음을 알아보고 선택하려 할 때면 나머지 모든 질문들을 압도하는 한 가지 문제가 발생한다. 직장에서뿐만 아니라 개인적인 삶에서도 사람 보는 눈을 키울 방법은 과연 무엇일까?

인식하든 인식하지 못하든 우리는 늘 사람들을 판단한다. 우리는 계속해서 새로운 직원들과 관계를 맺고 새로운 사람들을 만나고, 동업자가 될지 모르는 사람들과 상호작용을 하고, 기업의 잠재적 투자자들에게 구애한다. 우리는 매일매일 관계를 개발하고 심화시키며, 그렇게 하면서 사람들을 더 많이 판단한다. 시간이 지나면 대부분의 리더와 사람들은 사람에 대한, 그들의 성품과 좋음에 대한 상당히 예리한 안목을 기르게 된다. 하지만 그렇게 하는 데 시간이 너무 오래 걸린다는 게 바로 문제다.

사람 보는 눈을 더 빠르게 키울 수 있는 다른 방법은 없을까? 경력을 쌓는 내내, 나는 회사들을 분석하기 위해 당혹스러울 만큼 많은 도구와 진단법, 틀을 사용해왔다. 그러나 그중 어느 것도 좋은 사람들을 판별하고 계발할 최고의 방법을 구체적으로 보여주지는 않았다. 이 점을 고칠 필요가 있는 건 확실하다.

사람을 읽으려면

사람을 보는 눈을 키우려면 우선 나의 편향이 무엇인지 알아야 한다. 특히 두 가지 편향이 문제다. 첫 번째는 익숙함에 따라, 이미 우리가 좋다고 인식하는 것에 따라 판단하는 편향이다. 내 친구 존 마에다는 '좋음'과 '좋은 사람들'의 정의를 연구할 때 인류의 타고난 맹점, 즉 우리에게 가장 익숙한 것을 찾아 보상하려는 편향에

리더십 피라미드

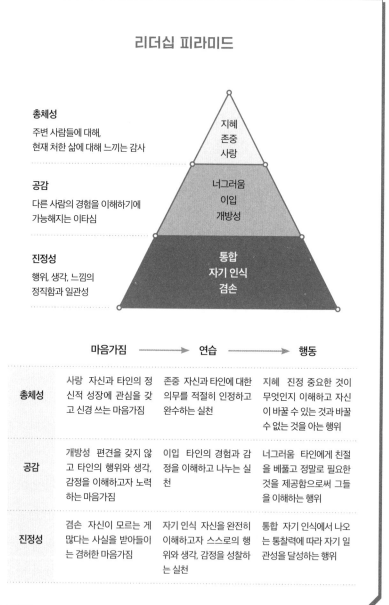

총체성
주변 사람들에 대해,
현재 처한 삶에 대해 느끼는 감사

지혜
존중
사랑

공감
다른 사람의 경험을 이해하기에
가능해지는 이타심

너그러움
이입
개방성

진정성
행위, 생각, 느낌의
정직함과 일관성

통합
자기 인식
겸손

	마음가짐 →	연습 →	행동
총체성	사랑 자신과 타인의 정신적 성장에 관심을 갖고 신경 쓰는 마음가짐	존중 자신과 타인에 대한 의무를 적절히 인정하고 완수하는 실천	지혜 진정 중요한 것이 무엇인지 이해하고 자신이 바꿀 수 있는 것과 바꿀 수 없는 것을 아는 행위
공감	개방성 편견을 갖지 않고 타인의 행위와 생각, 감정을 이해하고자 노력하는 마음가짐	이입 타인의 경험과 감정을 이해하고 나누는 실천	너그러움 타인에게 친절을 베풀고 정말로 필요한 것을 제공함으로써 그들을 이해하는 행위
진정성	겸손 자신이 모르는 게 많다는 사실을 받아들이는 겸허한 마음가짐	자기 인식 자신을 완전히 이해하고자 스스로의 행위와 생각, 감정을 성찰하는 실천	통합 자기 인식에서 나오는 통찰력에 따라 자기 일관성을 달성하는 행위

희생되지 말라고 경고했다. 우리는 우리 자신을 좋은 사람이라고 생각하고 싶어 하므로, 우리와 비슷해 보이고 비슷한 행동을 하는 사람들을 보면 긍정적으로 생각한다.

우리가 피해야 할 두 번째 편향은 내가 '경쟁력 편향'이라 부르는 것이다. 경쟁력을 선호하는 편향이 생기는 까닭은 데이비드 브룩스가 '이력서상의 덕목'이라고 부른 것들에 집중하도록 우리가 길들여져 있기 때문이다. 우리는 타인을 평가할 때 지위나 소셜미디어의 팔로워 수, 재산, 직책, 명성 등 외부적 지표들을 핵심적 지표로 활용하는 경향이 있다. 이런 지표와 신호가 유용한 건 사실이다. 그러나 이런 지표에만 주목하면 사람의 내적 가치관에도, 타인이 함께 나아가도록 도와주거나 그러지 않으려는 의지 등 가치관을 성품과 좋음을 통해 표현하는 방식에도 전념할 수 없다.

결국은 언어와 틀을 갖추는 문제다

이 두 가지 편향을 알고 인정하는 것만으로도 좋은 사람의 구성 요소를 보다 사려 깊게 살필 수 있다. 하지만 사람 보는 안목을 더 벼리고 싶다면, 좋은 사람들을 걸러내는 필터로서 객관적 틀이나 정신적 모형을 활용해야 한다. 이어질 내용에서 나는 이 책 1부에서 제시한 언어와 리더십 피라미드를 활용해 우리의 편향을 줄이는 방법을 논할 것이다. 좋음과 좋은 사람들을 정의하는 그 가치관을 상기시키고자 리더십 피라미드를 다시 한번 소개한다.

좋음의 뜻와 틀을 갖추었다면, 논리적으로 다음 단계는 타인이 좋음이라는 가치를 실천하는지 더 잘 알아보고 판단하는 데 도움을 주는 올바른 질문들을 만들어내는 것이다. 몇 년 전 나는 〈하버드 비즈니스 리뷰〉에 열 가지 간단한 질문을 스스로에게 던짐으로써 사람 보는 눈을 키울 수 있는 방법에 관한 글을 실었다. 이 글은 경영계 안팎에서 예민한 반응을 일으켰다. 이 질문들은 그럴싸한 이름을 앞세운 신임장, 즉 사람을 판단하는 방법이라는 그 매혹적인 약어들을 뛰어넘어 사람의 진정한 성품과 가치관에 집중하도록 도와준다.

좋은 사람을 찾아내는 열두 가지 질문들

리더들은 끊임없이 결정하고 판단한다. 그러나 타인과 우리 자신에 대한 판단은 지속적으로 잘해내기가 가장 어려운 일 중 하나다. 다음은 리더십 피라미드를 실제 생활에 적용할 때 쓸 만한 열두 가지 질문이다.

이 질문들이 좋음과 좋은 사람이라는 개념을 보다 깊이 이해하는 데 도움이 되기를 바란다. 이 질문들은 전문적 취업 면접에서도 유용할 것이다. 동시에 이 질문들은 모든 인간관계나 사람에 대해서, 또 사람 보는 눈을 키울 때 필요한 잦은 상호작용에 대해서 생각할 때에도 유용하다.

당신이 보기에…

1. 상대는 자기 인식이 있는가? (진정성을 묻는 질문)

나는 자기 인식에 엄청난 가중치를 둔다. 그게 성공과 행복의 핵심이라고 믿기 때문이다. 상대방은 자신의 정체성에 대해, 또 자신의 강점과 약점에 대해 지적으로 정직한가? 새로운 것들을 배우는 일에 적극적으로 호기심을 갖는가? 겸손한가? 생각과 말, 행위가 일관적인가?

자기 인식을 발전시키는 방법은 많다. 하지만 핵심은 말하는 것, 생각하는 것, 행위하는 것의 정적성과 일관성이다. 하겠다고 말한 내용을 종이에 적어놓고 실제로 그 내용을 이행하는 사람을 찾아라. 계획을 적어놓고 이를 전제 삼아 나중에 돌아보면 그간 이루어진 진보를 평가하는 데 엄청난 도움이 된다. 상대방이 자기 계획을 기꺼이 문자화하려는 의지가 있는지 확인하는 것 외에도 동료들에게 공식적인 피드백을 요청하고, 상대방에게 그의 편향을 보다 깊이 이해하기 위한 심리 검사를 받도록 하는 방법도 고려하라. 자아 성찰을 위해 충분한 시간을 확보하는 비결이 있느냐고 물어보는 것도 좋은 방법이다.

2. 상대방은 진정성 있게 느껴지는가, 아부하는 것처럼 느껴지는가? (진정성을 묻는 질문)

거짓 찬사만큼 나쁜 건 없다. 누구나 한 번쯤 서비스나 프레젠테이션이 지나치고 아부하는 듯하며, 심지어 연출한 것처럼 느껴지는 상황에 처해본 적이 있을 것이다. 예컨대 식당에서라도 말이다.

좋은 사람은 상대에게 깊은 인상을 남기기 위해 스스로를 곤경에 빠뜨려야 한다는 압박을 느끼지 않는다. 좋은 사람들이 칭찬이나 비판을 할 때면 그 말은 진정성 있고 진실하며 객관적 진실에 부합하는 것처럼 느껴진다.

상대방이 겸손하며 현실적이고, 심지어 자기 약점을 드러내는데도 겁을 내지 않는 것처럼 보이는지 자문해보라. 사람은 물론 새로운 상황이나 상관 앞에서 긴장하게 마련이다. 그러나 좋은 사람들은 그런 상황에서도 자기 모습을 유지하는 방법을 찾는다. 같이 있는 사람이 바뀔 때마다 핵심 행동을 바꾸는 사람들을 주의하라. 진정성은 별게 아니다. 정직하고 일관적으로 본연의 모습을 유지하는 것이다.

3. 말하기와 듣기의 비율은 어떤가? (공감을 묻는 질문)

자기 확신은 마약과도 같다. 만일 어떤 사람이 듣기보다는 말을 더 많이 한다면 이 행동을 더 깊이 탐구해볼 만한 가치가 있다. 그는 자만심에 취해 있는가? 다른 사람들이 하려는 말에 무관심한가? 다른 사람들에게 배울 게 아무것도 없다고 생각하는가?

내 경험으로 미루어볼 때 경청과 배려는 공존한다. 경청은 우리가 배울 수 있는 가장 중요한 기술 중 하나다. 어떤 사람이 경청하는 사람인지 알아보는 리트머스 시험지는 맥킨지의 상무이사인 도미닉 바튼의 모범을 따르는 것이다. 그는 어떤 사람이 대화에서 "나"라는 대명사를 쓰는 횟수와 "우리"라는 대명사를 쓰는 횟수를 살피곤 한다. 다른 방법은 "지고는 못 배기는 성미", 그러니까 대화에서 마지막으로 말한 사람보다 "한 점 앞서야" 직성이 풀리는 사람을 경계하는 것이다.

4. 상대방은 에너지를 주는 사람인가, 빼앗는 사람인가? (공감과 총체성을 묻는 질문)

세상에는 부정적 기운을 풍기는 사람이 있는가 하면 긍정적이고 열정적이며 낙관적이고 개방적이고 공감적이며 관대한 사람도 있다. 중국 속담에 에너지를 받는 최고의 방법은 에너지를 주는 것이라는 말이 있다.

다음번에 회식에 참석하게 되면, 테이블 맞은편에 앉아 있는 사람이 에너지를 주는 사람인지, 빼앗는 사람인지 자문해보라. 그렇게 하다 보면 머지않아 감정적 흡혈귀와 좋은 사람을 구분할 수 있게 될 것이다. 미소를 자주 짓는 사람들을 찾고(미소는 전염된다), 낙천적으로 말하는 경향이 있는 사람들을 찾아라. 당신이 생각하는 사람은 회의주의를 조금씩 없애고 긍정성을 강화시키는가, 아니면 냉소주의와 부정성을 증가시키는가?

타인이 가진 긍정적 에너지를 시험하고, 심지어 계발할 수 있는 한 가지 방법은 24×3 규칙을 활용하는 것이다. 24×3 규칙을 활용하는 사람은 에너지를 빼앗기보다 주는 사람일 가능성이 높다. 에너지를 주는 사람들은 타인의 말에 공감적으로 귀를 기울일 가능성이 더 높다. 그들은 개방적인 마음으로 세상에 접근하기 때문이다.

마지막으로 던져볼 만한 흥미로운 질문은 이것이다. 만일 상대방이 노래라면, 그는 어떤 노래일까? 기분이 좋아지고 활력을 주는 '응원가'일까, 아니면 당신이 아는 가장 울적한 노래가 떠오르는가?

5. 상대방은 업무를 주도할 가능성이 높은가, 업무에 반응할 가능성이 높은가? (공감을 묻는 질문)

어떤 사람들은 뭔가 해달라는 요청을 받으면 비판적이고 방어적인 자세를 취한다. 반면 어떤 사람들은 즉시 뛰어들어 밀어붙이고 문제를 해결하려고 노력한다. 곁에 두어야 할 사람은 후자다. 과거 경영대학원 학우가 즐겨 하던 말을 나는 한 번도 잊은 적이 없다. "부탁이니까 행동을 하세요. 반응하지 마시고요."

사람들은 업무 해설서나 매일의 책임에 속하지 않는 일을 해달라는 요청을 받으면 재빨리 "아니오"라고 말한다. 그들은 협동과 공동선이라는 큰 그림을 보지 못한다. 이게 바로 리더와 개별적 기여자들의 차이다. 반사적으로 부정적 응답을 하는 사람은 주의해야 한다. 당신이 평가하려는 사람이 큰일이든 작은 일이든 기꺼이 받아들이는지, 얼마나 협력적인지 살펴보라.

6. 상대방은 자기가 모르는 사람을 어떻게 대하는가? (공감을 묻는 질문)

이 책을 쓰려고 인터뷰한 수많은 리더들은 기초적 원칙, 즉 우리 모두는 평등하다는 원칙을 따랐다. 상대방이 낯선 사람이나 택시 기사, 웨이터, 동료 등과 어떻게 상호작용하는지 면밀히 지켜보라. 그는 정중한가, 퉁명스러운가? 상대방에게 몰입하는가, 아니면 그를 사회적·직업적 하급자로 대우하는가? 그가 낯모르는 사람을 도와주는 모습을 상상할 수 있는가? 그는 낯모르는 사람에게도 역지사지의 자세를 취할 만큼 공감력이 강한가?

경멸, 퉁명스러움, 무례함, 속물 근성은 모든 사람이 궁극적으로 별다를 게 없다는 무언의 공포에서 유래하는 경우가 많다. 다른 상황에서라면, 운이 바뀐다면, 우리 자신이 상대보다 못한 역할이나 위치로 전락할지 모른다는 공포 말이다. 상대방이 하급자를 오만하게 대한다면 그 이유를 고민해보라.

7. 상대방의 배우자는 어떤 사람인가? (진정성을 묻는 질문)

누구와 사귀는지 보면 그 사람이 어떤 사람인지 알 수 있다. 최측근은 특히 그렇다. 중요한 자리에 누군가를 고용하고 싶다면 후보자를 배우자와 함께 저녁식사에 초대해보라. 이와 유사한 맥락으로 당신의 최측근에게 당신 자신의 장점과 단점을 하나씩 꼽아달라고 요청해보라. 최측근의 목록이 당신 자신의 목록과 일치하는가? 시간을 들여 후보자가 열거한 사람들뿐 아니라 공통의 인맥이 닿아 있는 사람들에게 의견을 모아라.

자기 평가 설문조사 지표도 이 질문의 변종이라고 할 수 있다. 이 설문조사는 응답자에게 가상의 친구가 합리적으로 짚어낼 거라고 생각하는 자신의 특징을 선택하게 한다. 사람들은 그의 가장 좋은, 혹은 가장 나쁜 특징이 뭐라고 말할까? 자기 평가 검사를 해보면 피검자가 느끼는 타인의 인식과 그들 자신의 인식을 비교할 수 있다. 모든 사람은 자신의 성격적 특징을 기록해둔 본인만의 장부를 가지고 있다. 당신이 평가하려는 상대는 자신이 보는 모습과 가장 가까운 친구들이 보는 모습이 일치하는가?

8. 상대방은 살아오면서 심각한 어려움을 겪은 적이 있는가? 그 장애물에 어떻게 반응했는가? (공감을 묻는 질문)

역사는 중요하다. 개인사도 마찬가지다. 벤처 기업을 만들고 지켜낸 경영자들의 3분의 2 정도가 삶의 초기에 재정적·사회적 고난이나 어려움을 경험했다. 인생 초기의 어려움은 인생 초기의 성공보다 성품을 형성하는 데 많은 영향을 준다. 고난에서 회복하는 능력은 인생 후기의 성공을 담보해주는 핵심 변수다.

일부러 어려움을 겪거나 실패를 자초해야 한다는 얘기가 아니다. 그렇게 하지 않아도 살면서 한 번쯤 고난을 겪게 되어 있다. 그런 침체기를 배움의 기회로 바꾸는 방법을 생각해보는 건 중요한 일이다. 왜 훌륭한 성품을 가진 사람들은 특히 이 방면에서 뛰어난 모습을 보일까? 간단한 답은 없지만 공통적인 패턴은 있다. 그들은 그 과정에서 얻은 교훈을 기록으로 남겨놓고 무엇이 통제하에 있었고 무엇이 통제 밖에 있었는지 반성하며, 스스로 '다음번에는 뭘 다르게 할까?'라고 묻는다.

9. 상대방은 무엇을 읽어왔는가? (총체성을 묻는 질문)

독서는 생각의 틀을 형성하며 새로운 사고를 촉발하고 익숙한 관점에 복합성과 미묘함을 더해준다. 지식을 얻을수록 우리는 우리 자신이 알지도, 완전히 이해하지도 못하는 것들이 얼마나 많은지 깨닫는다. 우주의 너무 많은 부분을 모르고 있다는 각성은 지적 호기심에 불을 댕기기 마련이다. E. O. 윌슨이 언젠가 말했듯, "우리의 경외감은 기하급수적으로 성장한다. 지식이 깊을수록 신비도 깊다."

가장 흥미로운 점은 따로 있다. 내가 아는 한, 감정이 풍부한 사람들은 폭 넓게 독서하는 경우가 많다. 독서는 이야기와 은유, 우화를 통해 타인과 연결을 맺는 데도 도움을 준다. 교양 있는 사람일수록 비유와 스토리텔링의 힘을 활용해 복잡한 이야기를 명료하게 전달하고, 보다 넓은 세상 속에서 자신의 위치를 맥락화할 수 있다.

한 달에 한 권이나 두 권 혹은 그 이상의 책, 특히 직업과 직접적으로 관계되어 있지 않은 책들을 읽는 습관은 경험을 풍부하게 해주고, 호기심을 확장시키며, 다양한 원천에서 얻은 생각과 교훈들을 결합시켜준다. 회사를 창립하는 데서 문화적 진화에 이르기까지 세상의 가장 변혁적인 아이디어는 분야를 가리지 않는 다독가의 정신에서 나온다.

10. 상대방은 오랫동안 함께 자동차 여행을 하고 싶은 사람인가?
(진정성과 공감을 묻는 질문)

이는 일종의 '공항 테스트'다. 공항 테스트에서는 상대방과 공항에 갇히면 기분이 어떨지 묻는다. 당신은 상대방과 함께 차를 타고 미국을 횡단하는 상상을 할 수 있는가? 어째서 가능하다고 생각하는가, 혹은 어째서 불가능하다고 생각하는가? 전문적 기술과 참조 사항, 직장에서 발생하는 기타 공통성을 제외해도 당신은 그 사람과 사이좋게 의견을 같이하고 웃거나 조용히 앉아 있을 수 있는가?

이 질문은 당신이 상대를 장기적인 동료나 동업자로서 어떻게 느낄지 생각하게 해주며, '무엇'으로서보다는 '누구'로서의 그를 고심하게 한다. 그렇다. 일상적 업무에서는 경쟁력이 중요하지만, 공항 테스트와 자동차 테스트는 장기적 관계의 가치를 성찰하게 한다.

'누구'로서의 상대방을 밝혀내려면 당신에 관한 정보도 똑같이 잘 알려주어야 한다. 당신이라면 직장 동료에게 기꺼이 마음을 터놓겠는가? 당신에게는 무언가 숨길 것이 있는가? 당신은 사람들이 만만하게 볼까 봐 두려워 직장에서의 역할을 깨고 나오지 못하는가? 이 책에서 나는 겸손과 불안이 강점임을 보여주려고 노력했다. 한 가지 더, 관심 영역의 공통성은 가치, 기준, 진정성의 공통성보다 덜 중요하다.

11. 상대방은 개성을 편안하게 여기는가? (총체성을 묻는 질문)

특정한 생업에 종사한다는 이유만으로 상대방이 흥미로운 인물로 느껴지는 경우는 별로 없다. 야구에 비유하자면, 선수의 정체성은 직구보다는 커브볼이 결정한다. 다시 말해 극히 평범한 자질보다는 기벽과 특이함, 개성과 관련되어 있다. 상대방은 개성을 편안하게 느끼는가 아니면 개성을 마주할 때마다 당황하고 남의 시선을 의식하며 엉큼하게 자기 모습을 꾸며대는가? 자신의 특징을 숨기거나 과시하는가? 모든 사람은 자유롭게 본연의 모습대로 행동할 수 있다고 느낄 때 최고의 능력을 발휘한다.

자, 당신이 평가하려는 사람을 생각하며 이렇게 자문해보라. 그는 '기존 질서'와의 합치를 얼마나 중요하게 여기는가? 그는 당신을 비롯한 타인의 개성을 얼마나 편안하게 느끼는가? 우리를 우리답게 만드는 건 각자가 가진 특이한 성질이다. 우리 자신에게(우리의 개성에) 진실해지는 것만으로 좋은 사람이 될 수 있는 경우도 존재한다. 진실한, 진정한 자아로서 살아가는 삶은 진정성의 가장 고귀한 형태 중 하나다.

12. 상대방은 다차원적이고 종합적인가? (총체성을 묻는 질문)

다양한 배움과 경험의 분야를 넘나들며, 혹은 그 분야들을 우회하며 항해할 수 없다면 가능성의 지평은 극히 제한될 것이다. 나는 하버드대학에 다닐 때, 작고한 진화생물학자 스티븐 제이 굴드의 학부 수업을 몇 과목 수강하는 행운을 누렸다.

나는 그가 '스팬드럴spandrel, 拱腹'이라는 개념을 소개했던 수업을 생생하게 기억한다. 스팬드럴이란 두 아치 사이의 공간을 일컫는 건축학 용어다. 굴드는 나중에 이 단어를 진화의 측면에서 재정의하면서 "최초" 설계된 요소라기보다 다른 진화의 "우연한" 긍정적 부산물이라고 설명했다. 예컨대 새의 깃털은 원래 보온이 목적이었지만 나중에 비행 목적으로 조정되었다. 여기에서 얻을 수 있는 교훈은 여러 분야 사이에서 발생하는 기대치 못한 창의적 공간을 수용해야 한다는 것이다.

다독가들이 그렇듯, 분야를 넘나드는 사람들은 새로운 가능성을 열어주고 문제를 보다 창의적으로 해결하게 해주는 비관습적 접근법을 가지고 있다. 그러니 이렇게 물어라. 당신은 상대방이 다차원적이거나 종합적이라고 느끼는가?

❖

사람을 보는 데 능해지면 나 자신을 더 잘 판단하게 될 가능성이 높으며, 그 역도 성립한다.

리더십 피라미드에 들어 있는 가치관과 앞서 소개한 열두 가지 질문을 조합하면 좋음의 실제 모습을 더 잘 감지하게 해주는 언어와 틀을 얻을 수 있다. 단, 이 언어나 질문의 목적은 누군가의 좋음과 성품을 취조할 때 쓸, 말 그대로의 각본을 제공하려는 것이 아니다. 오히려 이 질문들은 상대방이 리더십 피라미드 안의 가치관을 어떻게 살아내고 체현하는지 성찰할 때 느껴지는 감각을 규정할 구조화된 방법을 제공한다.

앞의 열두 가지 질문을 주변 사람들에게 던지면(더 중요하게는, 우리 자신에게 정직하게 던지면) 좋음을 향한 여정과 탐구에 아직 모자란 부분이 많다는 게 어쩔 수 없이 보일 것이다. 이 점을 이해한 상태에서 세상의 선을 증가시키기 위해 할 수 있는 일을 물어보고 앞으로의 고된 길을 끌어안을 방법은 무엇일지 생각해보자.

핵심 요약

- **타인의 성품과 가치관을 판단하기란 쉽지 않다. 이는 시간이 필요한 일이다.** 다른 사람을 진실하게 이해하는 가장 좋은 방법은 시간을 들이는 것이다.

- **리더십 피라미드에서 제시하는 요소를 기준으로 질문을 던지는 것이 사람을 직관하는 최고의 방법이다.** 리더십 피라미드가 제시하는 가치관과 열두 가지 질문은 좋음과 좋은 사람들을 찾는 직관력에 지침을 제공해 줄 것이다.

나와 함께 할 열 명은 누구인가

댄서가 무대에 올라온다. 그는 안무가가 채워 넣은 빈 칠판이 아니다. 댄서의 이면에는 그가 살면서 내린 모든 결정이 담겨 있다. 그는 매번 선택을 해왔다. 그가 무대에서 보여주는 모습에서 그 선택의 결과가 보인다. 있는 그대로의 그 사람이, 이 순간 그 댄서가 될 수밖에 없는 존재가 보이는 것이다. 내 경험상 댄서로서 특출한 사람은 인간으로서도 특출한 사람이었다. 삶을 향한 특정한 태도, 목표 의식, 내적 자질을 갖춘 사람 말이다. 그들은 자신이 누구인지 알고 있으며, 그 모습을 기꺼이 내보인다.   — 미하일 바리시니코프

좋음의 실천은 단순한 사교 행위나 착한 마음을 말하는 게 아니

332

다. 의무다. 오늘날에는 인간으로서의 의무를 받아들이는 일이 특히 중요해졌다. 우리는 제도적 신뢰가 저물고, 국가가 분열되며, 국제 뉴스에서 극도의 양극화가 매일 주제로 다루어지는 역사적 순간에 있기 때문이다. 언제나 켜져 있는 디지털 환경이라는 양날의 검 때문에 인간관계도, 깨어 있는 시간도, 상호작용 대부분도 제대로 작동하지 못하고 있는 건 말할 필요도 없다.

이 모든 일이 경영계를 향한 보편적 못마땅함(심지어 경멸)이 팽배한 시대에 일어나고 있다. 신구를 막론하고 엔론, 버니 매도프, 폭스바겐, 웰스파고 등의 경영 스캔들은 "월스트리트를 점령하라" 같은 시위로 이어졌고, 이런 시위들은 날로 심화되는 소득 격차를 비롯한 여러 가지 문제를 상기시키는 가슴 아프고 상징적인 존재가 되었다.

하지만 사기가 잔뜩 오른 행동주의와 비생산적 냉소주의는 구분해야 한다. 오스카 와일드의 희곡 《윈더미어 부인의 부채》에서 달링턴 경이 말했듯, 냉소주의자는 "모든 것의 가격을 알지만 그 어떤 것의 가치도 모르는 사람"이다.

제도적 차원에서 좋음의 잠재력을 진작시키고 퍼뜨리기에 직장보다 더 좋은 곳은 아마 없을 것이다. 현재 좋은 사람들의 주문과 리더십 피라미드, 또 여기에 수반되는 가치관을 직장보다 더 필요로 하는 곳이 있는가?

이 주제를 다루고 있기는 하지만, 우리는 아직도 스타트업과 〈포천〉 500개 사의 이사회, 사회사업 단체들을 망라하는 더 넓은 경영의 세계가 상이한 형태의 조직이나 제도와 협동할 방법을 잘 모르고 있다. 한편에서는 기업과 자본주의는 비도덕적일 가능성이 높다고 믿으며, 또 다른 한편에서는 기업이 좋은 일을 할 수 있는 건 이타주의적 조직이나 비영리 조직으로 운영될 때뿐이라고 주장한다. 자선활동가이자 경영자인 댄 팔로타는 이 두 가지 믿음 때문에 영속화된 고정관념을 명석한 글로 풀어냈다. 그는 두 가지 믿음은 모두 비생산적이라고 지적했다. "효율적이고 혁신적인 길만 따라 움직이는 것은, 균형점을 찾는 협동을 방해한다." 직책이 그렇듯, 특정한 조직에 붙이는 '기업', '비영리 단체', '기관', '시민단체' 같은 이름에서 벗어날 필요가 있다. 대신 우리는 조직을 그 조직답게 만드는 핵심에 집중해야 한다. 이제는 어디에서든, 누구에게서든, 어느 분야에서든 좋음을 찾을 수 있다는 사실을 깨달아야 한다.

물론 이 책에서 묘사된 "좋은 사람들"을 포함해 그 어떤 사람도 흠결이 없지는 않다. 인간은 복잡한 존재다. 누구든 자신의 행동을 자랑스러워하지 못하는 시간이 있게 마련이다. 언제든 이 책에서 설명한 다섯 가지 긴장 중 하나가 우리 내면을 압도할 수도 있다. 그럴 때면, 좋음이란 장기적으로 이루어야 할 목표인 만큼 일순간에 그 경지에 이르는 것은 불가능하다는 사실을 기억하는 게 중요하다. 어떤 행동을 하면, 우리는 그 행동의 의도에 따라 성공과 총체성을 판단해야 한다. 타인이 가능한 한 최선의 모습을 찾도록 도와주는 동시에 우리도 그렇게 되고자 모든 노력을 기울였는지 여부에 따라서 말이다.

이것만큼은 분명하다. 좋은 리더십을 강조하고 가치관에 따라 움직이는 문화를 확립하면, 우리는 좋음이라는 나침반의 바늘을 움직여 좋음과 경제적 가치 창출이 공존 가능함을 입증할 수 있다. 미국의 가장 위대한 자산 중 하나는 기업가 정신과 혁신이라는 문화다. 모든 리더와 노동자에게는 자신의 조직을 바꿈으로써 더 많은 선을 만들어낼 힘이 있다. 하지만 우리는 종종 모든 사람이 리더가 될 수 있다는 사실을 잊곤 한다. 필요한 건 함께 시작하는 일 뿐이다. 단 한 명의 다른 사람에게서 진정성과 공감, 총체성의 가치관을 장려하는 것이 변화의 출발점이다.

진짜 리더십은 우리 자신에게 변화를 촉발하고 이어 타인의 변화를 고무함으로써 결국 모두가 추구하는 혁신적 변화를 집합적으로 창출하겠다는 의지에서 시작된다. 우리에게는 경쟁력은 물론이고 성품까지 갖춘 리더가 필요하다. 이들은 일터를 추종자가 아닌, 미래의 리더를 만들어내는 공간으로 본다. 이런 리더들은 진정성, 공감, 총체성이라는 좋음의 가치관을 평생의 목표로 선택한다. 시험받을 때만이 아니라 가능할 때마다 좋은 일을 하겠다는 진정한 결심으로서 말이다.

전인적이고 가치 중심적인 사람이 되는 건 경쟁력 기반의 리더십을 지워버리는 게 아니라 오히려 향상시키는 방법이다. 제대로만 한다면 리더십은 더 많은, 훨씬 더 많은 선을 만들어내는 플랫폼이 된다. 왜냐고? 왜냐하면 이런 리더십 모델에는 진정성과 성품이 포함돼 있기 때문이다. 이런 리더십 모델은 더 큰 공감과 인간

애를 동반하며 더 많은 감사와 총체성을 전달한다. 이런 리더십 모델은 결국 다른 무엇보다 중요한 건 사람이요, 기회가 모습을 드러낼 때마다 주변 사람들에게 좋은 일을 해주는 문제라는 걸 이해한다. 현재도 그렇고 앞으로도 그렇겠지만 중요한 건 사람이다. 그것이 우리 모두가 우리의 집합적 목표는 진실과 공감, 총체성의 가치를 우리 자신과 타인에게 함양하고, 이에 따라 선이라는 덕망 높은 순환 고리를 만드는 데 도움을 주어야 함을 이해해야 하는 이유다. 이는 우리 모두가 참여해야 할 목표다.

우리는 사람들이 스스로 리더가 될 수 있도록 그들을 이끌어가야 한다. 그 길에, 그들 각자의 참모습에, 또 하는 일에 중요성과 의미가 있다고 느끼도록 도와야 한다. 그렇게 함으로써 타인을 정말로 변화시키고 지속적 가치를 창출할 수 있다. 그 결과, 사람들이 미래의 선이라는 전반적 문화를 강화시키는 동시에 자신이 속한 회사에도 혜택을 가져다주게 만들 수 있다. 이런 가르침과 행위는 조직을 넘어서 세계 곳곳에 긍정적 영향을 미치게 한다.

우리에게는 좋은 사람들을 정의하거나 묘사하는 데 도움을 줄 공통의 언어가 없다. 다만 확실한 건, 주변에 좋은 사람들을 두고 싶다는 것뿐이다! 나는 내가 좋은 사람들의 주문과 리더십 피라미드를 통해 주창한 언어가 보다 명료한 대화의 토대가 되길 바란다. 경영이라는 딱딱한 맥락에서 볼 때 좋음이라는 주제는 너무 말랑말랑한 것처럼 들릴 수 있다(이를테면, 좋음이 보다 구체적인 영역, 예컨대 제품과 성장, 이윤 등과 어떻게 연관될 수 있느냐는 질문이 가능하다). 하지만 내 생각에 좋음은 장기적으로 볼 때 실제로 유익한 유일한 요소다. 어떤 문화를 특별하게 만드는 독특함과 분위기, 진정성은 시간이 지날수록 더 뚜렷해진다.

이것이 모든 조직을 그 조직만의 특별한 색채를 지닌 하나의 유기체로 만드는 토대다. 사람과 문화는 장기적으로 탁월한 성장과 가치관을 갖춘 기업을 유지해 나갈 수 있는 요소다. 이것이 바로 리더십의 새로운 책무다. 기업에는 대차대조표, 주가 이면의 사람들에게, 또한 그 어느 기업보다도 크고 심원한 전반적 목표 의식에 초점을 맞춤으로써 앞서 언급한 것들을 뛰어넘는 혁신적 변화를 만들어낼 놀라운 기회가 있다.

자, 다시 설명하겠다. 장기적으로 승부할 인내심만 있다면, 사람에게 집중하는 것이야말로 P&L, 더 강력한 대차대조표, 더 높은 주가로 가는 정답이다. 네브래스카 퍼니처마트, 스타벅스, 자포스, WD-40, 트레이더 조 같은 비공개 기업에 이르기까지 앞에서 다룬 수많은 기업을 떠올려보라. 장기적으로 이런 기업들은 지속적인 실적이 조직의 가치관, 사람, 문화에 대한 보다 깊은 헌신의 부산물임을 보여줄 것이다.

선택은 단순하다. 우리는 스스로 좋음을 함양하는 한편 타인을 발전시키고 최적화하려고 노력하는 사람들을 곁에 두기로 선택할 수 있다. 다른 선택지는 그렇게 하지 않는 것이다. 승리하는 리더는 지속적으로 미래의 재원을 끌어들이고 그 재원의 공급 라인을 진화시킬 수 있는 사람들이다. 이런 리더는 다음 세대의 리더십을 끌어들인다. 의심이 든다면, 이 책에서 소개한 좋은 리더들을 다시 살펴보고 당신 주변의 사람들을 돌아보라. 당신과 함께 살아가는 사람들, 당신이 가장 존경하는 사람들은 무언가를 하나 더, 즉 좋음을 갖추고 있다는 걸 깨닫게 될 것이다.

이 책에서 나는 좋은 사람이 되고자 노력하는 것, 또 우리 자신을 좋은 사람들로 둘러싸는 것이 경영과 삶에서 유일하게 중요한 리더십 결단이라고 주장했다. 나는 또한 좋음은 자기 인식에서 출발하는, 지속적이며 결코 끝나지 않는 오류투성이의 진행 중 작업이라고도 주장했다. 음악가 아만다 파머가 말했듯, "좋음은 절대 완벽한 패키지로 주어지지 않는다. 좋음이란 우리에게 이런저런 결함이 있다는 것을 보고, 그 결함에 직면해서도 우리 자신을 사랑하며 서로를 사랑하려고 노력하는 능력이다."

거의 모든 사람이 세상에 심대하고 긍정적인 영향을 끼칠 잠재력과 능력을 가지고 있다. 주변을 둘러보라. 당신이 가장 사랑하고 아끼는 사람들을 보라. 그들이 거의 뭐든지 할 수 있을 거라는 생각이 들 것이다. 그 사람이 당신의 자녀이든, 친구이든, 직장 동료이든, 지역 공동체의 일원이든 말이다. 내가 그러듯, 당신도 인간 정신의 무한한 잠재력을 믿기 바란다.

잠시 여유를 갖고 당신의 성격을 형성하는 데 큰 영향을 미쳤고, 지금도 계속해서 영향을 주고 있는 사람들을 생각해보라. 가족부터 시작해 선생님과 친구들, 신앙공동체의 지도자들, 사업 관계자들로 확장해 나갈 수 있을 것이다. 이들은 당신을 선택한 좋은 사람들이다. 당신은 최선의 재능과 능력, 지혜를 누구에게 물려줄 것인가?

이렇게 결국은 내가 이 책을 쓴 마지막 이유, 그리고 아마도 가장 중요한 이유를 말할 때가 되었다. 궁극적으로, 나는 우리 존재 자체가 가능한 한 많은 사람들에게 가능한 한 많은 좋은 일들을 해주려는 고귀한 목표 의식을 동반한다고 믿는다. 좋은 사람들과의 친밀감을 발견하고 함양하는 데서 그치지 않고, 그들이 스스로 보지 못했을지 모르는 일을 성취하도록 도와주려면 우리는 어떤 역할을 해야 할까? 가능한 한 가장 긍정적인 방법으로 우리와 가장 가까운 사람들에게 영향을 미치고자 적극적으로 노력하면 무슨 일이 벌어질까? 타인에게 최대한 이로운 영향을 미치려고 의식적으로 노력을 기울이는 동시에, 그들이 가능할 때마다 좋음을 실천할 수 있도록 도구를 제공해준다면? 우리가 열 명의 삶을 긍정적으로 변화시키려고 노력하겠다는 맹세를 하면 어떨까? 우리가 새길 수 있는 긍정적 영향이라면 무엇이든 새기겠다는 집합적 맹세를 한다면 말이다.

열 명. 그게 전부다. 우리는 상대방이 들어가고 싶어 하는 학교에 들어가도록 돕는 것부터 그들이 직장에서 더 나은 실적을 쌓도록 도와주는 것에 이르기까지 광범위한 노력을 기울일 수 있다. 그들이 중요한 인간관계를 탐색하도록 도와주는 일이나 적절한 경력을 쌓도록 조언하는 일도 이런 노력에 포함된다. 중요한 건 일단 상대방을 선택한 뒤 그에게 우리가 아는 모든 것을 가르쳐주는 데 헌신하는 것이다. 그들이 언젠가는 더 나은 결정을 내리고 중요한 순간에 올바른 일을 할 수 있을 거라고 기대하면서 말이다.

인생을 살아가면서 정말로 중요한 결정은 한 가지밖에 없다. 즉, 좋은 사람을 선별하는 것이다. 그러나 이런 판단을 내릴 공통의 렌즈와 언어에 대해 합의를 이루는 데는 아마 한 세대, 최대한 두 세대가 필요할 것이다.

당신만의 좋은 사람을 열 명 고르되, 가능한 한 많은 사람들과 좋음에 관한 이야기를 나눠라. 리더십 피라미드와 좋은 사람들의 주문에 담긴 가치관에 따라 살고 일하라. 경쟁력은 물론 태도와 문화, 좋음을 고용할지 여부를 결정하는 기준으로 활용하고, 벤저민 프랭클린의 교훈을 따라 '오늘 나는 무슨 좋은 일을 했는가?'라는 질문을 던져라.

나는 당신이 이 사명을 떠맡음으로써 좋음이 전파되기를 바란다. 함께라면 우리는 기하급수적 힘을 발휘해 기업과 지역 공동체, 궁극적으로는 세상 전부까지도 상상하지 못했던 방식으로 변화시킬 수 있다. 좋은 사람들의 주문에 들어 있는 간단한 원칙들을 다시 새겨보라.

원칙은 간단하다. 열 사람을 상대로 다섯 가지 약속을 지키면 된다. 혁신적 변화는 자기 인식에서 시작된다는 점을 기억하라. 이런 변화는 좋음을 압도하려고 호시탐탐 위협하는 긴장을 화해시키려 노력할 때, 우리 삶의 모든 측면에서 지속적으로 좋음을 정의하고 실천할 때 이루어진다. 또 직책이 어떻든 우리는 서로의 멘토라는 점을 기억하라.

우리가 하는 모든 상호작용은 다른 사람에게 영향을 주며, 작게만 보이는 이런 만남은 축적되어 부분의 합보다 커다란 무언가가 된다. 좋음은 타인과의 관계 속에서, 또 우리가 속속들이 파악하지 못하는 방식으로 조직과 문화, 문명이 상호 연관되어 있다는 깨달음 속에서 저절로 모습을 드러낸다. 우리가 개인적 차원에서 하는 일은 보통 우리 생각보다 훨씬 커다란 영향력을 발휘한다. 사진가 폴 아우터브리지가 말했듯, "어떤 피사체도 그 자체로는 색깔을 띠지 않는다. (중략) 피사체의 색깔이 빛에 의존한다면 색깔은 빛의 속성인 게 틀림없다. 실제로도 그렇다." 색깔처럼 우리도 혼자서는 좋은 사람이 될 수 없다. 우리에게는 타인이 비추는 빛이 필요하다.

내 멘토 중 한 명인 헨리 맥캔스의 말로 결론을 갈음하겠다. 그는 이렇게 말했다. "너무 거창한 소리처럼 들리겠지만 당신이 열 명의 인생을 긍정적으로 변화시킬 수 있고, 그들이 이어서 열 명을 변화시킬 수 있다면, 또 그 열 명이 똑같은 일을 한다면 당신은 정말로 세상을 변화시킬 수 있습니다."

생각해보라. 우리 모두의 내면에는 위대한 변화를 일으킬 잠재력이 있다. 처음에는 당신 안에서, 그다음에는 가능한 한 많은 사람들에게서 올바른 가치관을 북돋우면 된다. 그렇게 할 방법과는 별개로 큰 질문은 여전히 남아 있다. 당신은 좋음을 선택할 것인가? 진정으로 당신 자신만이 아닌, 타인의 자아실현을 위해서도 좋음을 추구할 것인가? 단 열 사람, 그게 전부다. 당신의 열 사람은 누구인가?

GOOD
PEOPLE

리더는 매일 평균대에 선다

초판 1쇄 인쇄 2021년 12월 13일
초판 1쇄 발행 2021년 12월 22일

지은이 앤서니 찬
옮긴이 강동혁
펴낸이 유정연

이사 임충진 김귀분
책임편집 신성식 **기획편집** 조현주 김수진 심설아 김경애 이가람 **디자인** 안수진 김소진
마케팅 이석원 박중혁 정문희 김예은 **제작** 임정호 **경영지원** 박소영 **교정교열** 허지혜

펴낸곳 흐름출판(주) **출판등록** 제313-2003-199호(2003년 5월 28일)
주소 서울시 마포구 월드컵북로5길 48-9(서교동)
전화 (02)325-4944 **팩스** (02)325-4945 **이메일** book@hbooks.co.kr
홈페이지 http://www.hbooks.co.kr **블로그** blog.naver.com/nextwave7
출력 · 인쇄 · 제본 성광인쇄 **용지** 월드페이퍼(주) **후가공** (주)이지앤비(특허 제10-1081185호)

ISBN 978-89-6596-487-2 03320